아무도 말하지 않는 거짓 vs 진실

분노(아무도 말하지 않는 거짓 vs 진실)

초판 1쇄 인쇄 | 2011. 10. 20.
초판 1쇄 발행 | 2011. 10. 30.
지은이 | 김병욱
발행인 | 황인욱
발행처 | 圖書出版 오래

주   소 | 서울특별시 용산구 한강로2가 156-13
이메일 | orebook@naver. com
전   화 | (02)797-8786~7, 070-4109-9966
팩   스 | (02)797-9911
홈페이지 | www. orebook. com
출판신고번호 | 제302-2010-000029호

ISBN 978-89-94707-45-7

분노

아무도 말하지 않는 거짓 vs 진실

김병욱 지음

오래

　국민소득 2만 달러 시대 선진국 문턱에 다가왔다고 하는데 진정 국
민들의 삶은 더 어려워지고 세계최고 자살국가라는 오명과 함께 4인
가족 기준 8만 달러면 한 가족이 연 1억 원 내외의 소득을 올려야 하는
데 왜 현실은 더 어려운 나락으로만 치닫는 것일까?

　2011년 최저임금은 시간당 4,320원으로 주 40시간 한 달을 일하면
90만 2,880원이다. 통계청이 발표한 가계동향조사를 기준으로 보면
소득 최하위 20%의 가계들은 매달 30만 원씩 적자다. 이들 대부분은
일하면서도 빈곤한 '워킹푸어'다. 이런 최저임금 노동자가 현재 250만
명에 달한다. 200만 명은 법이 정한 최저임금도 못 받는 것이다. 그 최
저임금 미달 노동자의 90%는 비정규직이다. 최저임금제도는 헌법에
명시된 권리임에도 불구하고 그 제정 취지는 저임금을 해소해 임금격
차를 완화하고 소득분배를 개선하는 것이지만 그러나 현실에서 최저
임금은 비정규직의 보통 임금으로 자리잡은 형국이다.

　노동시장에 처음 들어오는 15~19살 청소년 노동자의 2/3가 최저
임금도 못 받는 편의점과 주유소 알바생들이다. 이들에게 설레는 첫 노
동 같은 것은 우리사회에서 사라진 지 오래다. 20~40대 중 최저임금
에 미달하는 노동자는 5% 남짓이지만, 다시 50~60대에 와선 최저임

금 미달자가 급속히 늘어난다. 첫 노동과 끝 노동에 저임금이 몰려 있는 것이다. 우리 사회는 어쩌면 임금피크제를 시행하고 있는 셈이다.

해마다 정부는 비정규직인력을 줄이겠다고 각종 정책을 쏟아내고 있지만, 전체 2,300만 근로자 중 자영업종사자 550만 명은 영업부진으로 가족들이 다 매달려 보지만 최저임금도 벌지 못해 계속 문 닫는 곳이 늘고 그나마 될 만한 것은 대기업에서 모두 잠식해 매분기 30대 재벌의 경영실적은 계속 치솟고 있는 반면, 570만 명의 비정규직 종사자는 줄지 않고 늘어나고 있으니 이들은 매년 최저임금의 나락에서 한 가닥 희망을 갖고 오늘도 워킹푸어에서 벗어나길 고대하지만 현실은 요원하기만 하다.

더욱이 가정을 이룬 중년 가장으로서 꿈을 갖고 열심히 살기 위해 발버둥치지만 그 꿈마저 먼 곳에 있어 희망이 안 보인다. 대한민국 중년의 2명 중 1명은 '셋방'에서 살고, 젊을수록 '내 집' 꿈은 더 멀어질 수밖에 없는 현실에서 대한민국 사회에서 '내 집'은 단순한 물리적 거주지가 아닌 온 가족이 의지할 수 있는 상승의 사다리인 동시에 최악의 빈곤에 떨어지지 않게 받쳐주는 버팀목이다.

집이 있으면 가장이 실직해도 가족이 뿔뿔이 흩어지진 않지만, 집이 없는 가정은 위기에 극도로 취약할 수밖에 없다. 확대성장 시대, 가족을 견고하게 묶어주고 계층 상승의 꿈을 담게 했던 '주택의 사다리'마저 지금 급속도로 무너져 내리고 있는 것이다.

특히, 1955~1963년에 태어난 750만 명의 베이비부머 세대의 경우, 다수 농촌 시골마을에서 태어나 가난한 어린 시절을 보낸 이들 세대는 부모 모시랴, 자식 뒷바라지하랴 눈코 뜰 새 없이 살아온 지 어언 50년이 흘러 정년퇴직을 했거나 앞두고 있지만, 뾰족한 노후 대비가 없는 처지로 그들을 기다리고 있는 미래가 밝지 않다는 데 있다. 이들은 우리나라 산업화·민주화 등 현대사회의 주역이자 '낀 세대'의 숙명처럼 부모 모시랴, 자식 뒷바라지하랴 가진 건 집 한 채뿐이다. 지금이들은 정년기이지만 기댈 덴 국민연금뿐이고, 고령화의 '복병'으로이마저도 희생양이 되어야 한다는 사실에 분통만 터진다.

2011년 10월 현재 65세 이상 노인인구 554만 명 시대 노인 빈곤율 45%로 OECD 평균 3배를 넘어선 것도 모자라 게다가 폐지라도 주워 생계를 연명하기 위해 가난한 노인들이 거리를 헤매고 있지만 그 숫자가 계속 늘고 있다는 데 분노하지 않을 수 없다. 박스며, 음료수 캔이며 재활용 물품이라면 지저분한 쓰레기더미라도 거리낌 없이 파헤친다. 힘에서 젊은이들에게 밀리고, '늙은이'라는 선입견에 무시당한 그들이 가진 몇 안 되는 생계수단이다. 먹고 살기 위해 거리를 헤매는 노인들을 찾기 위해 거리를 헤매보면 안타깝게도 생각보다 많은 노인들을 너무 쉽게 만날 수 있다는 사실에 왜 갑자기 서글퍼지는 것일까?

여야가 책상머리 복지 논쟁으로 세월을 까먹는 사이, 홍대 청소노동자들은 월 75만 원짜리 일자리라도 지켜 달라고 농성했다. 그런데도 우리는 진정 정확한 진실을 그 누구에게도 말하지 않는다.

　거짓이 난무하고 임기응변식 땜방으로 결과에 대한 책임도 없는 현실 속에 계속 희생양만 되어야 하는 걸까? 무너진 사다리, 희망이 보이지 않는 절망의 나락으로 치닫고 있는 이 시대, 이 책은 우리가 알지 못했던 감춰진 거짓에 대해 그 진실을 찾고, 답을 제시하고자 하였다. 우리 모두가 분노와 함께 공감하면서 희망의 밀알로 작용할 수 있는 용기를 갖고 새로운 대안을 찾는 디딤돌이 되었으면 한다.

2011. 10. 1.
저자 연구실에서

차 례

I

아름다운 삶

vs

지쳐버린 삶

태·초·에·차·별·이·평·생·을·쪽·박·으·로

태초 차별이 평생 쪽박으로

　대한민국 서울의 강남과 강북에서 동시 두 아기가 태어났다. 한 아기는 남자 아이였고 생일도 비슷했다. 아기를 낳은 엄마들의 바람도 현명한 엄마가 되는 것과 주어진 여건에서 모자라지도 넘치지도 않게 해주고 싶은 마음 또한 비슷했다. 그러나 공통점은 거기까지였다. 소득수준, 사는 곳 등 외적인 여건에서 차이가 난 두 가정은 엄마의 정보력과 아기가 누리는 문화적 기회에서 더 큰 격차가 벌어진 것이다. 한 아기는 장난감 하나 없이 빈 약통을 갖고 놀았고, 다른 아기는 다중지능 형성을 위한 교육 프로그램을 듣는 것이 전부였다. 각자 다른 환경에서 9개월 된 아기를 키우는 두 엄마에 대해 동아일보 밀착취재 (2011.1.4)사례를 통해 육아일기와 가계부를 통해 비교해보면 현격한 차이가 있음을 알 수 있다.

　먼저 강남에 거주하는 부모의 사례를 보면, 남편은 의사로 강남에 아파트가 있으며 아기를 낳기 전부터 일하는 아줌마를 두었다.

　주위 엄마들이 해주는 것에 비하면 또래 평균수준이다. 출산 후 산후조리원에서 2주간 있었으며 가격이 350만 원으로 다소 비쌌지만 그만한 대우를 받았다고 생각하고 있다. 모유수유를 잘 도와주고 밥이 맛있다는 소문 그대로였다. 아기 옷장과 침대는 지인들이 선물해줬고 신생아 바운서(신생아용 간이침대·5만 원), 보행기(7만 원), 소서(영아용 놀이기구·18만 원) 등은 직접 구입했다. 아기 식탁의자(38만 원)는 유아용 수입 가구 업체에서 샀고 미국제 카시트(30만 원)는 백화점에서 마련했다.

스웨덴제 유모차는 199만 원에 구입했으며, 엄마와 아기가 눈을 맞출 뿐 아니라 핸들링이 자유롭고 승차감도 좋았다. 얼마 전 백화점에 들러 이 유모차의 방한용 액세서리를 봤다. 가격은 무려 69만 원으로 합리적인 가격이 아닌 것 같아 그냥 지나쳤다. 그리고 몇 달 전 일반 분유를 먹이기 시작했다. 이 때, 아이 몸에 두드러기가 난다는 걸 알았으며, 고심 끝에 미국산(개당 3만 2,000원)으로 바꿨다. 1등급 한우의 육수를 내서 하루 세 번 이유식을 만들고 틈틈이 뇌 발달에 좋다는 핑거 푸드(손가락으로 먹는 음식)와 과일을 먹이고, 일제 기저귀(4팩에 7만 원)를 인터넷으로 다소 싸게 구입해 사용했다.

그 후 동화책 낱권만 사주다가 최근 교재와 교구, 음악 CD가 포함된 교육 프로그램을 신청했다. 이는 다중지능 형성에 좋다고 해서 신청한 것이다. 영아 과정에만 55만 원이 들어갔지만 선생님이 방문수업을 해주니 비싼 건 아니었다. 백일잔치는 가족을 초대해 저녁 식사로 했으며, 대신 백일사진 앨범(90만 원)에는 신경을 좀 썼다. 화보 느낌이 나는 용지를 쓰니 20만 원이 더 들었으며, 돌잔치는 유행이 자주 바뀌어 업체를 알아보진 않았고 강남의 호텔에 장소만 예약해뒀다.

한편, 강북 거주의 사례의 경우, 임대주택에서 살며 기초수급대상자로 월 110만 원을 받는 이혼한 '싱글맘'의 경우, 변변치 않은 형편으로 아기를 낳기까지 돈 때문에 울진 않았다. 임신 중 매달 받는 초음파 검사는 '고운맘카드'(30만 원)로 해결했고 보건복지부에서 나오는 '산후조리비'(50만 원)는 퇴원비로 썼다. 구청에서 나오는 '출산 축하금'(20만 원)으로 이불과 포대기 등 육아용품을 준비했다.

　아기에게 빈혈기가 있다는 진단을 받고 보건소 '영양플러스 사업' 대상자로 선정돼 국산 고급 분유(1통 3만 2,000원)와 쌀, 계란, 감자, 당근 등 이유식 재료를 받았다. 단, 빈혈기가 사라지면 지원이 끊긴다. 어린이집에 가지 않는 대신 받는 돈(월 10만 원)으로 기저귀와 나머지 분유 값을 해결했다. 여기까지 말하면 사람들은 '국가에서 다 해주니 아기를 공짜로 키운다'고 생각한다. 그러나 그저 최소생계가 가능할 뿐이다.

　점점 집 밖으로 나가는 게 두려워 엄마는 얼마 전 버스에서 어떤 할머니가 "요즘에도(포대기를 하는) 이런 엄마가 있네?"라는 말에 창피해서 고개를 들지 못했다. 처음에는 무슨 말인지 몰랐는데 나중에 알고 보니 요즘엔 멜빵으로 된 아기 띠를 사용한다는 것이다. 친구가 아기 사진을 보자고 할 때도 휴대전화로 찍은 사진만 있는 게 부끄러워 가닌해도 추억마저 가난한 건 싫어 백일이 한 날 지나 백일 사진을 찍고, 100만 원이 넘는 상품 가운데 기본형 8만 원을 택해 최소화했다. 집에는 아기를 위한 장난감과 책이 전혀 없고, 그래서 아기는 빈 약통을 갖고 놀 수밖에 없는 이유이다. 그래도 부끄럽지는 않았다. 다만 누가 돈들이지 않고 교육할 수 있는 방법을 가르쳐줬으면 좋겠다고 생각해 왔는데 늘 도움되는 정보는 엉뚱한 곳에서 얻어 왔다. 저소득층 영양플러스 사업은 교회 전도사가 가르쳐줬고 그나마 아기를 위한 유일한 사치는 아기 보험료로 월 6만 3,000원을 20년 후 대학등록금을 쥐어 주고 싶은 마음에 부지런히 부어 가난의 대물림을 안 할려고 노력중이다.

그렇다면 자식 낳아 키우는 데 양육비가 얼마나 되길래 이렇게 차이가 나는 것일까? 자녀 1인당 총 양육비가 2억 6,200만 원에 달하는 것으로 나타났는데, 자녀양육에 대한 과도한 부담은 저출산의 원인이 되는 동시에 부모 본인의 노후생활 준비를 어렵게 해 국가적인 문제로 대두되어 해결방안이 절실한 것이 이 두사례를 통해 극명하게 알 수 있다.

한국보건사회연구원에서 발표한 '한국인의 자녀양육 책임한계와 양육비 지출 실태'를 보면 지난 2009년 기준으로 자녀의 출생 이후 대학졸업까지 자녀 한 명에게 지출되는 총 양육비가 2억 6,204만 4,000원으로 나타났다고 밝혔다. 이를 2010년 소비자물가지수 5%를 적용해 환산하면 2억 7,514만 6,200원으로 늘어난다. 양육비를 월평균으로 계산하면 영아 68만 5,000원, 유아 81만 6,000원, 초등학생 87만 5,000원, 중학생 98만 2,000원, 고등학생 115만 4,000원, 대학생 141만 9,000원으로 자녀의 연령이 올라갈수록 증가한다.

양육비가 이처럼 과도한 것은 우리나라 부모 절빈 가량(49.6%)이 자녀양육의 책임이 '대학을 졸업할 때까지' 있다고 생각하기 때문이다. 대학까지 책임진다는 의식은 2003년 40.2%, 2006년 46.3%로 높아졌지만 결혼까지 챙겨야 한다는 생각은 같은 기간 32.1%, 27.0%에

Ⅰ 아름다운 삶 vs 지쳐버린 삶

서 지난 2010년 23.1%까지 약화됐다.

양육기간별로 살펴보면 영아기(0~2세) 3년간 2,466만 원, 유아기(3~5세) 3년간 2,937만 6,000원으로 산출됐다. 초등학교 6,300만 원, 중학교 3,535만 2,000원, 고등학교 4,154만 4,000원의 양육비가 지출됐으며 대학에 갈 경우 4년제 기준으로 6,811만 2,000원이 더 필요하다. 휴학·재수·어학연수 등을 할 경우 이보다 더 많은 양육비가 지출되는 것은 물론이다.

전체적으로 자녀 1인당 지출되는 월평균 양육비는 지난 2010년 기준 100만 9,000원으로 2003년 74만 8,000원, 2006년 91만 2,000원보다 증가했다.

항목별로 보면 사교육비가 23만 원을 차지해 가장 많은 비중을 차지했으며 식료품비(15만 6,000원), 공교육비(15만 3,000원)가 뒤를 이었다. 사교육비 지출은 유아 18만 1,000원, 초등학생 28만 6,000원, 중학생 34만 1,000원, 고등학생 33만 5,000원으로 늘어났고 대학생은 공교육비 지출이 54만 1,000원으로 가장 컸다(서울경제, 2011.1.4).

이 보고서에서 한국 부모들은 자녀양육에 대해 본인 스스로 과중한 책임을 지고 있어 소자녀 선호 현상을 초래하고 나아가 저출산의 주요인이 되고 있으며, 자녀를 키우느라 본인의 노후생활을 준비하는 것도 매우 어려운 문제를 야기하고 있음을 알 수 있다. 그뿐만이 아니다. 부모의 부자와 가난이 대물림 될 수밖에 없는 현실을 이 두 사례를 통해 충분히 입증된 것으로 태초의 차별이 정말 평생쪽박을 면치 못하게 된 것이 현실이 된 것이다.

빚 갚으면 바보되는 사회

어느날부터인가 우리 사회는 빚 갚으면 바보가 되는 사회가 됐다. 즉, 10명이 파산을 신청하면 9명이 인정되는 그야말로 파산 천국의 세상이 된 것이다(동아일보, 2010.8.17).

최근의 대표적인 사례로 친척과 함께 운영하던 회사가 부도나면서 채무불이행자(신용불량자)가 됐는데 몇 차례 고민한 끝에 우연히 '채무를 해결해 드립니다'라는 광고를 보고 법무사무소를 찾았다. 그는 빚 독촉을 견디지 못하고 결국 법원에 개인파산을 신청했으며 면책 결정을 받았다. 법원이 빚을 갚을 능력이 없다고 보고 탕감해준 것이다. 이제 은행연합회 전산망에서 그를 조회하면 '1201'이라는 코드가 따라다닌다. 지난 2009년 전남지역의 일부 농어촌 마을에서는 개인파산이나 개인회생 신청자가 한번에 내거 몰려 농협중앙회가 발칵 뒤집히는 사건이 일어나기도 했다. 특히 완도군의 한 농협에서는 조합원 46명 가운데 43명이 개인회생을 신청해 사회를 놀라게 했다. 개인회생은 개인파산까지는 아니지만 법원이 강제로 채무를 조정해 일정 기간 일정 금액만 갚고 나머지는 면제해 주는 것이어서 도덕적 해이(모럴해저드)가 개입될 수 있는 제도이다.

표면적 이유는 이상기온 여파로 김, 미역 등 수산물 생산이 어려워진 데다 기름값까지 올라 생활형편이 악화돼 빚을 온전히 갚지 못한다는 것이 이유였다. 그러나 실상은 마을을 찾은 법무사의 광고 역할이 더욱 컸던 것으로 알려졌다. 실제로 농어촌 지역에서는 '빚으로부터 해방' 등의 문구가 적힌 법무사사무소의 현수막 광고를 주변에서 심심찮게 볼 수 있다. 당시 '개인회생을 신청하지 않으면 바보'라는 말이 나돌 정도였으니 같은 한 동네 살면서 감히 혼자만 외면할 수 있을까? 규모가 영세한 단위농협의 경우 개인회생이 늘면 곧바로 경영 부실로 이어지는 것은 자명한 사실이다.

채무자 구제제도인 개인파산과 개인회생을 악용하는 사례가 늘면서 신용질서가 붕괴되고 있다. 특히 개인파산 및 개인회생을 오남용해 허술한 구제제도의 사익에 눈이 먼 일부 법조계의 상술까지 더해져 '빚을 갚는 게 바보'라는 인식을 확산시키고 있는 것이다.

법원의 판단에 따라 이뤄지는 공적 채무자 구제제도인 개인파산과 개인회생은 2006년 4월부터 시행된 통합도산법에 근거를 두고 있어 빚을 상환하도록 요구하는 것보다는 면제해 주는 데 초점을 두고 있다.

통합도산법의 도입 취지는 좋았다. 채무자들이 과도한 채권 추심의 고통에서 벗어나 새 출발을 할 수 있도록 돕겠다는 것이었으나 운영 결과는 도입 취지를 무색하게 한다.

그러나 동아일보 2010년 8월 17일자 조사자료에 의하면 전국 법원에서 접수한 개인파산 신청 건수는 2006년 4월부터 2010년 6월까지 53만 4,628건이다. 이는 외환위기 직후인 1998년부터 2006년 3월까지 신청 건수 7만 5,816명의 7배를 웃도는 수준이다. 특히 2010년 하반기부터 한국은행의 기준금리 인상에 따라 시중 대출금리가 시차를 두고 오름에 따라 파산 신청자가 다시 급증하고 있다. 경제협력개발기구(OECD)의 주요국과 비교한 인구 1,000명당 개인파산 및 개인회생 제도의 이용 비율이 한국이 3.1명으로 미국(5.0명)에 이어 2위를 차지하면서 최고 수준에 도달한 상태다. 개인회생제도는 개인파산에 비해 일정 정도 빚을 상환하기는 하지만 빚 감면 규모가 커 빚을 갚을 능력이 있으면서도 악용하는 사례가 적지 않은 것이다.

반면 원금 위주로 상환하도록 설계된 개인워크아웃 이용자는 통합도산법 도입 이후 눈에 띄게 감소했다. 개인워크아웃 신청자는 2005년 19만 3,698명에서 2006년 이후에는 연간 6만~9만 명 수준으로 급감해 빚을 갚기보다는 안 갚는 쪽을 선택하는 개인이 그만큼 많아졌다.

이같이 파산이 늘어나는 원인은 통합도산법이 허술하게 운영되는 점에서 이를 더 부추기고 있어 사회적 문제다. 법원의 판사 인력은 부족한데 파산 신청이 쏟아지면서 서면 위주의 검토가 이뤄지는 점도 한몫한다. 실제로 한해 법원의 파산 인용률은 90%를 넘겨 신청자 10명 가운데 9명 이상이 돈을 갚지 않아도 된다고 국가로부터 인정받은 셈이 되는 것이다.

또한 사회적으로도 파산을 꼬드기는 사람이 적지 않다는 것도 심각한 문제로 지적된다. 농촌지역뿐만 아니라 도심 내 지하철, 버스, 생

I 아름다운 삶 vs 지쳐버린 삶

활정보지 등에 '파산 보장합니다. (수임료)할부 납부 가능' 등의 광고로 채무자를 파산의 길로 유혹하고 있는 것을 자주 볼 수 있다. 신용회복위원회의 조사(2011.1)에 따르면 서울시내 주요 150개 버스 노선의 77.3%인 116개 노선에서 개인파산 및 개인회생 광고홍보물이 발견됐다고 밝혔다. 한때 200만 원 안팎이던 개인파산 수임료가 경쟁이 치열해지면서 서울 기준으로 변호사는 100만 원선, 법무사는 40만~50만 원선으로 내려간 것도 한몫했다. 특히 파산 신청을 알선하는 브로커들이 횡행하기 때문에 파산 신청자들의 신청서 내용이 비슷비슷하고 심지어 신청자가 신청서의 내용을 정확히 모르는 사례까지도 발생하고 있는 것이다.

더욱이 브로커들이 개인파산의 불이익을 제대로 알려주지 않는 점 또한 어찌 보면 당연할지도 모른다. 특히, 개인파산 선고 후 향후 5년간 금융거래에 제약을 받을 수 있다는 점을 알지 못하는 신청자가 있을 정도로 이들은 정상적인 경제생활이 사실상 불가능해 대부분 소득이 드러나지 않는 지하경제로 흘러들어 갈 수밖에 없는 사실에서 열심히 정직하게 살아가는 사회에 이들이 미래에 닥칠 정말 엄청난 불행한 현실을 정확히 알고 있을까?

베이비부머 세대의 서글픈 현실

1950~1960년 태어난 세대, 다수 농촌 시골마을에서 태어나 가난한 어린 시절을 보낸 이들 세대는 부모 모시랴, 자식 뒷바라지하랴 눈코 뜰 새 없이 살아온 지 어언 50년이 흘렀다. 정년퇴직을 했거나 앞두고 있지만, 뾰족한 노후 대비가 없는 처지로 그들을 기다리고 있는 미래가 그리 밝지는 않다. 이들은 우리나라 산업화·민주화 등 현대사의 주역이자 '낀 세대'의 숙명처럼 부모 모시랴 자식 뒷바라지하랴 가진 건 집 한 채뿐이다. 지금 이들은 정년기이지만 기댈 덴 국민연금뿐이고, 고령화의 '복병'으로 이마저도 희생양이 되어야 한다는 사실에 분통만 터진다.

통계청이 베이비부머(1955~63년생) 세대의 일대기를 통해 우리나라 경제·사회·문화 등 다양한 변화 모습을 소개한 자료를 한국일보에서 2010년 5월 10일 보도한 내용을 보면 우리 사회 베이비부머의 서글픈 현실을 알 수 있다. 전후 출산 붐을 타고 태어난 이들 세대는 1960년 당시 출생아 수는 100만 6,000명으로 2009년(44만 50,000명)

보다 2.3배나 더 많았다. 당시 피라미드형이었던 인구구조는 베이비부머들이 40~50대 중년층을 형성하면서 항아리형으로 바뀌었다.

학급당 인원이 64.8명(67년)인 콩나물 교실에서 초등학교를 보내고 중·고교 시절 이른바 '뺑뺑이 초기 세대'다. 69년 중학교 무시험 입학제도, 74년 고교 평준화가 도입됐기 때문이다. 당시만 해도 학원은 찾아보기 힘들어 2009년(7만 2,242개)의 5%에도 못 미치는 2,746개(73년)에 불과했다.

반면 체력은 지금 세대보다 월등했다. 17세 학생들의 제자리멀리뛰기는 남자는 243.3㎝(79년)에서 222.8㎝(2008년)로, 여자는 181.6㎝에서 155.4㎝로 줄었다. 체격은 요즘 세대들이 앞서지만, 체력은 오히려 그 때가 더 강했다.

제대로 배우지 못한 부모들은 자식들을 위해 모든 것을 바쳤으며, 부모님이 소까지 팔아 등록금을 마련해 준 덕분에 대학에 진학하기도 했다. '대학은 상아탑이 아니라 우골탑(牛骨塔)'이란 얘기가 나온 것도 이 때다. 사실 대학진학률이 29.2%(남자)에 불과하던 시절, 친구들로부터 선망의 대상이었다. 결혼도 빨리 하는 게 추세였다. 당시 평균 초혼연령은 남자 27.8세, 여자 24.8세. 2009년에는 남자 31.6세, 여자 28.7세로 대폭 높아졌다. 집도 주택 4채 중 3채 이상(75.3%)은 단독주택이었고, 아파트는 14.8%에 불과했다.

2010년 기준으로 대규모 사업장의 평균정년이 57.1세다. 가장 오래 근무한 직장에서의 이직 연령은 그보다 짧은 53세였다. 이들 세대가 보유하고 있는 재산의 대부분(79.8%)은 부동산, 엄밀히 말하면 집

한 채뿐이지만 그것 말고는 다른 금융자산이 없기 때문에 '재산=부동산'이나 다름없다. 50대의 부동산 평균 보유액(2억 9,720만 원) 중 주택(1억 6,470만 원)이 차지하는 비중이 55.4%로 절반이 넘었다. 그야말로 가진 건 달랑 집 한 채, 혹은 전셋값이 전부인 셈이다. 펀드든 보험이든 금융자산은 거의 전무하다.

정년도 얼마 남지 않고, 가진 것도 없지만 남은 여생은 족히 30년 이상이 될 것으로 보인다. 50세의 기대여명은 남자 28.9년, 여자 34.8년 등으로 평균 32년에 달한다. 하지만 노후준비는 고작 국민연금(47.2%)이나 다른 공적연금(7.2%)뿐 사실상 별다른 노후준비를 못하고 있다.

베이비부머들은 산업화에서 민주화, 그리고 선진화에 이르는 한국사회 격변의 주역들이다. 하지만 그들에게 남겨진 미래는 몹시 우울하다. 저출산·고령화에 따라 노인인구(65세 이상) 비중은 2026년 20%를 넘어설 전망인데 인구 5명 중 1명이 노인인구가 되는 셈이다. 이뿐만이 아니다. 2011년 7월 25일 KB금융지주 경영연구소가 발표한 '베이비붐 세대 은퇴에 따른 주택시장 변화' 보고서에 따르면 2010년 말 기준 우리나라 베이비붐 세대(48~56세)는 총 688만여 명으로 이들 중 약 637만 명이 아직 취업상태(고용률 77.6%)에 있지만, 2010년을 시작으로 향후 7~8년 동안 본격적인 은퇴가 이어질 전망이다. 보고서는 "국내 기업의 43%가 55세를 정년으로 삼고 있다"며 "60세 이상 고령층 노동인구 비중이 빠르게 감소하는 점을 감안하면, 베이비붐 세대도 퇴직에 따른 소득 감소에 직면할 가능성이 크다"고 지적한다. 여기에

I 아름다운 삶 vs 지쳐버린 삶

명예퇴직 등으로 이들 세대의 은퇴가 더 빨라질 경우, 국민연금을 수령하기까지 5~10년은 소득 공백 상태가 될 수밖에 없다.

통계청의 '2010년 가계금융 조사'에 따르면 베이비붐 세대 가구의 평균 총 자산은 3억 2,995만 원이며, 이 중 74.8%인 2억 4,678만 원이 주택 등 부동산에 묶여 있다. 예금·주식 등 금융자산과 자동차 등 기타자산은 각각 7,319만 원(22.2%)과 996만 원(3.0%)에 불과했다.

이런 자산 구조하에서 은퇴로 소득이 감소하고 자녀교육비와 생활비 부담이 늘어나면 보유 주택을 처분하지 않을 수 없다. 특히 베이비붐 세대의 자녀 대부분은 '돈 들어갈 곳 투성이'인 학생들이다. 지난 2010년 통계청 사회조사 결과를 보면, 베이비붐 세대의 90% 이상은 자녀 대학교육비 및 결혼비용을 지원해야 한다고 응답한 데서 여실히 입증된다.

은퇴 이후 고정 수입은 끊기지만, 부채상환 부담은 그대로 남는다. 이 역시 부동산 처분에 대한 압력이 높을 수밖에 없다. 베이비붐 세대의 평균 부채규모는 5,800여만 원이다. 이 보고서는 베이비붐 세대 노후 준비 수단의 38.5%를 차지하는 국민연금도 큰 도움이 되지 않을 것으로 전망했다. 급속한 고령화 및 재정구조의 취약성 탓에 연금 지급률이 하락할 것으로 예상되기 때문이다. 이 같은 문제는 결국 국내 주택시장의 주 수요층인 베이비붐 세대의 은퇴에 따른 자산 처분이 늘어나면서 부동산 가격에도 영향을 미칠 것으로 예상되어, 그나마 마지막으로 기대했던 부동산 상승에 대한 실낱같은 희망마저 사라져 버리는 현실에 그저 한숨만 나올 뿐이다.

중년의 꿈, 살기 위한 발버둥 그 꿈마저 먼 곳에

　대한민국 중년인 45세의 2명 중 1명은 '셋방' 젊을수록 '내 집' 꿈은 더 멀어질 수밖에 없는 현실 속에 대한민국 사회에서 '내 집'은 단순한 물리적 거주지만의 의미를 가지지 않는다. 온 가족이 의지할 수 있는 상승의 사다리인 동시에 최악의 빈곤에 떨어지지 않게 받쳐주는 버팀목이다. 집이 있으면 가장이 실직해도 가족이 뿔뿔이 흩어지진 않지만, 집이 없는 가정은 위기에 극도로 취약할 수밖에 없다. 확대성장 시대, 가족을 견고하게 묶어주고 계층 상승의 꿈을 갖게 하는 것이 바로 '주택의 사다리' 그러나 지금 이 같은 꿈이 급속도로 무너져 내리고 있다.

　조선일보(2010.7.8) 보도자료에 의해 밝혀진 사례를 보면 경기도 과천 '꿀벌마을'의 비닐하우스에서 사는 부인은 '내 집'을 발판으로 경제적 신분 상승을 이뤘다가, 집을 잃은 뒤 가족 전체의 운명이 반전된 대표적인 경우다.

　이 사례는 결혼 후 시댁에서 마련해준 종자돈으로 의류 수입 사업에 뛰어들어 30대 나이에 서울 논현동에 빌라(122㎡·37평)를 마련했다. 그리고 그 집을 발판 삼아 더 위로 도약해 집을 담보로 사업자금을 융통해 건설공사 현장에 임시 엘리베이터를 설치하는 회사를 차린 것이다.

사업은 잘 됐고, 서울 서초구에 빌라(158㎡·48평) 한 채를 더 샀다. 주위에서 '알부자'라고까지 할 정도였다. 아들만 넷을 둔 부부는 남편과 부인이 각각 자가용을 몰았고 휴가철이면 해외여행도 갔다. 이들 부부에게 집이란 상승의 사다리였다. 그러나 '상승'은 여기까지였다. 외환위기가 터지자 이들 부부는 어음을 막지 못해 집 두 채를 모두 날리고 온 가족이 흩어지면서 한 지붕 아래 잠드는 것조차 사치가 된 것이다.

부부는 자녀 넷을 각자 두 명씩 데리고 흩어졌다. 그리고 부인은 과천 주암동에 월세 25만 원짜리 원룸을 구했다. 그는 월세 내는 날이 너무 빨리 돌아와 심장이 터질 것 같다고 말하며, 공공근로 수입(월 50만~60만 원) 절반을 월세로 내고 나머지로 버티다 보면 금방 다음 월세 날이 닥치는 현실을 한탄했다. 이마저 버티다 고민 끝에 부부는 과천 경마공원 뒤편 화훼단지에 들어갔다. 비닐하우스 300동 가운데 꽃을 기르는 곳은 절반 정도다. 나머지 절반은 이들 부부처럼 오갈 데 없는 사람들이 비바람을 피하는 무허가 살림집이다. 이들 부부는 비닐하우스 위에 검은 막을 쳐서 직사광선을 가린 뒤 판자벽을 세우고 장판 깔고 도배해서 방 두 칸과 거실·부엌을 확보했다. 비닐하우스 한쪽에 간이 샤워시설과 재래식의 '푸세식' 화장실도 세웠다.

외환위기 직후 이곳 '꿀벌마을'에 들어왔던 사람은 이들 가족 등 80여 가구였다. 신용대란·글로벌금융위기 등을 거친 지금은 84세 노인부터 생후 2개월짜리 갓난아이까지 250여 가구, 600여 명이 비닐하우스 1동에 1~2가구씩 모여산다.

이 부부는 처음엔 2~3년 살다 집 구해서 나가려 했지만 부부가 아무리 열심히 벌어도 돈 모으는 속도보다 집값 올라가는 속도가 훨씬 빨랐다. 비닐하우스에서 '좋았던 옛날'의 흔적은 구형 미제(美製) 냉장고와 수석(水石) 몇 점뿐이다.

'사다리가 사라진다'는 토지주택연구원이 발표한 인구주택 총조사의 20년치(1985~2005년) 자료에서 알 수 있듯이 40대 중반(45세 미만)까지 '내집에 사는' 사람은 점차 줄고(1985년 60.4%→2005년 53.8%), '셋집 사는' 사람이 늘었다(전세 20.1%→25%, 월세 16.2%→18.2%). 바꿔 말하면 젊은 세대로 갈수록 '내 집 마련 연령'이 높아진다는 뜻이다. 일제 말기에 태어난 세대(1941~45년생)는 10명 중 6명(60.4%)이 45세 전에 집을 샀다. 이 수치는 해방 직후 태어난 세대(1946~50년생·53.8%), 초기 베이비붐 세대(1951~55년생·56.6%), 후기 베이비붐 세대(1956~60년생·54.4%), 초기 386세대(1961~65년생·53.8%)로 가면서 야금야금 줄어들었다.

주요 선진국은 자가(自家) 거주율이 꾸준히 상승하고 있고, 내 집이 없는 가정을 위한 공공 임대주택도 늘려가고 있다. 반면 한국의 자가 거수율은 1970년 71.7%에서 2005년 55.6%로 내려앉았다. 집이 상당 부분 사회안전망 역할까지 하기 때문에 집을 마련하지 못한 사람이나 날린 사람은 질병·실직 같은 위기에 더 취약할 수밖에 없는데 이는 주거비 부담이 저축과 재기를 가로막기 때문이다.

내 집의 꿈이 멀어질수록 서민들은 더욱 필사적일 수밖에 없다. 전주에 사는 주부는 1989년 남편이 사업에 실패해 단독주택을 날렸다. 그는 사글셋방에 살면서 공사판 인근에 밥집을 열어 7년 만에 6,000만 원을 모아 그 돈으로 주택가 상가건물 1층에 식당(100㎡·30평)을 얻었다.

재기의 꿈은 2년 만에 물거품이 됐다. 건물주의 사업이 망해 건물이 경매에 나온 것이다. 그는 보증금 6,000만 원을 날릴까봐 고민하다 사채와 은행 빚 등 2억 5,000만 원을 끌어다 건물을 낙찰받았다. "여기서 쫓겨나면 끝"이라는 절박감이 모험을 부추긴 것이다.

그러나 예상 못한 복병이 있었다. 외환위기로 입주 상인들의 월세가 밀리고, 은행 이자가 연 18%까지 치솟았으나 건물 값은 뚝 떨어졌다. 기를 쓰고 장사해서 이자를 무는 사이 빚은 어느덧 4억 원 가까이 불어난 것이다.

또 다른 사례로 한 예비신부는 고시 합격, 동갑내기 동향(同鄕) 남자친구와 결혼해 어머니를 편히 모시는 것이 꿈이지만 '내 집 마련'은 아예 목표에 없다. 그처럼 물려받은 것 없는 사람이 서울에 집을 살 수 있다는 생각은 아예 해본 적이 없다.

2000년까지만 해도 서울에 살면서 평균 소득을 올리는 사람은 7.9년치 연봉을 한 푼도 안 쓰고 모으면 집 한 채를 살 수 있었다. 그러나 2008년이 되면서 10.5년치 연봉을 모아야 집을 살 수 있게 됐다. 결혼 후 내 집 마련에 걸리는 기간도 서울을 기준으로 2000년 6.7년에서 2008년 9.2년으로 길어졌다.

그러나 주택문제는 단순히 집값이 비싼 데 그치지 않는다. 가난한 사람일수록 소득에서 주거비가 차지하는 비중이 높은 게 더 큰 문제이다.

　2008년 국토해양부 조사에 따르면 우리나라 국민 100명이 소득 순서대로 줄 섰을 때 고소득층(맨 앞부터 20번째 사람까지)은 주거비로 나가는 돈이 전체 소득 중 5.99% 정도다. 그러나 중소득층(21～60번째 사람까지)과 저소득층(61～100번째 사람까지)으로 오면 각각 8.96%와 16.23%로 주거비 비중이 높아진다.

　그런데도 주택시장에서 공공임대주택이 차지하는 비율은 영국(17.5%), 프랑스(16%), 네덜란드(34%), 스웨덴(23%) 등의 절반도 되지 않는 7.8%에 불과하다. 반면, 선진국은 공공임대주택의 물량만 풍부한 게 아니라, 가난한 사람부터 부유한 사람까지 모든 계층이 입주할 수 있도록 다양한 형태로 공급한다는 점에서 선진국이라는 한국에서 태어난 것이 잘못된 것인지 그 기대는 요원할 뿐이다.

　그리고 또 다른 사례로 절망의 나락 이후 10여 년을 절망 속에 보낸 이들은 또 있다. 한국일보(2008.10.15) 보도자료에 의하면 수십 층 빌딩 외벽을 밧줄 하나에 의지해 오르내리며 방사선으로 철골구조 안전검사 일을 하는 K모 씨는 요즘 불면증이 도졌다. 4개월 만에 또다시 실업자가 될지 모른다는 불안 때문이다. 1998년 그는 금속업체를 다니다 실직을 당했다. 아버지 빚 때문에 저축을 다 날렸고, 신용카드 돌려막기로 버티다 신용불량자가 됐지만 주는 대로 빚겠다고 해도 신불자를 받아주는 곳은 없었다. 배가 고파 헌혈만 60번을 했고, 73kg이던 체중은 47kg으로 줄었다. 2004년 밀폐용기 제조회사에 간신히 들어갔지만 매출감소로 2년 뒤 다시 거리로 나와야 했다. 지금 월급이 200만 원인데, 올린 매출은 130만 원밖에 안되니 이 회사에서 또 얼마나 버틸 수 있을지 의문이다.

2008년 세계적 금융위기 이후 경제불황의 지속으로 저소득 서민들은 또다시 악몽 같은 IMF와 같은 상황으로 내몰리고 있다. 이들에게는 지금이 10년 전보다 오히려 더 힘들어한다. 또다시 실직과 폐업의 허허벌판에 내몰린다면 이제는 정말 일어설 기력조차 없기 때문이다.

통계청 자료에 따르면 버는 것보다 쓸 곳이 더 많은 적자가구가 이미 6년 만에 최고수준을 기록했다. 2010년 2분기 적자가구비율은 네 집 중 한 집 꼴인 28.1%에 달한다. 벌이가 급등한 물가를 따라가지 못하기 때문이다. 특히 가장 못사는 하위 20% 가구는 매달 버는 것에다 38%는 빚으로 더 메워야 생계가 유지된다. 그러나 저소득 서민들을 벼랑 끝으로 내몰고 있는 불황은 아직 서막에 불과하다. 수출이 줄고 자금줄이 막힌 기업이 구조조정에 들어가게 되면, 중산층이 본격적으로 소비를 줄이기 시작하면 그야말로 저소득 서민들은 기댈 곳이 없기 때문이다.

누구보다 칼날 위에 선 사람들은 10년 전 눈물을 머금고 직장을 나와 창업으로 살길을 찾았지만, 결국 영세 자영업자로 전락한 수많은 구조조정으로 중도 퇴직한 퇴직자들이다. 10년 전에는 퇴직금이라는 재기의 밑천이라도 있었지만, 이제는 자영업에서조차 퇴출되면 곧바로 빈곤층이다. 이들의 빈곤층화는 이미 현실화하고 있다. 2010년 상반기 폐업한 음식점만 전국 3만 609곳, 휴업한 음식점은 8만 9,144곳에 달한다. 이들 가구당 4인 기준으로 어림잡아 30∼40만 명에 달한다.

32

분 노

1997년 외환위기 직전만 해도 안정된 은행원이었던 K씨는 이제 더 이상 물러설 곳이 없다. 'IMF 퇴출'의 칼바람을 맞은 그는 퇴직금 등 2억 5,000만 원으로 한식 음식점을 시작했지만 2년여 만에 정리해야 했다. 남은 건 보증금과 권리금 8,000만 원뿐이다. 다시 치킨점을 차렸지만 조류독감으로 주저앉고 말았다. 그나마 건진 3,000만 원에 대출을 보태 6,000만 원으로 재개한 업종은 막걸리 전문점이다. 그러나 그마저 불황으로 폐업을 하고 부인은 파출부, 자신은 택시기사를 하며 간신히 생계를 꾸리고 있다.

참혹한 취업난과 구조조정의 살벌함을 겪고 이제야 겨우 얄팍한 기반의 끝자락을 잡은 IMF 직후 졸업 세대 역시 막다른 골목으로 내몰리고 있다. 이미 30대 중반인 이들을 받아줄 일자리는 없을 뿐더러, 이들 스스로 이제 더 이상 버텨낼 의욕조차 없기 때문이다.

불황의 그림자는 빈곤가족 전체를 한계적 상황으로 내몰고 있다. 생활고에 몰린 기혼여성들이 취업전선에 뛰어들면서 여성경제활동인구는 지난 2010년 8월을 기준으로 1년 사이 5만 5,000명이 늘었고, 서울의 결식아동은 4만 명을 넘어섰다. 이 같은 경제침체로 빈곤층이 더 늘어나고, 기존 빈곤층은 극빈곤화될 수밖에 없는 현실이 서글프다.

불황의 그늘이 깊어지면서 30대 초·중반 이른바 'IMF 학번'이 다시 또 악몽에 시달리고 있는 것이다. 1990년대 말 외환위기의 한복판에 맨발로 서야 했던 이들이 10여 년 만에 다시 겪는 벼랑 끝 삶의 공포는 다른 어느 세대보다 더 크고 깊을 수밖에 없다.

이들이 대학을 졸업한 것은 1998년 2월이다. 이들이 악화일로의 경제 상황에 특히 민감한 것은 내 집 마련이나 육아 등으로 경제력에 대한 욕구가 어느 세대보다 강한 탓이다. 더구나 이들은 2000년대 들어 '몇 억 만들기'로 대표되는 재테크 열풍 속에서 살아왔다. 집값 폭등을 목도하고 대출로 무리해서 집을 사는 경우가 많았으며, 이걸 갚으려고 주식이나 펀드로 돈을 굴리는 게 우리 세대에는 자연스러운 과정이었다. 1999년 대학을 졸업한 K씨도 2년 전 서울 강서구에 3억 원에 아파트 한 채를 장만했다. 절반은 대출받고, 그래도 부족한 돈은 아내가 신용대출을 받았다. 금리가 올라가면서 이자부담이 갈수록 늘어 수입의 절반을 이자로 내야 해 생활이 말이 아니다.

삶은 갈수록 팍팍해졌다. 제약회사에 다니는 또 다른 Y씨는 아이들과 더 이상 놀이공원에 가지 않는다. 영화관 가본 지도, 커피를 사서 마셔본 지도 오래다. 자가용도 늘 집 앞에 세워져 있다. 회사 사정이 어려워지고 있는 게 눈에 보여 최대한 허리띠를 졸라매고 있다. 외환위기 당시, 대우 하청업체에 다니던 아버지가 구조조정으로 퇴사한 뒤 그는 아버지와 생필품 노점상을 하며 간신히 졸업했다. 또다시 그렇게 힘겨운 시절이 온다고 생각하면 정말 두렵다.

서울의 한 종합고용지원센터의 실업급여 교육장은 하루 두 차례 실업급여를 처음 신청한 사람들을 대상으로 지급 절차 등을 교육하는 곳이다. 150여 좌석을 꽉 채운 교육생의 절반 가량은 30대로 보일 정도로 연령층이 낮다. 최근 명예퇴직했다는 30대 중반의 한 남성은 "대출이자도 다 낼 수 없는 돈이지만 이거라도 받기 위해 신청을 했다"며 "한참을 건물 앞에서 머뭇거리다 들어왔는데 생각보다 내 또래 사람들

cdR7aWNr4kAAAAASUVORK5CYII=

34
분 노

이 많아 또 한번 놀랜다.

이뿐만이 아니다. 시민들의 더 커진 빚·실업·세금의 3중고(三重苦)에 눌려 급속히 무너져 가고 있는 것이다. 2002년 카드대란이 초래했던 가계부실 사태의 재발이 그것이다.

한국은행과 민간경제연구소의 분석과 조선일보(2006.12.19) 보도 자료에 따르면, 우리나라 가계의 금융부채는 사상 최대치인 558조 원에 달했다. 우리나라 가계당 3,500만 원의 빚더미에 앉아 있는 셈이다. 가계당 연간 갚아야 할 이자 부담액만 300만 원에 육박한다. 가계부채 규모는 10.4%나 급증했다. 반면, 같은 기간 국민소득은 2.2% 증가하는 데 그쳤다. 이처럼 빚이 눈덩이처럼 불어나고 소득은 정체하면서 "빚을 못 갚겠다"며 법원에 파산을 신청하는 가계가 폭증하고 있다. 2009년까지 개인파산 신청자는 무려 10만 명에 육박했다. 한 해 신청자(3만 8,800명)의 2배를 훨씬 넘는 숫자다. 사실상 파산 상태에 있으면서 아직 파산 신청을 하지 않고 있는 잠재 파산자(79만 가구·한국은행 추정치)까지 감안하면, 19가구 중 1가구가 '파산 상태'에 놓인 것으로 추정된다.

가계를 빚더미에서 해방시킬 수 있는 길은 '일자리를 얻어 가계 소득을 늘리는 것'이다. 그러나 상황은 정반대로 가고 있다. 실업급여를 새로 신청하는 사람이 전년보다 10% 가량 증가하여 60만 명을 돌파하였다. 일자리 창출도 계속 뒷걸음질이다. 정부는 35만 개의 일자리를 창출하겠다고 공언했지만, 새로 만들어진 일자리는 26만 7,000개에 불과했다. 4년제 대학졸업자 중 정규직 일자리에 취업한 사람은 2명

Ⅰ 아름다운 삶 vs 지쳐버린 삶

중 1명도 안 된다. 앞으로의 고용전망은 더 암울하다.

이로 인해 소득은 줄고 있는데 세금·보험료 등 가계의 공적(公的)부담은 해마다 늘어나고 있다. 1인당 근로소득세 부담액은 206만 원으로, 전년(188만 원)보다 18만 원(9.6%)이나 늘어났다. 게다가 건강보험료도 평균 6.5% 인상됐다. 정부는 최근 5년 사이 직장인 건강보험료를 2배가량 인상, 물가상승률(16.5%)보다 6배 이상 부담을 늘렸다. 이에 따라, 건강보험료 체납 가구가 급증하여, 200만 가구에 육박하고 있다.

1997년 말 찾아온 외환위기는 대기업의 문어발식 차입경영이 빚은 결과였다. 기업들이 외국에서 빌려온 빚을 갚을 달러가 부족해 일시적으로 겪은 외화 유동성(流動性) 위기였다.

우리나라는 당시 IMF 긴급구제로 일단 부도위기를 넘겼고 이후 외자유치와 수출호조로 충분한 외화를 보유하게 됐다. IMF 환란이 단기적·급성 위기라면 최근 한국경제를 위협하고 있는 가계발 경제난은 '장기적·만성 위기'의 성격을 갖고 있다.

2010년 9월 말 현재 개인이 금융기관으로부터 빌린 부채 총액(가계신용 잔액)은 사상 최대치인 558조 8,176억 원에 달한다. 외환위기 당시보다 무려 2.6배가 급증했다. 특히 개인들이 주택 구입을 위해 빌린 주택담보대출은 전체 가계부채의 57.8%(2010년 9월 말 기준)를 차지하고 있다. 부동산 광풍이 우리나라 가계를 빚더미의 사상누각으로 만든 것이다.

가계가 빚에 눌리게 되면 나라경제가 소비위축→기업투자 부진→고용감소→경기침체의 악순환에 빠지게 된다. 더욱 심각한 것은 이처럼 빚으로 부푼 가계 버블이 집값 폭락으로 급작스레 꺼지는 상황이다. 현대경제연구원이 발표한 보고서에 의하면 "가계부채가 500조 원이 넘는 상황에서 부동산 가격 급락은(가계·기업·금융회사가 연쇄적으로 어려움에 빠지는) 복합 불황을 가져올 수 있다"고 경고한다. 기업은 부도가 나더라도 은행은 재고물품, 기계설비 등을 담보로 확보할 수 있지만 가계대출은 자산가치가 폭락하면 아무것도 남는 게 없기 때문에 더 심각한 금융위기를 가져올 수 있기 때문이다.

외환위기 때는 주로 기업에 많은 돈을 빌려줬던 제일·조흥·한일·상업·서울은행 등이 간판을 내렸다. 기업의 금고사정을 무시한 채 무차별적으로 대출해줬던 게 화근이었다.

최근에는 저축은행·신용협동조합과 같은 서민금융회사의 부실 우려가 커지고 있다. 주된 이유는 극심한 경기불황에 따른 가계소득 감소와 개인 파산자의 증가, 즉 가계부실 때문이다. 2010년 12월 말 적자 상태에 빠진 가구는 전체 가구의 28.5%에 달한다. 세 가구 중 한 곳 꼴로 빚을 지고 살고 있는 것이다. 개인파산 신청자는 2010년 10월 9월까지 8만 5,455명이 발생, 이미 2009년 연간 신청자(3만 8,773명)의 2배를 넘었다.

가계 부실이 심각해지면서 내수에 의존해온 중소기업들도 심각한 성영난을 겪고 있다. 한국개발연구원(KDI)은 "최근 몇 년째 가계신용(대출)이 10% 이상씩 늘어나는 반면 가계의 소득 증가율은 5%대 이하로 떨어졌다"며 "중소기업과 서민들의 빚 갚을 능력이 떨어지면서 서민금융기관들의 부실이 커지고 있다"고 경고한다.

노인들의 '슬픈 가계부', 우리의 자화상이 이곳에

두 시간 찾아 헤매야 수레에는 박스 10개, 1kg당 140~150원으로 노인들의 유일한 일거리로 이 일에 나선 노인들이 부쩍 늘었다. 노인 빈곤율 45%로 OECD 평균 3배를 넘어선 것이 이유일까?(한국일보, 2010.5.12)

게다가 가난한 노인들이 거리를 헤매고 있는 숫자가 계속 늘고 있다는 데 분통이 터진다. 박스며, 음료수 캔이며 재활용 물품이라면 지저분한 쓰레기더미도 거리낌 없이 파헤친다. 힘에서 젊은이들에게 밀리고, '늙은이'라는 선입견에 무시당한 그들이 가진 몇 안 되는 생계 수단이다. 먹고 살기 위해 거리를 헤매는 노인들을 찾기 위해 거리를 헤매보면 안타깝게도 생각보다 많은 노인들을, 너무 쉽게 만날 수 있다는 사실에 왜 갑자기 서글퍼지는 것일까?

한국일보에서 취재한 보도자료(2010.5.12)에 의하면, 지난 2010년 5월 11일 동대문구 제기동의 고물상에서 만난 한 할머니는 경동시장 인근을 두 시간 가까이 헤맸지만 모아온 박스는 고작 10개 남짓하고,

여타 경쟁자에 비해 볼품없다. 아니나 다를까, 고물상 주인은 "저울로 달아봐야 돈도 안 나오겠네 하며, 단골이니까 특별히 500원 드릴게요"라고 말한다. "몸 빠른 젊은 것들이야 부지런히 다니겠지만 난 그것도 힘들어." 할머니가 힘없이 돌아섰다.

성북구 보문동의 한 고물상에 도착한 할아버지는 가득 찬 손수레의 짐을 풀어 던졌다. 박스가 15kg, 신문꾸러미 5kg, 플라스틱 등 고철 2kg, 알루미늄 캔 1kg, 담요 3kg. 고물상 사장은 재빠르게 셈을 했다. 총 6,150원으로 "할아버지, 오늘은 그냥 6,000원만 받아가요." 할아버지가 응수한다. "얼마나 한다고 그걸 깎아, 더 줘야지." 사장도 지지 않는다. "박스 젖은 것 좀 봐요. 저것도 제값 쳐주는 건데 그냥 받아가요." 실랑이 끝에 할아버지의 주머니로 들어간 돈은 결국 6,000원이다. 그래도 할아버지는 싱글벙글이다. "운수 좋은 날이야. 한나절 힘들게 일해 봐야 5,000원이 안 되는 날이 허다해." 용신동의 한 자원센터 사장은 "노인들이 가져와봐야 대개 5,000~6,000원선"이라고 말한다.

현재 고물상의 박스 구매가격은 kg당 140~150원이다. 이보다 고급인 종이(책, 신문)는 10원 비싸다. 최상품인 '화이트백지'(A4지)는 170원이다. 가장 비싸게 쳐 주는 물품은 구리인데, kg당 9,000원까지 받을 수 있다. 하지만 노인들에게는 '풀밭에서 바늘 찾기'다. 이날 어떤 할머니는 한 꾸러미의 전선을 줍고 만면에 웃음을 지었다. 그러나 요즘 전선은 구리가 아닌 kg당 200원하는 니켈이다. '양은'(알루미늄)이 1,000원 정도고 천 종류인 의류는 500원에 거래된다. 간혹 분리수거가 안돼 고철과 알루미늄이 섞여 있다면 고물상에서는 대부분 고철

Ⅰ 아름다운 삶 vs 지쳐버린 삶

(㎏당 200원)로 가격을 매긴다.

노인들의 주거래 품목은 박스와 신문이다. 이들도 상태에 따라 가격이 다르다. 일반적으로 물에 젖거나 심하게 훼손된 종이는 제값의 70%선에 거래된다.

한 할머니의 경우, 한 달 수입은 27만 원으로 1인당 최저생계비(월 50만 4,000원)에도 미치지 못한다. 2009년 9월 경제협력개발기구(OECD)의 '한눈에 보는 연금 2009'에 따르면 우리나라 65세 이상 고령 인구의 상대빈곤율은 45%에 이르렀다. 우리나라 노인 열 명 중 네 명 이상은 전체 국민의 개인소득을 1위부터 100위까지 매겼을 때, 50 등인 사람보다 절반 이상 적게 번다는 뜻이다. OECD 평균은 13.3%였다. 그만큼 대한민국의 노인들이 가난하다. 빈곤의 가장 큰 원인은 무엇보다 노인을 위한 일자리가 없기 때문이다.

II

거짓

진실

가·진·자·의·횡·포

●

아·직·머·나·먼·상·생

드라마 대박 나도 제작사는 쪽박

～〰～

　우리나라 대부분의 방송 콘텐츠 제작자들은 지상파 방송사에 절대적으로 유리한 환경 때문에 여러모로 사업이 힘들다고 말한다. 정부는 영상 산업 진흥 명목으로 91년부터 지상파 방송사에 의무적으로 일정 비율의 외주 제작 프로그램을 편성토록 해왔지만 20년이 지난 지금 제작사들은 '밑 빠진 독에 물 붓기'이다.

　드라마 제작자들은 방송사의 비현실적인 제작비 지급 방식에 문제가 있음을 지적한다. 드라마제작사협회에 따르면, 미니시리즈의 경우 편당 실제작비가 평균 2억 원 안팎인데, 방송사들이 주는 돈은 대체로 1억 원～1억 3,000만 원선이다. 한국방송광고공사 자료를 인용한 조선일보(2010.6.7) 보도자료에 따르면, 평일 미니시리즈에서 앞뒤로 붙는 광고가 모두 팔리면 지상파 방송사는 4억～5억 원대의 수익을 얻게 된다. 투자금의 3배에 가까운 액수다. '동이', '신데렐라 언니' 등 20% 이상 시청률을 기록하는 드라마가 주로 광고 완판(完販)을 달성한다. 10년 전만 해도 방송사가 실제작비에 꽤 근접한 제작비를 지급했으나 지금은 절반 정도만 지급하고 나머지는 협찬, 간접광고 등으로 알아서 메우라는 식이다. 그러다 보니 제작에 참여한 스태프들 돈도 못 주고 드라마 한 편 찍고 망하는 회사도 나온다.

광고 수익을 독점하는 지상파 방송사가 해외수출, 다른 매체를 통한 방영, 관련 상품 출시 등을 통해 부가수익을 창출할 수 있는 근거가 되는 저작권마저 가져가는 경우가 많다. 드라마 납품 계약을 맺을 때, 많은 제작사들이 콘텐츠에 대한 포괄적 권리를 지상파 방송사에 양도한다. 해외 판권의 경우에만 3년에 한해 수익을 절반씩 나누는데, 이 또한 지상파 방송사 자회사에서 해외 판매를 담당하면서 수수료 명목으로 전체 수익의 20%를 가져가 실제 제작사 몫은 40%에 불과하다.

최근 제작사들은 지상파 방송사의 입김에서 벗어나 저작권을 확보, 해외 마케팅을 하려는 목적으로 사전 제작 드라마를 잇달아 만들고 있지만 이 또한 쉽지 않다. 유통을 쥐고 있는 방송사가 이런 드라마의 편성에 소극적이기 때문이다. 70억 원이 들어간 대작 '비천무'는 제작된 지 4년 만에 지상파에 편성됐다. 외주 드라마임에도 지상파 방송사들이 자사 PD들의 연출을 고집하는 것도 드라마 산업 전반에 대한 영향력을 유지하고 내부 PD들을 보호하기 위한 일종의 '텃세'로 해석된다. 특히 지상파 출신 PD들만이 드라마를 연출할 수 있다면 우리나라 영상 산업의 발전은 계속 더뎌질 수밖에 없고 제작사 입장에서는 투자 리스크를 안고 기획과 제작을 하고 있으면서도 막상 연출은 지상파 방송사 PD가 하고 있으니 더욱 제 목소리를 낼 수 없다.

스타맥스는 '막장' 논란 속에서도 시청률 40%를 돌파했던 '아내의 유혹'과 시청률 30%를 넘나들던 '가문의 영광' 등 '대박' 드라마를 동시에 제작한 회사다. 1년 전만 해도 20여 명 이상의 직원을 거느리고 연 매출 100억 원 이상을 올렸던 이 회사는 현재 직원 5명이 출근하고 있으며 매출은 전혀 없는 상태다. 이 회사 사장은 " '조강지처 클럽'의 시청률이 높아지자 원래 계획보다 6개월 더 방송됐고 그 과정에서 이미 제작이 시작된 드라마 '가문의 영광' 편성이 늦어졌다"며 "당초 예정했던 시기에 제작비를 받지 못해 자금 사정이 악화됐다"고 말한다. 제작사들이 지상파 방송사들의 불합리한 요구를 수용할 수밖에 없는 이유는 간단하다. 채널은 3개에 불과하지만, 편성을 두고 경쟁하는 제작사는 100여 개에 달하기 때문이다. 제작비·저작권 등에서 불리한 조건에 계약에 응하는 것은 물론, 예정된 편성이 수시로 바뀌어 피해를 보게 돼도 불평을 할 수 없다는 데 문제가 있다.

'대박 드라마'를 만들고도 외주제작사들이 재정난에 허덕이는 건 천정부지로 솟는 제작비가 핵심 원인이다. 치솟는 제작비 중 상당 부분은 스타 배우를 영입하는 데 투입되는 출연료이다.

실제 대표적인 한류 스타 배용준의 경우 2007년 '태왕사신기' 당시 출연료는 회당 1억 원으로, 사상 최대였다. 하지만 여기에 시청률과 해외 판매 결과 등에 따라 회당 약 1억 5,000만 원을 추가로 보장받았다. '겨울연가'(2002) 시절 배용준이 받았던 출연료는 회당 400만 원이었다.

다른 스타들의 출연료 수준도 만만치 않다. 배우 박신양이 회당 약 5,000만 원, 이병헌은 '아이리스'로 회당 2,500만 원(인센티브 포함 시 약 1억 원)을 받았다. 손예진, 김태희, 고현정 등도 회당 약 2,000만~3,000만 원을 받는다. 드라마가 재방송되거나 해외 판매될 경우 지급되는 추가 개런티를 제외한 수치다. 팬엔터테인먼트 사장은 5년 전과 비교해 평균 5~6배 가량 출연료가 상승했다고 말한다.

이는 우리나라 드라마 제작 현실에서만 볼 수 있는 기형적인 구조다. 한국콘텐츠진흥원에 따르면, 우리나라 드라마의 전체 제작비에서 출연료가 차지하는 비율은 60%. 반면 일본의 경우 출연료는 전체 제작비의 약 20%에 불과하다. 외주제작사들은 막강한 편성 권한을 무기로 지상파 방송국들이 무리한 스타 배우 영입을 요구하고 있다고 주장한다.

이는 스타 배우 없이 드라마 기획안을 들고 찾아가면 방송국에서 몇몇 스타를 거론하며 '이 정도는 돼야 편성을 할 수 있다'며 거절한다. 따라서 당장 편성을 따내기 위해서는 절대적인 권력을 가진 지상파 방송국의 요구에 맞출 수밖에 없는 것이 현실인데 우리 국민 대부분이 알고 있는 한류의 대부분이 드라마의 대박에 기인한 것으로 알고 있는데 이를 제작하는 제작사는 계속 쪽박신세를 면치 못하고 일부는 계속 적자와 부도사태가 보도되고 있는 현실을 언제까지 남의 탓으로만 돌릴 것인가.

가진 자의 횡포, 아직 먼 상생

～✦～

국내 30대 기업 중 거래 대금을 전액 현금으로 결제하는 기업은 SK에너지, 포스코, GS칼텍스, 신세계 등 12개인 것으로 나타났다.

동아일보 산업부가 국내 30대 기업(지난 2010년 매출액 기준)을 대상으로 결제 지급 방식을 전수 조사한 자료(2010.9.8)를 보면 삼성전자, LG전자, 현대제철 등 9개 기업은 부분적으로 어음을 사용하고 있었고 현대·기아자동차, 현대중공업 등 9개 회사는 어음 대신 기업구매전용카드나 기업구매자금대출 같은 어음대체결제 수단을 이용한다고 밝혔다. 그러나 어음대체결제 수단은 지급받은 날로부터 통상 60일 이후에 현금화할 수 있고, 그 이전에는 은행에 수수료(연 5~6%)를 내야 해서 어음과 큰 차이가 없다. 한국 경제를 대표하는 30대 기업 중 18개 기업이 별도의 수수료를 추가로 부담해야 즉시 현금화할 수 있는 결제 수단을 사용하고 이에 따라 대기업들이 그동안 중소기업과의 상생협력을 강조해 왔지만 구호에만 그치고 있는 것이다.

어음을 사용하는 9개 기업 중 LG디스플레이, 삼성중공업, 삼성물산, 현대제철 등 4개 기업은 300인 이하 중소기업과의 거래에서도 어음을 돌리는 것으로 확인됐다. 이들 4개 기업의 모그룹인 삼성과 현대·기아차, LG그룹은 몇 년 전부터 '중소기업 상생협력 방안'을 발표하면서 부품 협력사들에 현금성 결제를 하겠다고 밝혔음에도 이행하지 않고 있다.

현금결제를 하지 않는 기업 가운데는 수조 원의 현금을 보유한 곳이 많다. 대기업 거래처에 어음을 주는 삼성전자는 2010년 6월 말 기준 현금성 자산이 19조 2,743억 원으로 30대 기업 중 가장 많다. 현대·기아차도 7조 2,747억 원의 현금성 자산이 있다. 중소기업에도 어음을 쓴다고 한 삼성중공업(1조 2,175억 원)이나 현대제철(1조7,800억 원), LG디스플레이(3조 2,043억 원) 등의 현금 보유액은 1조 원 이상이다.

현금이 많은데도 어음을 발행하는 이유에 대해 기업들은 "투자를 많이 하기 때문"이라고 한다. 삼성전자는 연구개발(R&D)과 시설투자에 쓰는 돈이 2011년 한해에만 26조 원이라며 현금도 그만큼 많이 필요하다는 것이다. 현대·기아차도 비슷하다.

삼성 계열사 중 30대 기업에 들어가는 삼성전자·삼성중공업·삼성물산 등 세 곳 모두 어음을 사용한다. 삼성전자는 중소기업(중소기업법상 300인 미만)에는 100% 현금 결제한다고 했으나 삼성중공업·삼성물산은 중소기업에도 어음을 발행하고 있다.

LG그룹 계열사인 LG전자·LG화학·LG디스플레이 등 세 곳도 어음을 사용한다. 이들은 중견기업 이상에만 어음을 발행한다고 했으나 LG디스플레이는 중소기업 중에도 부품업체를 제외하고 설비·장비업체에는 어음을 발행한다.

현대차그룹은 2006년 정몽구 회장이 구속되기 며칠 전 상생협력 방안을 발표하면서 중소 협력업체에 현금성 결제를 하겠다고 선언했다. 이후 현대차와 기아차는 어음 발행을 하지 않고 있다. 그러나 계열사인 현대모비스는 중견기업 이상과 거래할 때 여전히 어음을 사용하고 있고 현대제철은 중소기업에도 일종의 변형어음(외상매출채권담보대출)을 발행한다.

반면 SK그룹 계열사인 SK에너지·SK네트웍스·SK텔레콤 등 3곳은 "현금으로만 결제한다"고 밝혀 4대 그룹 주요 계열사 중 현금결제방식이 가장 잘 정착된 것으로 조사됐다. SK에너지는 1962년 창사 이래 계속 현금결제를 해왔고 2006년에는 현금결제 기간을 기존 14일에서 7일로 단축했다. SK텔레콤은 전표 승인 다음 날 현금을 지급하는 것이 원칙이며 SK네트웍스는 세금계산서 발행일로부터 7일 이내에 결제하듯 현금 지급 운영이 가능함에도 대한민국 최고의 기업들이 독과점에 대금지급까지 전횡을 일삼고 있는 것이다.

기업들의 대금결제 수단은 현금, 어음대체결제수단, 어음 등 크게 세 가지로 분류할 수 있다. 어음대체결제수단은 구매기업이 금융기관을 이용해 납품기업에 대금을 지급하는 방식으로, 기업구매전용카드·외상매출채권담보대출·구매론 등이 있다.

기업구매전용카드의 경우 구매기업이 대금을 신용카드로 결제하면 납품기업이 카드사에서 돈을 받게 되며, 외상매출채권담보대출은 납품기업이 구매기업에서 받은 채권을 담보로 은행에서 돈을 빌리면 구매기업이 그 돈을 갚는 방식이다.

공정거래위원회는 이런 어음대체결제수단 중 대금결제 시기가 세금계산서 발행일로부터 60일 이내이고, 구매기업이 부도가 나더라도 금융기관이 납품기업에 대해서 돈을 갚으라고 요구할 수 없게 한 것을 현금과 함께 현금성 결제로 분류한다. 대금을 받는 협력업체 처지에서는 구매기업으로부터 직접 현금을 받는 것은 아니지만 금융기관을 통해 즉시 손에 현금을 쥘 수 있고 구매기업이 부도가 나더라도 대금을 떼일 염려가 없다는 점에서 어음보다 낫다. 그러나 결제일이 오기 전에 현금으로 바꾸려면 수수료를 금융기관에 내야 한다는 점에서는 여전히 현금결제보다 못하다.

공정거래위원회는 2010년 제조업체 4,000곳, 서비스업체 1,000곳 중 2008년 하반기(7~12월) 기준으로 하도급대금을 어음 없이 100% 현금성 결제수단으로 지급하고 있다고 응답한 업체는 1,374곳(37.2%)으로 나타났다고 밝힌 데서 알 수 있듯이 전체 기업의 3분의 2 가량이 여전히 어음을 병행하고 있어 아직 상생협력은 멀기만 하다.

눈먼 돈, 더러운 돈 다 갖겠다는
재벌들의 확장, 그 끝은 어디인가?

우리나라 30대 대기업 그룹의 계열사가 2010년 처음으로 1,000개를 넘었다. 2005년 702개였던 계열사가 5년 만에 1,069개로 늘었다. 특히 10대 그룹의 경우 350개에서 538개로 188개나 늘었다. 전체 증가분의 절반 이상이다. 급변하는 경영 환경에 맞춰 시너지를 높이기 위해 기업이 신사업에 진출하고 인수합병(M&A) 전략을 강화하는 것은 필요한 일이다. 그러나 관련 법령이 폐기된 시점에 무차별로 몸집을 급속히 불린 점이나 그룹 총수 일가의 불투명한 지배구조 문제 등 부정적인 측면이 부각되는 것은 잘 따져봐야 한다.

재벌닷컴이 발표한 한국일보(2011.1.18) 보도자료를 보면 대기업 재벌 총수가 있는 자산순위 30대그룹의 계열사 현황을 조사한 결과, 2010년 말 기준으로 이들 그룹의 계열사는 1,069개인 것으로 집계됐다. 이는 2005년(702개)에 견줘 5년 사이에 52.28%(367개)나 증가한 것이다. 10대그룹만 보면 2005년 말 350개에서 2010년 말 538개로 53.71%(188개) 늘었다. 특히 2008년에는 30대그룹 계열사가 122개나 늘어 가장 큰 폭의 증가세를 보였다.

이처럼 계열사가 급증한 것은 2005년 이후 기업 인수합병(M&A) 봇물이 터진데다 정부가 중소기업 고유업종 제도를 폐지하면서 재벌그룹들이 무차별적으로 사업 확장에 나섰기 때문이다.

에스케이(SK)그룹과 롯데그룹 계열사가 5년간 30개씩 늘어 가장 많이 증가했다. 에스케이는 2005년 말 54개에서 2010년 말 84개로 늘면서 30대그룹 중 최다 계열사를 거느리고 있으며, 롯데도 74개를 보유해 지에스(GS)그룹(76개)에 이어 세 번째로 계열사가 많았다. 롯데는 2010년 한 해에만 16개를 신설하고 2개를 줄여 14개가 늘었다. 엘지(LG)그룹에서 분리한 엘에스(LS)가 2005년 말 18개에서 2010년 46개로 28개, 지에스도 49개에서 76개로 5년 새 27개 늘었다. 효성(25개), 엘지(24개), 금호아시아나(22개), 한화(20개), 웅진(19개) 등도 계열사가 많아졌고, 이어 한진(17개), 코오롱(16개), 현대중공업(14개), 동양(14개), 삼성(12개), 대한전선(11개) 차례로 계열사를 늘렸다.

'재벌닷컴'이 내놓은 자료는 '재벌=문어발 확장'이라는 과거의 등식을 상기시킨다. 특히 이런 확장이 집중된 시기와 내용이 묘하다. 1990년대 말 외환위기를 계기로 핵심 역량에 집중하던 그룹들이 중소기업 고유업종제도 폐지(2005년), 출자총액제한제도 완화(2009년)를 틈타 몸집 불리기에 나선 흔적이 짙기 때문이다. 대·중소기업 상생과 경영 투명성이 사회적 담론이 되고 규제 완화가 정치경제적 의제가 됐던 시기에 재계는 딴 짓을 했다는 얘기다.

30대그룹의 계열사로 새로 편입된 업종과 지분구조를 보면 사업 확장이나 시너지효과보다 편법 상속과 문어발 영역 확대 의혹이 더 짙다. 제조사는 31개사에 불과한 반면 서비스·금융 등 주력사업과 무관한 비제조업체가 129개로 대부분이었다. 또 롯데 식품계열사처럼 그룹총수의 가족이나 친인척이 대주주인 경우가 많아 재계 주역 그룹의 상생·책임 운운은 공염불이었고 마음은 잿밥에 가 있었다는 얘기다.

대기업들은 너무 공룡처럼 성장해왔다. 눈먼 돈도 더러운 돈도 깨끗한 돈도 모두 갖겠다고 한다. 같이 사는 사회엔 사랑·의리·정의·도덕이 있다. 문제는 법보다 주먹이 앞서듯 시장에선 이런 덕목보다 탐욕이 먼저라는 생각을 지울 수 없다.

더욱이 화가 치미는 것은 2011년 4월 24일 공정거래위원회 보도자료(조선일보, 2011.4.25)에 따르면 MB 정부 초기인 2008년 이후 2011년까지 삼성은 계열사를 59개에서 78개로 늘렸고, 현대차는 36개에서 64개로, SK그룹은 64개에서 84개로, LG그룹은 36개에서 59개로 늘렸다.

이들이 계열사를 늘릴 수 있었던 것은 중소기업 고유업종제도가 2006년에 폐지된 데 이어 MB 정부 들어 출자총액제한제도(국내 회사에 순자산의 40% 이상을 초과해 출자하지 못하게 막는 것)마저 없어졌기 때문이다. 대기업들은 하도급기업들을 대거 계열사로 편입시켜 수직계열화했다. 삼성그룹이 반도체 장비업체이자 거래처였던 지이에스를 흡수하고, SK그룹이 비주력업체인 그린아이에스(인테리어용품 업체)를 계열사로 편입한 게 그 사례로 꼽힌다. 삼성·LG 등은 중견 협력업체들의 주요 업종이었던 LED 사업에도 진출하며 사세를 확장하고 있다.

　민간 대기업들은 무차별적인 사업확장에 나서면서 빚도 눈덩이처럼 불어났다. 2011년 상호출자제한 기업집단으로 지정된 상위 30대 그룹 중 공기업을 제외한 민간기업 24개 그룹의 부채는 2008년 547조 원에서 2011년 803조 원으로 256조 원(46.8%) 늘어났다. 같은 기간 이들 그룹의 자산도 940조 원에서 1,401조 원으로 461조 원(49.0%) 늘어났다.

　기업별로는 포스코의 부채가 9조 8,470억 원에서 25조 7,980억 원으로 162.0% 늘어난 것을 비롯해 STX(115.7%), 롯데(90.0%), LS(89.2%) 등이 높은 부채증가율을 보였다.

　부채증가의 절대 규모를 보면 삼성이 58조 740억 원에 달해 가장 컸고, 현대차(31조 2,250억 원), 한화(20조 6,310억 원), LG(19조 4,620억 원), 롯데(17조 4,240억 원), SK(16조 3,070억 원), 포스코(15조 9,510억 원), 현대중공업(10조 9,310억 원), 동부(10조 3,480억 원)가 각각 10조 원을 넘었다.

　성장의 한계에 도달한 대기업들이 신(新)성장 동력을 찾기 위해 덩치를 불린 것도 부채 증가에 일조했다. 삼성·현대차·SK·LG 등 4대 그룹은 신성장동력 산업에 투자를 대규모로 확대하고 있어 자산과 부채가 동시에 늘어나고 있다. 2011년 삼성은 43조 원, LG는 21조 원, 현대차는 12조 원, SK 10조 5,000억 원 가량을 신성장 산업에 투자하였다. 특히 삼성은 2008년 OLED(유기발광다이오드) 사업 투자 확대를 위해 자산 4조 7,000억 원짜리 삼성모바일디스플레이를 신규 설립했다.

이뿐만이 아니다. 한국일보(2011.5.14) 보도자료에 의하면 1979년 도입한 중소기업 고유업종제도가 2006년 말 폐지됐다. 시장경제 논리에 맞지 않다는 논란이 일었기 때문이다. 시장은 즉시 약육강식의 정글로 변했다. 자판기 운영, 자동차 정비, 광고 대행, 빵집 체인, 인테리어, 골프연습장, 콜택시, 막걸리·두부 제조 등 업종을 불문하고 뛰어들었다.

SK, 롯데, CJ 등은 생수 사업에 진출했고, LG전자는 정수기 시장에 뛰어들었다. 많은 재벌그룹이 문방구류 같은 소모성 자재를 공급하는 계열사 운영에도 나섰다. 도시락, 떡볶이, 학원 등 서민형 업종도 마다하지 않는다.

2세, 3세, 4세까지 빵집이나 광고대행사 등 비상장 계열사를 차려 주식을 독점하게 한 뒤 다른 계열사들의 물량 지원을 통해 땅 짚고 헤엄치기 식으로 돈을 벌고 있다. 문어발 확장을 부의 변칙 상속과 증여에 적극 활용한 것이다.

자산규모 5조 원 이상 55개 상호출자제한 기업진단의 계열사는 2009년 1,137개에서 2011년 1,554개로 417개나 늘어났다. 특히 10대 재벌그룹 계열사는 최근 3년새 212개(52.2%)나 급증했다. 2011년 1분기 상장회사 30대 기업의 영업이익은 지난해 같은 기간에 비해 56.8%나 치솟았다.

2004년 1.4%에서 2009년 6.9%로 크게 벌어졌다. 그만큼 경제성장의 과실이 대기업에 집중되고 있다는 뜻이다.

사회저명인사 537명이 시위한 이유

❧

지난 2010년 12월 태평로 프레스센터에 '삼성 직업병 문제 해결을 촉구하는 선언'을 위해 각계 인사 537명이 참여했다.

이들은 삼성반도체, 삼성전자 LCD, 삼성 SDI 등 삼성전자 계열사에서 백혈병, 뇌종양, 난소암, 루게릭병 등 희귀질환 피해제보가 104명에 달하고, 35명이 사망했음에도 피해자와 그 가족들이 진상규명과 산업재해 인정을 끊임없이 요구해 왔지만, 책임을 져야 할 삼성과 정부가 나몰라라 발뺌으로 일관하며 피해자들을 철저히 외면하고 있는 것에 대해 모두가 분노한 것이다.

이들 각계인사는 의료계, 법조계, 학계, 시민사회 등 각계 인사들로 백혈병 등으로 사망한 삼성 직원들에 대해 직업병을 인정할 것과 대책 마련을 촉구하는 선언을 위해 각 분야 저명인사들이 대거 참여해, 정확한 진상조사와 법 개정 등을 요구하기에 이른 것이다.

오마이뉴스(2010.12.21) 보도자료에 따르면, 삼성의 직업병 논란은 지난 2007년 삼성전자 기흥공장 반도체공정 노동자가 백혈병으로 세상을 떠난 것을 시작으로 촉발됐음을 알 수 있다. 이후 이어진 제보에는 백혈병 이외에도 조혈계암, 뇌종양, 호흡기암, 난소암, 유방암, 피부암(흑색종), 직장암 등 치명적인 종류의 암뿐만 아니라, 다발성경화증, 루게릭, 베게너씨육아종 등 희귀질환을 얻은 피해자들이 속출했기 때문이다.

피해자의 대부분의 20~30대인 것 또한 직업병이 의심되는 이유다. 23세 젊은 여성이 백혈병에 걸려 그해 사망했으며, 같은 공정에서 일하던 25살 여성 역시 백혈병으로 2010년 숨졌다. 암 발병률이 다른 세대에 비해 상대적으로 낮은 젊은 층에서 희귀암이 동시 다발적으로 발생한 것은 삼성전자 내 작업공정이 의약품과 공기 중에 노출된 작업 환경에 오래 노출되었기 때문이라는 주장이 계속 제기돼 왔다. 그럼에도 삼성과 근로복지공단 및 노동부는 이를 직업병으로 인정하지 않았던 것이다.

산업재해를 심사하는 근로복지공단 또한 피해자들에게 발병원인에 대한 입증책임을 구조적으로 약자일 수밖에 없는 환자에게 전가시킨 것이다. 이들의 사례를 포함해 그동안 접수된 제보들 가운데 단 한 건도 산업재해로 인정받지 못했다. 총 16명의 산재신청자 가운데 10명이 불승인됐고, 이후 행정소송과 재심사 청구 등의 이의절차가 계속되어 왔다.

이에 각계 인사들은 기자회견에서 삼성전자의 백혈병 등 직업병 피해 인정 및 문제해결을 위한 사회적 책임 이행, 정부의 산업재해 인정 및 진상 조사, 국회의 산업재해 및 화학물질 관리에 대한 제도개선 노력 등을 요구한 것이다.

민주사회를 위한 변호사모임은 삼성 공장에서 일하는 20대 초반의 노동자들이 자신들이 얼마나 위험한 물질에 노출돼 있는지 전혀 알지 못하는 상황에서 그런 사람들에게 어떤 유해물질이 발병의 원인이 됐는지를 입증하라는 것은 거의 불가능한 일임에도 이를 투명하지 못한 무재해만을 강조한 삼성전자의 이익만을 앞세운 이기적 자세에 각계 인사들이 뿔난 것이다.

반복적인 산업재해가 발생하고 있는 현실에서 최고의 기업이 최고의 명성만을 고수하려고 하면서 직원들을 위한 복지와 피해자가족들의 명예는 제껴둔 채 기업의 가치만을 앞세운 허울좋은 양면성을 보여준 우리의 모습을 보면서 언제까지 글로벌 기업다운 모습을 보일 것인가? 그나마도 다행인 것이 계속되는 국내외 언론의 여론과 시위에 따라 마지못해 2011년 6월 근로복지공단이 일부이기는 하지만 피해자를 산업재해로 인정하고 급기야 노동부 장관이 삼성전자 공장을 2011년 8월 방문하여 재해발생재발을 위한 발 빠른 행보를 보인 점에 많은 아쉬움이 따르는 건 왜일까?

최저임금 워킹푸어

꽃

2011년 최저임금은 시간당 4,320원으로 주 40시간 한 달을 일하면 90만 2,880원이다. 통계청이 발표한 가계동향조사를 보면 소득 최하위 20%의 가계들은 매달 30만 원씩 적자다. 이들 대부분은 일하면서도 빈곤한 '워킹 푸어'다. 이런 최저임금 노동자는 250만 명에 달한다. 200만 명은 법이 정한 최저임금도 못 받는다. 그 최저임금 미달 노동자의 90%는 비정규직이다. 최저임금제도는 헌법에 명시된 권리다. 그 제정 취지는 저임금을 해소해 임금격차를 완화하고 소득분배를 개선하는 것이다. 그러나 현실에서 최저임금은 비정규직의 보통 임금으로 자리 잡는 형국이다.

노동시장에 처음 들어오는 15~19살 청소년 노동자의 2/3가 최저임금도 못 받는 편의점과 주유소 알바생들이다. 이들에게 설레는 첫 노동 같은 것은 없다.

20~40대 중 최저임금에 미달하는 노동자는 5% 남짓이지만, 다시 50~60대에 와선 최저임금 미달자가 급속히 늘어난다. 첫 노동과 끝

노동에 저임금이 몰려 있다. 우리 사회는 어쩌면 임금피크제를 시행하고 있는 셈이다.

여야가 책상머리 복지 논쟁으로 세월을 까먹는 사이, 홍대 청소노동자들은 75만 원짜리 일자리라도 지켜 달라고 농성했다. 파견, 도급, 용역 등 아웃소싱의 지나친 확대가 저임금을 양산한 것이다. 대학의 청소업무는 일시적인 일이 아니다. 늘 필요한 일상업무다. 이런 노동자를 직접 고용하지 않는 이유가 무엇일까?

중간에서 인력을 공급하는 외주업체가 끼면 본래 불필요했던 업체 관리직원을 두게 돼 결국 비용은 더 들어간다. 그런데도 홍대는 아웃소싱 업체를 기존 2개에서 청소, 시설관리, 경비 등 3개로 늘려서 각각 계약했다. 특히, 경비업무는 고작 10명 남짓의 노동자가 일하는 데도 굳이 별개의 업체와 계약을 한 것이다.

한국과 멕시코는 전체 노동자 평균임금 대비 최저임금 수준을 놓고 경제협력개발기구(OECD) 국가 중 늘 꼴지를 다투고 있다. 대통령은 기업의 사회적 책임을 이야기하고 대·중소기업 '상생'정책을 내놓지만 공공기관조차 상생을 거스르고 있다. 오히려 그러한 방향으로 정부가 정책을 유도하는 면도 있다.

기획재정부가 내놓은 280여 개 공공기관 평가지침에 따르면 일자리를 늘리는 기관에 인센티브를 주겠다고 하면서도, 지세히 들여다보면 민간위탁을 많이 해 값싼 비정규직 일자리를 많이 늘린 기관에 후한 점수를 주는 지침임을 알 수 있다.

매분기 30대 재벌의 경영실적은 치솟고 있다. 대기업은 정부 뒤에서 지불능력이 떨어지는 중소영세기업과 저임금 노동자 사이의 다툼을 방관하고 있다. 그런데 문제는 이런 다툼의 원인 중 하나가 바로 원·하청 불공정거래에 있다는 점이며, 대기업은 그 책임에서 자유로울 수 없다. 대·중소기업 간 불공정거래의 실질적 해소와 상생은 양극화 해결의 길이자 최저임금 개선과도 연관된다. 대·중소기업 상생논의를 민주노총이 관심있게 지켜보는 이유다.

2011년 들어 해마다 각 정권은 비정규인력을 줄이겠다고 각종 정책을 쏟아내고 있지만, 전체 2,300만 근로자 중 자영업종사자 550만 명을 제외한 570만 명의 비정규직 종사자가 매년 늘어나고 있는 것이 현실이다. 이들은 매년 최저임금의 나락에서 한 가닥 희망을 갖고 오늘도 워킹 푸어에서 벗어나길 고대하고 있지만 현실은 요원하기만 하다.

III

75만 원

VS

1억 원

그·들·만·의·세·상 ● 그·들·만·의·리·그

사법권력, '그들만의 리그'
(전관예우, 연관예우, 현관예우)

우리 사회의 갈등이 정치력과 공론화를 통해 해결되지 못하고 사법부에서 결론 나는 현상이 두드러지고 있다. 이른바 '정치의 사법화'다. 새만금 사업, 여성의 종중원(宗中員) 자격, 수도 이전, 호주제, 군복무자 가산점 등 극히 민감한 사안들이 대법원이나 헌법재판소에서 그 방향이 결정된다. 대법원과 헌재의 인적 구성이 그만큼 중요해졌다. 국회의원을 선출하는 일 못지않게 어떤 법관들이 충원되고, 그들이 어떤 가치 성향을 지향하는지 철저히 검증해야 하는 이유다.

2011년은 사법권력에 대변혁이 있었다. 대법관과 헌법재판관의 3분의 1이 바뀐 것이다. 대법원에선 대법관의 후임 제청(提請)을 시작으로 대법원장(9월)과 대법관 등 전체 14명 가운데 5명이 새 인물로 교체된다. 9명의 헌재 재판관 중에선 3명이 7월 이내 퇴임한다. 대법원 판결과 헌재 결정에 영향을 끼칠 만한 큰 변화다.

하지만 출발부터 다소 실망스럽다. 2011년 1월 19일자 중앙일보 보도자료에 의하면 대법관 제청 자문위원회는 대법관의 후임에 법원 내 인사 4명을 대법원장에게 추천했다. 후보자들은 모두 서울대 법대 출신이다. 현재 대법원에는 대법원장을 포함해 대법관 14명 중 13명이 서울대 법대를 나와 학벌 편향성이 심각하다. 또다시 같은 대학 출신으로 채우는 건 분명 문제가 있다. 헌재도 상황은 마찬가지다. 신규 내정자가 합류하면 9명의 재판관 모두가 서울대 법대 출신이다. '서울대 법대 동문회' 수준의 대법원과 헌재가 과연 사회적 다양성을 반영하고 국민의 신뢰를 얻을 수 있을까?

남성 독식(獨食)체제도 문제다. 대법원에서 여성은 현재 1명의 대법관이 유일하다. 헌재에는 전무(全無)하다. 이 같은 특정 대학 편중과 남성 중심의 구조는 법원과 검찰 안에서 기수와 서열 위주로만 사람을 찾다 보니 빚어진 측면이 크다. 미국 연방대법원 역사에서 대법관이 되기 이전에 판사 경력자는 절반밖에 되지 않는 것과는 정반대다. 법원 구성의 다양화(diversity on the bench)는 다양한 배경을 지닌 인물들을 판사 자리(bench)에 앉히는 것을 말한다.

미국 법조계에서는 이 원칙을 '황금률'로 여긴다. '선출되지 않은 권력'인 판사들이 민주적 정당성을 확보하기 위해선 각계각층의 다양한 목소리를 반영해야 한다는 당위성 때문이다. 버락 오바마 대통령이 취임 후 연방대법관에 여성인 소니아 소토마요르(Sonia Sotomayor) 연방항소법원 판사와 엘리나 케이건(Elena Kagan) 법무부 송무담당 차관을 지명한 것도 이 원칙에 따른 것이다.

1993년 취임한 루스 베이더 긴즈버그(Ruth Bader Ginsburg) 대법관과 함께 전체 대법관 아홉 자리 중 세 자리를 여성이 차지하고 있다.

소토마요르는 사상 최초의 히스패닉계 대법관이란 점에서, 케이건은 법관 경력이 없는 하버드대 로스쿨 학장 출신이란 점에서 주목을 받았다.

반면 우리나라 대법원 구성을 보면 남성-서울대 법대 졸업-판사 출신 중심의 '폐쇄주의'에서 벗어나지 못하고 있다. 특히 2011년 대법원장을 포함한 대법관 5명과 헌법재판관 3명이 임기만료 등으로 교체되는 상황에서 "최고재판기관 구성을 다양화할 수 있는 기회"라는 목소리가 컸다. 하지만 지난 2011년 1월 17일 대법관 제청 자문위원회의 대법관 후보 추천은 이런 바람에 또다시 역행하는 것이었다. 후보 4명 모두 서울대 법대 출신의 고위 법관이다. 대법원 관계자는 여성이나 비(非) 서울대 법대 출신이 추천되지 않은 데 대해 "대법관 기수에 맞는 적합한 인물을 찾지 못했기 때문이라고 주장한다. 이어 "재야에서도 모셔오고 싶지만 로펌에서 한 달에 1억 원을 받았다는 게 문제돼 감사원장 후보자가 사퇴한 마당에 사실상 불가능한 것 아니냐"고 고민을 털어놓는다.

그러나 대법관들의 면면을 볼 때 '과감한 다양화 시도'가 시급하다는 게 시대적 요구다. 대법원장과 법원행정처장을 포함한 대법관 14명 가운데 여성 대법관 한 명을 빼면 모두 남성이다. 또 대법관 한 명을 제외하곤 한결 같이 서울대 법대를 졸업했다. 검찰 출신인 대법관 1명과 서울대 법대 교수 출신인 대법관 1명 말고는 12명이 법원 출신이다. 이들 대부분이 20대에 판사 생활을 시작해 법정에서 재판하고 소송서류를 읽는 데만 골몰해온 50대 후반~60대 초반의 남성으로 너무 심한 '닮은꼴'이어서 가슴이 답답해질 정도이다.

2004년 기존 대법관들보다 사법연수원 기수가 훨씬 낮았던 전 대법관이 첫 여성 대법관으로 발탁된 것도 대법원 구성의 다양화 요구를 반영한 것이었다. 이어 2005년 2명의 대법관이 각각 재야 법조계, 비(非) 서울대 법대 출신으로 대법관에 임명됐고 2006년엔 두 번째로 여성 대법관이 나왔다. 하지만 이후로 '서울대 법대-남성-판사 출신'의 임명 공식이 다시 굳어지면서 대법원의 시계가 거꾸로 돌고 있다. 현재 헌법재판소 재판관도 9명 전원이 서울대 법대를 졸업한 남성이고 이 중 7명이 판사 출신이다.

이에 대해 "판사 출신만이 최고라는 '순혈주의'와 성장 배경이 다른 인물의 진입을 막는 '쇄국주의'에 사로잡혀 있기 때문"이란 지적이 나오고 있다. 이들 대법관들의 인생 경로가 비슷하다 보니 판결 성향도 대동소이해 각계의 의견을 담아내지 못하고 있다. 특히 기수·서열 중심의 경직되고 획일화된 대법관 임명 관행에서 탈피하지 못하면 국민의 지지와 신뢰를 얻기 힘들 것이다. 대법관과 재판관은 높은 수준의 불편부당성(不偏不黨性)이 요구되는 자리다. 특정 이념이나 성향에 함몰돼선 곤란하다. 이 같은 현실은 기득권을 누리는 이들의 전관예우, 연관예우, 현관예우에서도 알 수 있다. 지난 2011년 1월 조선일보(2011.1.15)의 보도자료에 의하면 감사원장 내정자가 청문회도 열리기 전 사퇴한 것을 계기로 변호사 급여로 7개월간 6억 9,000만 원을 받았다는 사실 때문에 전관(前官)예우에 대해 논란이다. 후보자는 사퇴하며 "서민들이 보기엔 큰 액수이지만, 법조 30년 경력의 변호사 급여라는 실정을 아는 사람들은 용인하리라 본다"고 했다. 헌법재판관 후보자도 로펌에서 4달에 4억 원을 받았다. 로펌 변호사 중에는 이보다 더 많은 급여를 받는 변호사도 있으니, 이번 경우를 꼭 전관예우라고 하기 어려운 측면도 있을 것이다.

그 전관예우도 거의 없어져 가고는 있지만 여러 차례 법조비리가 터지면서 전관예우 기간이 퇴직 후 3년에서 1년, 다시 6개월로 짧아졌고 최근엔 전관이라고 봐주는 판·검사도 없다.

법률소비자들도 이런 사정을 꿰뚫어보고 있어 전관 변호사를 찾는 소송 당사자는 별로 없다. 그 대신 그래도 불안한 당사자들은 사법시험 동기이거나 동문처럼 담당 판·검사와 연줄이 닿는 변호사를 찾는다. 조금이라도 도움이 될 것이라는 기대 때문이다.

전관예우가 없어지고 경기가 침체되자 판·검사들은 퇴직하기를 꺼린다. 어떻게든 현직에 남아 있으려고 한다. 2010년부터 서울중앙지검이 아닌 동부·서부·남부·북부 등 4개 지검에서 전에 없이 대형 사건을 잇달아 수사하는 것도 인사 경쟁이 더 치열해진 현실을 반영한다고 보는 시각도 있다. 현직에 남으려다 보니 조직 내 평판을 유지하려 하고, 그래서 끼리끼리 돕는 관행이 생기는 게 아니냐는 우려도 나온다.

전관예우, 연관예우, 현관예우 모두 상대방이 있는 사건을 왜곡할 수 있어 사법 신뢰를 해칠 뿐만 아니라 결과적으로 국민에게 해악을 끼치는 것이다. 그러나 그 중 가장 나쁜 것을 꼽으라면 현관예우일 것이다. 전관예우만이 아니라 연관·현관예우도 문제다.

한국에서만 사용되는 단어인 '전관예우'의 사전적 의미는 '장관급 이상의 고위관직에 있었던 사람에게 퇴임 후에도 재임 때와 같은 예우를 베푸는 일'이다. 그런데 요즈음 '전관예우'라는 말은 주로 현직 판·검사가 갓 퇴임한 판·검사 출신 변호사들이 수임한 사건 처리에 편의를 봐주고, 이들 전관(前官) 변호사들은 그런 프리미엄을 이용하여 단기간에 고소득을 올리는 현상을 가리킨다. 미국·독일은 물론 같은 동양문화권인 일본에도 없는 한국 특유의 전관예우는 판·검사와 변호사의 유착관계로 인한 사법비리의 표상이 된 지 오래다. 이 같은 의미의 '전관예우'에 대해 법원이나 검찰이 늘 하는 말이 있다. "전직 판·검사라고 하여 사건처리를 특별히 불공정하게 처리하는 일은 결코 없다"는 것이다. 그러나 고위 판·검사 출신 변호사들에게 사건이 집중적으로 쏠리고 있고, 그들이 일반 변호사보다 월등히 높은 수임료를 받고 있다는 사실은 분명하다.

법원이나 검찰의 주장은 '전관'을 예우하는 주체가 '현직 판·검사'가 아니라 '사건 의뢰인'이라고 말을 한다. 전관이 변호사로 선임되었다고 해서 사건처리를 특별히 유리하게 하지 않는다면, 그러한 혜택을 기대하고 고액의 수임료를 주는 의뢰인들은 우매한 바보들이란 말이 된다.

현재 국회에서 전관 변호사의 수임제한 방안이 논의되고 있는데, 이 정도로는 근본적인 해결책이 될 수 없다. 최종 근무지에서의 사건 수임을 금지한다면 사건담당 판·검사와의 학연(學緣)이나 함께 근무한 경력 등 다른 기준을 동원하여 변호사를 선임하려고 할 것이다. 전관예우의 근본 문제는 일부 법조인의 윤리부재와 그것을 이용하려는 사람들의 비양심에 있다. 일부 법조인의 직업윤리관이 사회문제가 된 것은 어제오늘의 일이 아니다. 따라서 전관예우 논란을 없애기 위해서는 어떠한 인맥이나 지연·혈연, 근무경력에 관계없이 엄정하게 사건 처리를 할 수밖에 없도록 만드는 구조적인 개혁이 필요하다. 이를 위해서는 무엇보다 형사재판에서 '유전무죄(有錢無罪), 무전유죄(無錢有罪)' 논란을 없앨 수 있도록 객관적이고 공정한 구속기준과 양형(量刑)기준을 정립할 필요가 있다. 형사재판에서 가장 중요한 구속 여부와 선고 양형을 법원과 검찰이 독점적으로 운용하는 시스템에서 탈피해야 한다. 어떤 경우에 구속이 되고 어떤 경우에 어느 정도의 형이 선고되는지를 객관적인 기준에 따라 공정하게 결정하고 이를 공개해야 한다. 미국 법조인들은 학교나 고향 선배라고 봐주는 것도 없고 내가 지금 선배를 봐주면 내 후배가 또 나를 봐줄 것이라는 믿음도 없다. 국회 청문회에서 법조인 출신 공직후보자가 전관예우로 고소득을 올렸다는 사실로 논란이 되는 일도 없다. 무엇보다 구속기준과 양형기준이 명확하기 때문이다.

법조계에서 회자되는 '전관예우'라는 말은 표현은 고상하지만 그 의미는 천박하다. '전관'이라는 사실만으로 '예우'받는 지금의 사법 현실에서 벗어나 '국민이 예우받는' 사법시스템이 먼저 정착되어야 하는 것이다.

현재 법조계 풍조는 공직 찍고, 로펌 찍고, 다시 정부고위직으로 '컴

백홈'이라는 신조어까지 나돌고 있다. 법조계 고위 공직자들이 로펌을 거쳐 다시 정부 고위직에 오르는 이른바 회전문 인사에 대해 일각에서는 전문성을 살린 인사라고 주장하지만 그보다는 국민이 맡긴 법관·검사의 의무를 이행하며 얻게 된 능력을 다시 국민에게 돈을 받고 파는 행위라는 우려의 목소리가 더 많다. 여기에 일부 자본력이 뒷받침되는 대형 로펌의 경우 전관 영입을 통해 막후 권력을 행사한다는 비판의 시각도 적지 않다.

일부 법조계 고위직들의 경우 로펌을 거쳐 다시 고위 공직자의 자리를 꿰차는 수순을 이른바 법조계 '드림 노후 플랜'으로 보는 시선도 있다. 비록 일부이기는 하지만 전문성을 살리는 행보 차원보다는 개인적인 커리어 관리 차원에서 로펌행을 택한다는 비난이 일 수 있는 대목이다.

지난 10년간 퇴임한 대법관과 검찰총장 25명 중 14명은 로펌행을 택하면서 변호사 업계에 진출했고, 나머지 11명 중 7명도 변호사로 개업했다. 단 4명만이 대학이나 정부기관에 들어갔다. 이들이 변호사로 전직하고 로펌행을 택하는 것은 결국 적지 않은 보수와 기회 차원이라는 게 법조계의 일반적인 해석이다. 로펌행이 안정된 고수익과 향후 정·관계 진출에 유리하다는 뜻이다.

이는 로펌에 있을 경우 안정된 고수익을 보장받을 수 있고 향후 공직후보자가 됐을 때도 개인적인 비리에 휘말릴 위험이 적기 때문이다. 특히, 형사소송과 관련해 소송 대리인단에는 등록하지 않은 채 개인적으로 사건을 수임하고 거액을 받을 경우 불법성 시비에 휘말릴 수 있지만 공동으로 소송을 대리하는 명분을 가진 로펌에서는 비난의 화살을 피할 수 있다.

또한 전직 고위 판검사의 경우 대학으로 갈 수는 있지만 오랜 법조계 경력으로도 즉시 전임교수가 되기 힘든 환경에서 30대 강사 수준의 대우를 받고 학계로 가는 것은 현실적으로 어려운 선택이기 때문이기도 하다.

이같이 전관예우는 잊혀질 만하면 다시 떠오르는 법조계의 고질병이다. 판검사의 퇴직이라는 상황은 사법체계가 갖춰진 어느 나라나 동일한 조건이지만 그에 대처하는 모습은 사뭇 다르다.

가까운 일본의 경우, 고위 판검사가 퇴직한 후 변호사 개업하는 것에 제한을 두고 있지는 않다. 퇴임 다음날 개인 사무실을 여는 것도 가능하다. 퇴직 후 개업을 하거나 로펌으로 거취를 옮길 때 퇴직 기간이나 지역을 따지지 않아도 된다. 하지만 전관예우에 대한 사회적 시각은 우리와는 딴판이다. 사실상 법조계에서 전관예우가 통하지 않는 분위기다.

일본의 경우 전관예우가 유명무실한 것은 판검사의 정년이 탄탄하게 보장되고 있다는 점이 그 배경으로 꼽힌다. 일본 최고재판관은 70세, 판사는 65세, 검찰총장은 65세까지 정년이 보장된다. 그 외 검사도 모두 63세까지 정년이 인정된다. 후배가 자신보다 고위직에 오를 경우 용퇴하는 분위기도 없다. 또한 정년까지 판검사직을 유지하는 경우가 대부분으로 평균 급여 수준이 우리나라 판검사의 1.5배 이상인 것도 판검사가 굳이 서둘러 퇴직한 후 로펌이나 변호사의 길로 들어서지 않

분 노

는 이유 가운데 하나로 꼽힌다.

영국은 판검사뿐만 아니라 고위공직자가 퇴직하면 업무와 관련이 있는 곳으로 취업하는 상황을 엄격히 제한하고 있다. 최장 2년 동안 비영리조직을 포함한 기업에 전직 영향력을 행세하는 것을 금지하고 있다. 연방공무원법을 제정한 독일은 정년 이전에 퇴직한 경우 5년간, 정년 퇴직자는 3년간 담당업무와 연관된 어느 기업이라도 취업을 제한하고 있다. 자문역으로 간다고 하더라도 옛 업무와 관계가 있다면 허용되지 않는다.

미국의 경우 전관보다는 로비스트를 이용해 합법적으로 자신의 권리를 찾는 방법이 정착돼 있다. 반면, 전관예우만 놓고 보면 우리나라 법조 현실은 후진국의 구태를 벗어나지 못하고 있다. 공직자윤리법 제17조에 따르면 공직자는 퇴직 전 3년간 담당했던 업무와 밀접한 관련이 있는 일정 규모 이상의 사기업체 취업이 2년 동안 제한된다. 하지만 '밀접한 관련'이라는 단서를 달아 사실상 로펌과 같은 사기업 스카우트의 길을 열어놓았다. 변호사법의 경우 지난 1988년 개정하면서 변호사 자격이 있는 공무원의 퇴임시 개업을 3년간 금지했다. 하지만 1989년 헌법재판소는 이 규정을 아예 위헌으로 결정했다.

지난 2010년 3월 국회 사법개혁특별위원회는 판검사가 '퇴직 후 1년 동안은 퇴직 전 1년 동안 근무한 곳의 사건을 수임하지 못한다'는 변호사법 개정안을 내놓았지만, 이마저도 관련 상임위에서 논의조차 되지 못하고 있는 것은 국회가 율사출신의 국회의원이 너무 많아서 그런 것은 아닐까?

월 급여 75만 원 대 1억 원이 공존하는
우리 사회의 자화상

홍익대 청소노동자의 월급 75만 원과 감사원장 후보자의 법무법인에서 받는 월급 1억 원이 2011년 초부터 온 나라를 시끄럽게 했다. 한국일보(2011.1.13) 자료에 의하면 현재 한국의 청소노동자는 약 40만 명이다. 임금 노동자 중 네 번째로 많다. 이 중 80%가 50대 이상 여성이다. 절반 이상이 휴게 공간이 없어 계단 아래나 화장실, 석면이 날리는 배관실에서 식은 도시락을 먹는다. 학교 측의 집단해고에 맞서 농성했던 홍익대 청소노동자들이 하루 10시간 일하고 받는 임금은 월 75만 원에 여기에 하루 300원씩 월 9,000원의 식대가 더해진 게 전부다.

2011년 1월 사퇴한 감사원장 후보자는 대검차장에서 물러난 뒤 법무법인에 취직해 월 1억 원의 소득을 올렸다. 청소노동자들이 월급을 한 푼도 쓰지 않고 꼬박 11년을 모아야 하는 액수다. 그는 재취업 소득에 따른 차감분을 제외하고도 월 183만 원의 퇴직연금도 받았다. 검찰 출신이 법무법인에 들어가 고액 급여를 받는 것이 불법은 아니다. 그렇다고 월 1억 원을 합당한 보수로 보긴 어렵다. 대통령직 인수위원회에 참여한 검찰 고위직 출신이라는 전관예우의 대가로 고액 급여를 받았다고 보는 게 자연스럽다.

"청소노동자는 가장 더럽고 지저분한 곳만 갑니다. 의사가 치료하는 것도 중요하지만, 청소도 중요한데, 왜 지식으로 하는 일만 중요하게 생각하나요?" 대학병원 청소노동자들의 하소연이다. 쿠바의 청소노동자는 의사나 교수보다 임금을 더 받는다. 노르웨이에서는 승객의 생명을 책임지는 버스 기사의 임금 수준이 높다. 어렵고 위험한 일을 더 가치 있는 노동으로 보기 때문이다. 청소는 더럽고 힘든 일이지만, 사회 유지에 꼭 필수적인 노동이다. 그런데 왜 법정 최저임금도 안 되는 임금과 근로조건에 놓여 있는 걸까?

선진국은 전문직과 일반 서비스업 종사자 간 임금 차이가 크지 않지만, 우리는 공공부문의 임금이 지나치게 높고 민간의 임금 격차도 심각하다. 정부가 공공부문과 정규직 등 사회적 강자의 기득권 보호에만 치중해 온 탓이다. 특히 진입 장벽을 통해 변호사, 의사 등 전문직의 이권을 철저히 보호해 왔다. 반면 고용 불안이 확산되면서 사회적 약자인 '고령 여성'의 노동은 하찮은 것으로 취급되고 있다. 그러다 보니 정규직에서 계약직으로, 다시 용역회사 파견직으로 전락하게 된다. 이들이 누려야 할 최소한의 혜택을 사회적 강자들이 빼앗아가는 구조를 고쳐야 왜곡된 돈의 흐름이 바로잡힌다.

그렇다면 퇴직 후 법무법인에 재취업해 월 1억 원의 소득을 올린 감사원장 후보자가 재취업 기간 공무원 연금을 수령한 것은 타당할까? 고소득 퇴직 공무원에 대한 연금 지급의 적절성 또한 문제로 지적되고 있다.

국회와 행정안전부 및 헤럴드경제(2011.1.13) 보도자료에 따르면 감사원장 후보자는 2007년 11월 26일부터 2008년 6월 20일까지 법무법인 바른의 대표 변호사로 재직했다. 같은 기간 그의 총 소득은 6억 9,943만 원이다. 이런 가운데 정부는 퇴직연금 183만여 원을 매월 후보자에게 지급했다. 퇴직 연금 수급자가 재취업하면 소득에 따라 0.5~50%를 차감하고 나머지 연금을 준다. 감사원장 후보자의 원래 연금은 월 367만여 원이었다. 문제는 퇴직 후 억대 월봉자까지 연금을 지급해야 하는 점이다.

지난 2010년 8월 말 기준 재취업한 퇴직 공무원은 1만 3,468명으로, 이들에게 지급되는 전체 연금은 월 155억 원, 연 1,863억 원에 이른다. 때문에 재취업해 소득이 생기면 연금 지급을 중단하거나 대폭 축소하는 것이 당연하다. 이는 재취업한 곳에서 급여를 받는데다 연금까지 수령하면서 유령 퇴직연금 생활자를 양산하기 때문이다.

변호사들의 수입은 천차만별이다. 같은 로펌 내에서도 소득 격차가 크다. 로펌의 변호사인 경우, 한 건에 수십억 원 내지 100억 원 이상의 소득을 올린다. 판검사 재직 경험이 없지만 법원 검찰의 고위직을 지낸 쟁쟁한 변호사들도 부러워한다.

그런가 하면 한 달에 500만 원짜리 2, 3건도 못하는 변호사도 있다. 대한변호사협회 변호사징계위원회에 회부된 사건 중에는 1,000

만~2,000만 원의 손해배상금을 떼먹거나 빚을 못 갚은 처참한 변호사가 더러 있다.

대다수 변호사는 법원과 검찰 중심의 '법정 변호사'로 활동하고 있는데 이들도 층층의 등급이 있다. 개업 변호사 1만 명 시대에 비교적 안정된 수입이 보장되는 로펌 변호사가 되기는 점점 더 힘들어진다. 손꼽히는 몇몇 대형 로펌에는 이제 서울지역 법원장 출신도 들어가기 어렵다. 흔히 최종 근무지역과 전문성, 사법시험 및 연수원 기수, 외국어 능력 등을 고려해 영입하지만 경력만 갖고는 명함을 내밀 수 없는 시대가 된 것이다.

변호사 시장의 경쟁이 날로 더 치열해지고 있다. 사건을 쫓아다니며 고소나 소송을 부추기는 '앰뷸런스 변호사'도 늘고 있어 변호사시장이 점점 더 혼탁해지고 있는 가운데 앞으로 법률시장이 미국, 영국 등 서양 변호사들에게 개방되면 변호사 업계는 맹수가 우글거리는 정글로 바뀔 것이다.

법원, 검찰에서는 변호사 출신을 판검사로 임용하는 법조 일원화(一元化)에 회의적인 시각이 여전히 많다. 변호사 생활을 하다 보면 '스포일(spoil)되기 쉽다'는 것이 이유 중 하나다. 돈에 한번 때묻은 변호사는 공정한 판검사가 되기 어렵다는 것이다. 그 때문인지 수사학(修辭學)이 발달한 그리스·로마시대는 변호사 전성시대였지만 무료 변론이 원칙이었다. 봉사하는 명예직의 개념이 강했다. 요즘도 고위직 출신 가운데 체면을 중시하는 변호사들은 "의뢰인과의 수임료 협상이 고역"임을 실토한다.

75

로펌의 고위직 출신 선호는 전관예우가 존재한다는 증거다. 대검 차장을 지낸 감사원장 후보자를 중도 낙마시킨 주요인은 전관예우에 대한 의혹 때문이다. 7개월 동안 7억 원을 받은 것이 전관예우가 아니라면 설득력이 약하다. 고위직 출신이라도 정상적으로는 월 소득 5,000만 원을 넘기기 쉽지 않다. 수요가 있는 한 전관예우는 없어지지 않을 것이다.

　　2010년 당시 대법원장도 대법관을 지낸 뒤 5년 동안 60억 원을 벌었다. 2005년 국회 인사청문회에서 전관예우 의혹에 대해 "승소율이 17%였다. 전관예우는커녕 전관박대를 받았다"고 주장했다. 대법관 출신이 5년간 470여 건을 맡은 것이 전관예우가 아니라면 소도 웃는다. 상고 이유서에 대법관 출신이 변호인으로 들어 있지 않으면 판결도 받아보지 못한 채 아예 문턱에서 쫓겨나기 일쑤다. "이름만 빌려 달라"는 요청에 응하는 자체가 전관예우를 기대하는 것이다.

　　무슨 대단한 일을 하기에 중견 봉급쟁이의 10년 이상 연봉을 몇 달 만에 받는지 일반인들은 궁금해 한다. 고법 부장판사를 지낸 로펌 변호사도 월 1억 원의 급여 수준에 박탈감을 느낀다. 만약 판사와의 사이에 돈이 오가고 그로 인해 억울한 상대방까지 생긴다면 그것은 중대한 범죄행위에 속한다. 따라서 전관예우는 반드시 단절해야 하는 법조계의 후진적 악습이며, 공정사회를 좀먹는 대표적 불공정인 것이다. 이러고도 사회적 정의가 실현될 것이라 생각하는 우리가 바보는 아닐까?

금융회사, 그들이 말하지 않는 10가지 진실

＊

　시중은행 창구 직원들로부터 이런 얘기를 종종 듣는다. 한 은행을 정해서 예금·대출 등 모든 금융거래를 집중시키면 수수료 면제 등 각종 혜택을 받을 수 있다는 것이다. 이 때문에 더 나은 조건을 가진 다른 은행 금융상품에는 눈도 돌리지 않고 한 은행만 꾸준히 찾아가는 고객들이 많다. 고객들은 '주거래'라는 단어를 들으면 "오래 거래한 만큼 은행이 혜택을 주겠지"라고 생각한다. 하지만 실제로 그럴까?

　시중은행의 고객 우대 제도인 '주거래 제도'를 들여다보면 답은 그렇지 않다. 은행들은 3~6개월마다 모든 고객에 대해 주거래 등급을 매겨 수수료 할인 등의 혜택을 주고 있다. 한 시중은행의 주거래 제도를 보면, 11가지의 수수료를 면제받는 '2등급 주거래 고객'이 되기 위해선 금리가 낮은 수시입출식 예금에 3개월 동안 4,000만 원을 맡겨두거나 그에 준하는 거래를 해야 한다. 주거래 고객에 선정되기는 매우 어려운 반면 혜택은 미미한 것이다.

　진실은 뭘까? 은행들은 웬만한 주거래 고객보다 신규 고객을 더 좋

77

Ⅲ 75만 원 vs 1억 원

아한다. 대부분 은행들은 새로운 고객이 처음 금융상품에 가입하면 추가 금리를 주는 식으로 우대하지만, 극히 일부 은행을 제외하면 주거래 등급을 정할 때 거래 기간은 반영되지 않는다. 그럼에도 '주거래'를 강조하는 데는 의도가 있다.

재테크를 하다 보면 은행·증권사·카드사, 보험사 등 금융회사들이 선전하는 내용과 실제 혜택이 다른 경우가 많다. 금융회사도 하나의 기업이라서 예금금리는 낮추고, 대출금리는 높이며, 수수료 수입을 넉넉히 챙겨야 다른 은행들과의 경쟁에서 살아남을 수 있다. 쌈짓돈을 불려 성공하려는 '고객의 이익'과 수익을 극대화하려는 '금융회사의 이익'이 반드시 일치하지 않을 수도 있다. 투자자 입장에선 금융회사의 '겉'과 '속'을 잘 구분하지 못하면 자칫 재테크의 미로(迷路)에서 길을 잃을 수도 있다. 설명을 게을리하거나 의도적으로 침묵하는 금융회사의 의도에 넘어갈 수 있기 때문이다.

이뿐만이 아니다. 금융회사가 말하지 않는 진실은 더 있다. '금융회사가 고객에게 말하지 않는 진실'의 태반은 '금리'와 관련된 것이다. 금리에 대해서만큼은 온갖 과장과 편법이 동원된다.

가장 흔한 수법은 금융상품 광고에 '최대 ○%'라는 식으로 수익률을 과장해 놓고 깨알 같은 글씨로 '금리 제공 조건'을 붙여서 최고금리 달성을 어렵게 만드는 것이다. 한 증권사에서 출시한 CMA(종합자산관리계좌) 계좌는 '연 최고 9%를 지급한다'는 내용으로 화제가 됐다. 그런데 '일정 잔액까지 연 9%를 받으려면 수수료율이 높은 펀드 등에 최소 2,000만 원을 투자하거나 그에 준하는 거래를 해야 한다'는 조건은 많이 알려지지 않았다. 1억 원까지 연 9%를 받으려면 앞서 말한 조건의 최대 25배 가량 투자를 해야 한다. 소액 투자자의 실질 수익률이 크게 떨어질 수밖에 없다. 금융감독원은 지나치게 투자자를 현혹하는 과장광고를 금하고 있다.

'금리 눈속임'의 달인은 시중은행들이다. 연 3%대 금리를 주는 일부 월급통장에서 선입선출(先入先出)법에 따라 먼저 입금한 돈을 먼저 빼내 실질 수익률을 낮추는 방식은 이제 고전적이다. 일정 금액에 대해서만 높은 금리를 적용하고 나머지는 거의 이자를 안 주는 방식으로 수익률을 낮추기도 한다. 은행에 맡긴 예금이 전액 담보로 있음에도 1.5%포인트 가량의 추가 금리를 부담해야 하는 '예금담보대출'도 소비자 입장에선 불만이다. 은행들은 "돈을 빼내 가면 그만큼 은행 입장에서 운용할 기회가 줄어 든다"고 해명하지만, 반대로 대출금을 미리 갚아 은행에 돈을 더해줘도 '중도상환 수수료'라는 벌칙으로 비슷한 금리를 부담해야 한다. 이렇게 은행들은 예금과 대출에 대해서 '이중 잣대'를 갖는 경우가 많다.

카드사도 절대 마찬가지다. 신상품이 나올 때마다 '파격적인 혜택'을 강조하지만, 실제로 카드사가 광고한 대로 혜택을 보기란 매우 어렵다. 카드의 수익구조를 설계할 때부터 '전월 사용 실적'에 따라 부가 서비스를 제한하는 등의 장치를 통해 카드사가 정한 금액 이상은 절대로 혜택을 보지 못하도록 만들어 놓았다. 혜택에 민감한 '체리피커'가 아닌 이상 월 100만 원어치 카드를 썼을 때 2만 원어치 혜택을 받아가기가 쉽지 않다.

금융회사는 때로 '반쪽짜리 진실'을 말한다. 의도적으로 거짓말을 하지는 않더라도 자신에게 유리한 논리를 은연중에 강조하거나 반대 논리를 숨기는 식으로 투자자들을 유인한다. 증권사 창구에서도 이런 일은 비일비재하다. 증권사 직원들로부터 "적립식 펀드는 가입 이후 주가가 떨어지더라도 나중에 다시 오르면 평균매입단가가 떨어져 돈을 벌 수 있다"는 설명을 많이 듣는다. 매입 시점과 가격이 U자형 그래프로 형성된다는 이른바 '코스트 에버리지(cost average)' 효과다. 그러나 증권사는 '역(逆)코스트 에버리지 효과'에 대해서는 말하지 않는다. 펀드 가입 이후 주가가 계속 오르다가 떨어져 볼록한 형태가 되면 평균매입단가가 높아져 오히려 손해를 볼 수 있다. 따라서 주식시장이 장기적으로 상승한다면 단기적으로 발생한 '역코스트 에버리지 효과'는 극복할 수 있으며, 이 때문에 주가 등락에 일희일비하지 말고 장기간에 걸쳐 차근차근 돈을 넣는 것이 중요하다.

'저축은행과 거래할 때는 88클럽 가입 여부를 살피라'는 것은 상식이지만 이것만으론 충분하지 않다. 88클럽은 BIS(국제결제은행) 자기자본비율 8% 이상, 떼일 우려가 큰 여신 비율 8% 미만의 2가지 조건을 충족하는 저축은행을 말한다. 일부 저축은행은 홈페이지를 통해 '88클럽' 멤버라는 사실을 크게 홍보한다. 그러나 2011년 6개월 영업정지를 당해 많은 투자자를 울린 삼화저축은행도 한때는 88클럽에 가입된 자산규모 20위권의 우량 저축은행이었다. 당시엔 1년여 만에 프로젝트파이낸싱(PF) 부실이 급격하게 늘어나면서 무너질 것이라고 예측한 사람은 많지 않았다. 즉, 88클럽에 더해 기본자기자본 비율이 5%

이상이고, 글로벌 금융위기를 전후한 지난 4~5년간 꾸준하게 당기순이익을 냈다면 비교적 믿을 만하다.

금융상품에 가입할 때 투자자는 무의식적으로 '창구 직원이 가장 좋은 상품을 추천해 주겠지' 하고 기대한다. 금융상품에 대한 지식이 많은데다, 고객을 위해서 충실하게 일할 것이라는 당연한 기대다. 하지만 고객의 이익과 다르게 행동하는 판매 직원이 대다수다. 대표적인 경우가 수수료가 높은 상품을 주로 권하는 것인데 이는 판매 직원 입장에서는 때론 고객의 이익과 반하더라도 '내부 실적'을 먼저 달성하려고 하는 유인이 있을 수밖에 없다. 특히, 절판 상품이라며 즉시 가입을 종용하고, 특판 상품을 지나치게 홍보하거나 계열금융회사 상품만 추천하는 창구직원은 일단 의심해 보아야 한다. 보험사의 경우 노후에 대비하려면 10억 원은 필요하다면서 소득에 비해 무리한 금액의 보험 가입을 권유하는 판매 직원은 특히 더 주의할 필요가 있으며 눈여겨 봐야 한다.

언제까지 대형금융사고만 나면 피해자는 고스란히 고객의 몫으로 남는 현실에 금융사는 몸집만 계속 부풀리고 사고가 날 때마다 무슨 거물인사 운운하며 등장하는 인물은 왜 그리 많은지 아직도 우리나라에서의 금융거래의 고객은 왕이 아니라 봉은 봉인 모양이다.

'루이비통' 없어서 못 파는 시장

⟡

2011년 1월 4일 오후 5시 서울 소공동 롯데면세점 루이비통 매장 입구에 고객이 '입장'한 건 매장 밖에서 기다린 지 30여 분이 흐른 뒤였다. 루이비통의 '안내'를 기다리는 70여 명이 일렬로 줄지어 서 있었다. 루이비통 점장은 "손님이 몰리는 주말이나 평일 오후에는 기다리지 않으면 들어올 수 없다"고 설명한다. 한 달에 90억 원 이상 판매하는 이 점포는 전 세계 루이비통 매장 가운데 매출액 기준 'No. 3'로 통할 정도로 명품이 대한민국을 휩쓸고 있다.

2010년 상반기 한국경제(2010.7.5) 보도자료에 따르면 롯데, 현대, 신세계, 갤러리아, AK 등 국내 5대 백화점의 명품 매출은 1조 1,507억 원으로 2009년 상반기(9,872억 원)보다 17%나 늘어나 연간으로는 2조 3,000억 원을 넘어섰다. 2005년 8,670억 원에 불과했던 5대 백화점의 명품 매출이 5년 만에 세 배 가까이 성장한 셈이다. 이는 루이비통, 샤넬 등 50여 개 수입의류 및 잡화 브랜드와 까르띠에 등 시계·보석 브랜드 매출만 집계한 것으로, 수입 자동차와 화장품 향수 수입가구는

82
분 노

제외한 수치다.

국내 면세점 매출의 절반은 외국인이 사간 것이지만 한국인이 해외 면세점에서 구입해 들여오는 금액이 이보다 더 많다는 사실에 사실상 한국인의 '면세점 명품 쇼핑' 규모는 국내 면세점 매출을 웃도는 상황에서 그들만의 시장이 있음을 알 수 있다.

면세점에서 판매되는 명품 매출도 급증하고 있다. 2010년 상반기 국내 공항 및 시내 면세점 매출은 1조 8,800억 원으로 2009년 상반기(1조 6,600억 원)에 비해 12.8% 늘어났다. 이는 2010년 국내 면세점 예상 매출 3조 8,000억 원 중 1조 8,000억 원 가량이 명품에서 나온 것이다.

백화점과 면세점에서만 연간 4조 원이 넘는 명품이 팔려나가는 셈이다. 여기에 인터넷 쇼핑몰과 병행수입 업체들이 수입하는 물량과 서울 청담동에 있는 명품업체들의 자체 매장 판매분, 여주 및 김해 아울렛에서 판매되는 명품 매출을 더하면 국내 명품시장 규모는 5조 원이 넘을 것으로 추산된다.

100만 원짜리 루이비통 핸드백인 '스피디 모노그램 35'의 별명은 '3초 백'이다. '지영이 백'이라고도 불린다. 길거리에 나서면 3초마다 한 번씩 볼 수 있어서, '지영'이란 이름만큼 흔하다고 해서 각각 붙여진 것이다. 그 덕에 루이비통코리아의 매출은 2001년 494억 원에서 지난 2009년 3,721억 원으로 8년 만에 7.5배로 불어났다. 여기에 면세점 판매액 2,200억 원을 더하면 루이비통이 2009년에 한국에서 올린 매출은 모두 5,900억 원에 달한다.

대다수 명품 브랜드의 한국 매출이 늘면서 '매출 1,000억 원 클럽'

(면세점 판매액 포함)에 가입한 브랜드도 속속 나오고 있다. 구찌(2,200억 원), 프라다(1,300억 원) 등 낯익은 브랜드는 물론 워낙 고가인 탓에 국내에 몇 개밖에 점포를 내지 않은 샤넬(1,600억 원)과 에르메스(1,400억 원)도 지난 2009년 매출 1,000억 원 고지를 넘어섰다.

예거-르꿀뜨르 한국 매니저는 2010년 1월 스위스 행 비행기에 올랐다. 이 브랜드가 진출한 40여 개국 중 한국의 성장률(약 150%)이 1위를 기록하여 상을 받으러 간 것이다. 예거-르꿀뜨르는 최소 1,000만 원은 줘야 팔목에 찰 수 있는 고급 시계 브랜드이다. 금융위기 여파로 예거-르꿀뜨르의 전 세계 실적이 마이너스를 기록했다는 점에서 더 주목을 받았는데 대한민국에 '명품시계 열풍'이 불어 2010년 매출도 2009년보다 두 배 이상 늘어났다.

5대 백화점의 명품 판매 내역을 보면 까르띠에, 불가리 등 30여 개 고급 시계·보석 브랜드 매출은 2005년 820억 원에서 2009년 2,700억 원으로 229%나 확대됐다. 핸드백·지갑 등 잡화를 주로 다루는 루이비통, 샤넬, 에르메스 등 20여 개 브랜드 역시 같은 기간 4,520억 원에서 1조 2,730억 원으로 불어났다.

'명품'에 대한 기준은 제각각이다. '폴로'나 '디젤' 같은 고급 캐주얼 브랜드까지 명품으로 간주하는 사람이 있는 반면 '서울 갤러리아 명품관에 없는 브랜드는 명품이 아니다'란 기준을 내놓는 사람도 있다. 어떤 이는 '짝퉁이 없는 브랜드는 명품이 아니다'라고 주장한다.

한 백화점 명품 바이어는 백화점 1층의 요지를 단독 매장으로 꾸민 루이비통, 샤넬, 에르메스, 까르띠에, 프라다, 구찌, 펜디, 디올 등 10여

개 브랜드를 핵심 명품 브랜드로 꼽는다. 특히 "핸드백 가격으로 보면 '엔트리'급 제품이 100만 원 가까이 돼야 명품으로 친다"고 설명한다.

'명품의 메카'로 통하는 서울 청담동에 번듯한 '플래그십 스토어'를 가지고 있느냐도 명품 브랜드 여부를 가리는 기준이 된다. 때문에 명품 대열에 끼고 싶어 하는 브랜드들은 무리를 해서라도 청담동에 입성하려고 한다.

물론 명품에도 '급'이 있다. 코치와 MCM 등이 '엔트리급 명품'이라면, 명함지갑조차 100만 원이 넘는 에르메스와 양복 한 벌에 1,000만 원 이상인 키톤은 '위버 럭셔리'(명품 위의 명품)로 불린다. 하지만 비싸다고 무조건 명품 대접을 받는 건 아니다. 명품으로 인정받으려면 제품의 우수성과 독특함, 오랜 전통과 노하우, 국제적인 명성, 희소성 등을 두루 갖춰야 한다는 이유에서다.

한국의 명품시장이 커지는 첫 번째 원인으로 경제력 향상을 꼽는다. 선진국 사례를 볼 때 명품시장이 꽃을 피우는 시점이 1인당 국민소득이 2만 달러 언저리에 접어들 때란 점에서다.

1997년 외환위기 이후 빈부 격차가 확대된 것도 명품업계에는 '호재'로 작용했다. 부동산과 주식 등으로 쉽게 돈을 번 '졸부'가 많을수록 명품시장은 커진다. 돈 많은 계층이 명품을 사기 시작하고 한국인 특유의 '지면 안된다'는 경쟁심리가 퍼지면서 전체 명품시장이 확대되는 측면이 크다.

최근 한국 명품시장이 '과시'를 넘어 '동조' 또는 '일상화'의 단계로 접어들었다. '돈이 많다'고 자랑하기 위해 명품을 사들이는 단계를 지나

이제는 '주변에서 루이비통이 인기라면 빚을 져서라도 사야 한다. 안 그러면 왕따가 되니까'란 이유로 구매하는 동조문화까지 뿌리내렸다.

2007년 국내에 소개된 '명품 열풍 보고서'인 '럭스플로전'에 따르면 한 국가에 동조문화가 확산될 때 명품시장은 폭발적으로 성장하는데 2000년대 들어 한국이 바로 이 단계에 접어들은 것이다.

'루비(Refresh, Uncommon, Beautiful, Youthful)족', '나우(New Older Women)족', '노무(No More Uncle)족', '레옹족', '머추어 레이디(Mature Lady)', '아라포(Around 40)' 등 최근 2~3년간 유통·패션 시장에서 '40대'를 표현하기 위해 등장한 신조어들이다. 각각 지칭하는 대상은 조금씩 다르지만 의미는 큰 차이가 없다(한국경제, 2010.6.24).

안정적인 소득 기반과 경제력을 바탕으로 외모와 패션에 좀 더 신경을 쓰는 40대를 일컫는 말들이다. 이처럼 40대를 타깃으로 한 신조어가 유독 많아진 것은 그만큼 이들이 소비시장의 중심에 서 있기 때문이다.

백화점에서도 40대는 소비를 주도하는 연령대다. 현대백화점의 2010년 1~5월 매출에서 40대가 차지하는 비중은 31.0%로 5년 전 같은 기간보다 2.2%포인트 올라갔다. 2위인 30대(27.6%)보다도 3.4%포인트 높다.

그렇다면 이들 40대가 선호하는 브랜드와 소비성향은 어떻게 달라졌을까? 현대백화점 40대 카드회원 고객의 2010년 1~5월 브랜드별 매출 순위를 5년 전과 비교해 점포 수(11개) 변화가 없었던 데다 주요 브랜드의 입·퇴점이 적어 트렌드 변화를 잘 보여주고 있다.

분 노

의류 브랜드 매출 순위는 대부분 하락했지만 제일모직의 여성복 '구호'는 5년 전 40위에서 3위로 도약했다. 단순하면서도 고급스러운 느낌을 주는 디자인이 40대 여성들을 사로잡았다. 반면 디자이너 브랜드인 '손정완'은 3위에서 21위, 타임은 5위에서 8위, 남성 정장 '갤럭시'는 21위에서 42위로 떨어졌다.

이 같은 흐름은 상품군별 매출 비중에서도 그대로 나타난다. 40대 매출에서 명품 비중은 8.4%에서 11.8%, 화장품은 6.9%에서 8.7%로 높아진 반면 여성 의류는 17.4%에서 14.4%, 남성 의류는 8.9%에서 7.2%로 떨어졌다. 의류부문에선 '영패션'만이 11.3%에서 11.7%로 소폭 증가했다. 전체 영패션 매출에서 40대가 차지하는 비중도 27.9%에서 31.1%로 올라갔다. 이는 최근 쏟아지는 신조어에서도 알 수 있듯이 40대에서 나이에 비해 젊게 입으려는 '다운에이징' 현상이 심화하고 있기 때문이며 이에 맞춰 영패션 브랜드와 캐주얼 매장을 강화하는 추세이기 때문이다.

가장 눈에 띄는 점은 명품 '빅3'로 불리는 루이비통과 샤넬, 에르메스의 약진이다. 루이비통은 5년 전 11위에서 압도적인 격차로 1위에 올랐고 샤넬은 23위에서 5위, 에르메스는 22위에서 6위로 껑충 뛰었다.

매스티지(대중화한 명품)급으로 분류되는 버버리가 6위에서 15위, 구찌가 12위에서 14위로 떨어진 것과 대조적이다.

이는 명품의 전반적인 강세 속에서 40대의 '빅3' 선호 현상이 두드러진 것은 경제력이 뒷받침되기 때문이며 특히 하나를 사더라도 상품 가치가 높은 명품을 사는 '가치 소비' 경향이 뚜렷해졌기 때문이다.

반면 2010년 들어 20대의 매출 순위에서는 루이비통이 3위였으며, 샤넬은 50위권, 에르메스는 60위권으로 처졌다. 30대에서도 루이비통은 1위이지만 샤넬은 10위, 에르메스는 15위다. 루이비통은 '엔트리' 명품으로 불리는 100만 원 안팎의 상품도 갖추고 있지만, 샤넬과 에르메스는 고가 상품 위주로 구성돼 있기 때문이다.

한편 백화점 주요 고객은 일반인이 아닌 VVIP 고객인 상위 0.1%가 매출의 20%를 올려준다. 이는 명품 판매로 유명한 국내 백화점 얘기다.

VVIP(Very Very Important Person) 고객은 최상위 고객으로 롯데 애비뉴엘의 경우 연 5,000만 원 이상의 명품 구매고객을 VVIP로 분류하는 것으로 알려져 있다.

연 5,000만 원이면 월 400만 원이 넘는 돈을 명품을 사는 데 쓰는 것으로 웬만한 중산층 가족 한달 생활비다. 또 백화점 고객의 상위 20%가 매출의 75% 가량을 올린다. 힘겹게 버티는 동네 슈퍼와는 달리 지난 2010년 주요 백화점들이 10% 이상의 성장을 거듭한 것도 이들 VVIP의 힘이 컸다.

한국은행이 지난 2010년 실질 국내총생산(GDP)이 전년보다 6.1% 늘었다고 발표했다. 2002년 이후 8년 만에 가장 높은 수치다. 또 1인당 국민소득이 2만 달러를 넘은 것으로 조사됐다. 또 2009년 수출 순위는 이탈리아와 벨기에를 넘어 사상 처음으로 7위에 올랐고, 2010년 무역 규모는 1조 달러로 이는 세계 9번째라고 모두들 놀라워했다.

수치상으로만 보면 이처럼 한국의 경제는 매우 화려하고 넉넉해 보인다. 하지만 국민 생활은 더 팍팍해지고 힘들어졌다. 단순 계산을 해

보면 1인당 국민소득을 4인 가족 기준으로 보면 연간 8만 달러의 소득이 있어야 한다. 우리 돈으로 9,000만 원에 이른다. 과연 우리나라에 이 정도의 소득을 올리는 가계가 얼마나 될까?

기획재정부의 자료에 따르면 2008년 기준 근로소득자 가운데 8,800만 원 이상을 버는 근로자의 비중은 0.5%에 불과하다. 결국 4인 가족 기준 8만 달러를 충족하는 비율은 맞벌이 부부를 포함하더라도 10%를 넘기가 쉽지 않다. 통계청의 2010년 가계동향에 따르면 가구당 월평균 소득은 366만 6,000원에 불과했다. 1인당 국민소득과 체감소득과는 심각한 괴리가 있다는 것을 보여준다. '평균의 오류'의 전형적인 사례. 이는 정부가 지속적으로 수출과 성장주도의 경제정책을 펼친 결과이기도 하다. 정부가 고환율정책과 저전력 비용 등을 통해 기업의 활동을 뒷받침한 측면도 있다. 대신 국민들은 고물가를 견뎌야 하고, 국가 부채는 크게 늘어나는 구조를 갖게 된 것이다. 소득 양극화가 심화하면서 중산층이 계속 줄어들고 있다는 연구결과도 우연이 아니다.

정부의 저금리 정책도 국민의 실질소득을 줄어들게 하는 효과가 있다. 일종의 인플레이션 정책을 쓰는 것이다. 물가가 오르고 돈 가치가 조금씩 떨어지면 실질임금이 줄어드는 결과를 초래한다. 서민들이 더욱 힘들어지는 이유이기도 하다.

국내 명품시장의 가파른 성장에 웃음 짓는 곳은 비단 명품업체뿐만 아니다. 명품 수선업체, 중고 명품숍, 명품 전당포, 명품 대여점 등 '명품 파생산업'에 뛰어든 업체들도 빠르게 성장하고 있다. 서울 명동에 있는 명품 수선업체는 대표주자로 1960년대 '구두병원'으로 시작한 이래 현재 신세계백화점 서울 충무로 본점과 롯데 부산 센텀점을 비롯 전국에 6개 지사를 두고 있다. 20년 넘게 경력을 쌓은 숙련공만 80여 명을 두고 있다. 서울만 하더라도 내노라하는 명품 수선집들이 있지만, 규모 면에선 아직 이에 미치지 못한다.

지난 2011년 1월 7일 오후 5시께 숙련공 10여 명이 구찌, 버버리 등 명품 가방을 손질하고 있다. 이곳에서 매일 새로 태어나는 명품은 평균 100개로 30만 원이면 10년 묵은 구찌 가방을 새것처럼 바꿔준다.

소비자들이 이곳을 찾는 가장 큰 이유는 명품 브랜드에 맡길 때보다 수선 기간을 절반으로 줄일 수 있기 때문이다. 명품 브랜드에 맡길 경우 보통은 10~15일 정도 걸리지만, 훼손 상태가 심한 제품은 해외 본사에서 처리하기 때문에 6개월 이상 걸리기도 한다. 하지만 이곳에서는 웬만한 수선은 일주일이면 끝낸다. 수선비도 해당 매장에 맡겼을 때보다 20~30% 저렴하다. 손잡이 교체는 3만~20만 원, 염색은 5만~40만 원 등이다.

단점은 가죽을 덧대거나 지퍼를 바꿀 때 수선을 의뢰한 제품과 다른 재료를 쓸 수 있다는 점이 다르다. 하지만 의뢰한 제품과 최대한 비슷한 원재료를 다수 확보한 데다 일부 명품업체에선 가죽 등 원재료를 직접 건네면서 수선을 맡기는 경우도 있어 별다른 차이는 없다.

중고 명품숍들이 몰려 있는 명품시장의 메카는 서울 압구정동 갤러리아 사거리다. 이 지역에는 현재 30여 개 중고 명품 가방숍과 5곳 정도의 중고 시계숍이 자리 잡고 있다. 대부분은 2003년 이후 들어선 점포들이다. 구입한 지 2~3년 지난 명품을 처분하려는 '명품 얼리어답터'들과 저렴하게 명품을 구입하려는 '알뜰 명품족'들의 이해관계가 맞아 떨어진 결과다.

중고숍은 대개 정상 판매가격의 30~50% 정도 가격에 중고 명품을 매입한 뒤 15~18% 수준의 마진을 붙여 되판다. 시계는 의류와 달리 깨끗하게 수리하면 낡은 티가 나지 않기 때문에 정상가의 70%까지 받을 수 있다. 고객 수요가 많은 오메가와 롤렉스가 가격을 잘 받는 편이다.

인터넷 중고 명품숍도 크게 성장하고 있다. 국내 최대 중고명품 쇼핑몰인 '필웨이'에서는 하루 평균 2,000개가 거래되고 있다. 필웨이는 2만여 명의 회원이 총 40만 개에 달하는 중고품을 온라인에 등록해 놓았으며, 2002년 설립 후 회사 매출이 매년 20% 이상 늘고 있을 정도로 호황이다.

서울 강남지역을 중심으로 명품 가방과 옷을 빌려주는 업체도 성업 중이다. 대학 졸업식이나 입사 면접 등 패션 감각을 선보여야 할 때 제격이란 소문이 난 덕분이다. 하루 10만 원이면 상·하의와 가방, 구두 등 머리부터 발끝까지 명품으로 치장할 수 있을 정도로 호황이다.

이처럼 소득의 양극화 속에 모두가 어렵다고 하면서 명품마저 모두가 가져야 하는 사회적 트랜드가 되버린 현실이 너무 안타깝기만 하다. 나는 과연 언제 이 수준에 진입할 수 있을까?

얼짱·몸짱 신드롬

꿗

서울 중구의 한 네일(nail) 숍에 여성고객이 손톱 관리를 받고 있다. 평일에는 50~60명 정도가, 주말에는 80~90명 정도가 이곳을 찾는다. 네일숍은 지난 95년 국내에 처음 등장한 이래 이후 계속 증가하여 현재 전국에 걸쳐 3,000여 개가 영업 중이다. 자격자만 4만 5,000여 명이고, 시장 규모도 3,000억 원대로 커졌다. 하나의 '산업'으로 분류될 만할 정도다. 네일 산업은 불황 속에서도 활황 중인 뷰티 산업의 '일각(一角)'이다.

뷰티 산업의 대표격은 역시 미용성형으로 조선일보(2005.9.7) 자료에 따르면 지난 1990년 276명이었던 성형외과 의사 숫자가 15년 만인 2004년에는 400%가 증가해 1,102명에 이르렀다. 같은 기간 전체 의사 숫자는 9,000명에서 2만 4,362명으로 271%가 늘어난 것에 비해 크게 증가했다. 특히 서울 강남의 압구정역·신사역·강남역 주변은 성형외과가 집중적으로 몰려 있어 '성형의 3대 메카'로 꼽힐 정도다.

업계에서는 2005년 화장품 시장 규모가 5조 3,000억 원으로 얼굴과

피부관리를 하는 미용관리실은 7,000여 개로 1조 2,000억 원 규모로 커졌다.

뷰티 산업은 영역을 급속히 넓히는 중이다. 초·중·고생들까지 타깃으로 삼을 정도다. 1만 원 미만의 화장품을 파는 저가화장품 미샤나 더페이스샵 매장에는 주말이면 여학생들로 북적인다. 미샤는 매장을 찾는 고객 중 10대가 20%를 차지하고 있다. 여학생들은 옅은 색조화장 등으로 멋을 부리고, 더 욕심을 내면 부모를 졸라 성형수술을 받기도 한다. 조선일보와 아모레퍼시픽의 최근 2010년 조사에서도 '필요하다면 자식에게 성형을 시킬 수 있다'고 말한 사람이 60%에 이른다.

뷰티 산업의 활황에는 '얼짱' '몸짱'을 부추기는 TV 영향이 크다. 사람들이 연예인만큼 예쁜 얼굴, 몸매를 동경하면서 관련 산업이 폭발적으로 커지고 있기 때문이다.

한류(韓流) 스타인 배용준은 2004년 전문 트레이너와 100일간의 몸만들기 프로젝트에 돌입, '기획 몸짱'에 성공했다. 자신의 몸매를 담은 사진집 15만 부를 일본에서 판매, 사진집 매출만 220여억 원을 올렸다. 몸짱으로 벌어들인 돈은 삼성, LG의 특급 사장 수입에 뒤지지 않는 수준이다. 몸짱 신드롬은 남성과 주부들까지 끌어내 등록된 헬스클럽만 5,701개에 달할 정도로 선풍적인 붐을 조성시켰다.

의료계의 과다경쟁도 뷰티 산업의 덩치를 키우는 요인이다. 성형외과의사는 보톡스나 꺼진 뺨을 통통하게 하는 필러 성형은 산부인과나 가정의학과, 소아과에서도 하고 있고 일부에서는 환자를 끌기 위해 과잉 진료하는 경우도 있다.

업계 관계자들은 국내 성형·미용시장(3조 원)과 화장품시장(5조 3,000억 원)에 다이어트·몸매관리(헬스클럽 등) 시장까지 합치면 뷰티산업 규모가 10조 원이 넘을 것으로 보고 있다.

지난 20년간 성형외과는 1985년 38곳에서 2004년 649곳으로 그 수가 급격히 증가하였으며, 서울 강남 A 성형외과의 2003년 시술 현황을 보면 눈 수술 1억 6,554만 원(127건), 보톡스주사 9,217만 원(142건), 기타(점 제거) 9,162.8만 원(205건), 코 7,178만 원(38건), 안면윤곽 6,160만 원(12건), 유방확대 2,500만 원(6건), 레스틸렌 주사 2,220만 원(27건), 지방흡입 530만 원(2건)으로 총 5억 3,521만 8,000원의 매출을 올렸다.

한 해 해외에서 수입되거나 국내에서 생산된 '보톡스' 원액은 최소 12만 병으로 추산된다. 40만~50만 명이 동시에 얼굴 한 부위를 팽팽하게 펼 수 있는 양이다. 가슴확대수술 보형물로 인기 높은 '코히시브 젤(cohesive gel)'은 지난 2010년 2만 8,341개가 수입됐다. 1만 4,000여 명이 수술받을 수 있는 양이다. 이 밖에도 수백여 종의 성형 재료가 수입·생산·소비되고 있다. 이 많은 성형 재료가 누구의 몸속에, 어떤 이유로 들어가 있는 걸까?

대학원생 A모 양은 2007년 사각턱을 교정하려고 200만 원을 내고 근육을 줄이는 보톡스 주사와 뺨이 탱탱해지는 지방 주사를 함께 맞았다. 이후 6~8개월에 한번씩 40만 원짜리 보톡스 주사를 맞으려고 쭉 과외 아르바이트를 했다. 그는 "가끔 '성형 중독이 되는 것 아닐까' 싶지만 칼 대는 건 아니니까 괜찮을 것 같다"고 했다.

최근에는 A모 양처럼 취업과 결혼을 앞둔 20대뿐 아니라 아래로는 10대, 위로는 60대까지 성형을 하는 연령대가 빠른 속도로 두터워지고 있다. 서울 강남구의 한 고등학교 2학년인 B양은 고1 여름방학 때 쌍꺼풀 수술을 하고 코를 세웠다.

서울 동작구에 사는 S씨는 처진 눈꺼풀을 잘라내고 턱밑 지방을 뺐다. 처음엔 남편이 '다 늙어서 왜 얼굴에 칼을 대냐'고 질색했는데 요즘은 '예뻐졌다'며 코 수술도 하라고 부추긴다. 이제는 성형하려고 계(契)를 하는 친구들도 있을 정도가 됐다.

성형 붐의 주요 동력(動力) 중 하나로 전문가들은 의료시장의 지각변동을 꼽는다. 2000년대 들어 의사들이 성형외과에 몰리면서 경쟁적으로 새로운 수술법이 개발됐다. 연예인을 동원한 홍보전도 치열해졌지만 사회도 변했다. 외모도 능력이라는 분위기가 사회 전반에 퍼지면서 '못생긴 사람이 성형 안 하는 건 예의에 어긋난다'는 농담이 나올 정도다.

인천의 한 여자고등학교 교실에는 쉬는 시간이 되자 학생 5~6명이 우르르 교실 뒤쪽 거울 앞에 모여 아이라인을 가다듬고 화장을 고친다(조선일보, 2009.10.27).

이 반에서는 7명이 쌍꺼풀 수술을 했다. J양은 "중3 겨울방학 때 친구랑 같이 95만 원에 싸게 했다"며 "어차피 수술하면 티가 나는네, 하면 했다고 하지 거짓말은 안 한다"고 말한다. 담임교사는 "아이들이 우상으로 삼는 연예인들이 TV에 나와서 당당하게 성형했다고 얘기하니까 아이들도 '예쁘면 그만'이라고 생각하는 것 같다"고 했다. 다른 반도 학급당 6~7명씩 성형수술을 했다. 이 학교 1학년 C양은 온종일 눈에 쌍꺼풀 테이프를 붙인 채 수업을 들었다. C양은 주 6일 오후 6시부터 밤 11시까지 고깃집에서 시급 4,000원을 받고 음식을 나른다. 겨울방학에 쌍꺼풀 수술을 받기 위해서다. 인문계 여학생들 사이에서도 성형에 대한 욕망은 비슷하다. 당장 입시가 급하니까 시험 끝날 때까지 미루겠다는 것뿐이다.

서울 노원구 고등학교 2학년 Y양은 2010년 초부터 "코 수술 해달라"고 부모를 졸랐다. 처음에는 "너무 어린 나이에 성형을 하면 안좋다"고 말리던 부모도 딸이 반년 넘게 조르자 항복했다. Y양은 지난 2010년 8월 강남구의 유명 성형외과에서 250만 원을 내고 뭉툭한 코끝을 날렵하게 다듬었다. Y양은 "한가인 코처럼 하고 싶었는데 엄마가 '버선코처럼 과하게 하는 건 안된다'고 하고 병원에서도 '그 정도는 어렵다'고 해서 조금만 높였다"고 자랑한다.

"부끄러운 일이라곤 생각 안해요. 연예인들도 다 하는데…. 학교에서 '쟤 코 했다'고 수군거리지만, 대놓고 욕하진 않아요. 친한 애들은 '좋겠다'고 부러워해요. 요즘 미니홈피에 '셀카'를 자주 올려요. 거울 볼 때마다 정말 기분 좋아요."

10대 성형의 배후에는 부모 세대의 인식 변화가 있다. "절대로 안된다"고 호통치는 대신 "대학 붙으면 해주겠다"고 타협하거나 "외모 때문에 스트레스를 받느니 성형하는 게 낫다"고 판단하는 부모가 늘고 있기 때문이다.

경기도 안양에 사는 한 주부는 고1 딸에게 쌍꺼풀과 코 수술을 해줬다. 그는 "딸이 '눈이 사납게 생겼다'는 소리를 많이 듣고, 콧대가 낮다고 스트레스를 받기에 고민 끝에 성형을 시켜줬다"며 "내 주변 친구들 중 고1~2 딸에게 성형을 해준 사람이 5명은 넘는 것 같다"고 했다. 이와 같이 이제 성형은 10대들도 우리 사회에서 성형이 갖는 파워를 잘 알고 있으며 이에 따라 부모들도 '공부 열심히 하면 성형을 해주겠다'고 아이들과 협상할 때 성형을 '옵션'으로 활용하고 있는 것이다.

10대 소녀들이 성형을 통해 빨리 '섹시한 여성'이 되려고 안달한다면, 중년 주부들은 성형의 힘으로 동안(童顔)을 되찾으려 한다. 부산에 사는 한 주부는 "남편과 팔짱을 끼고 걷다 여러 번 주위의 눈총을 받았다." 원래 나이로 보이는 남편과 달리 자신은 누가 봐도 40대 초반 얼굴이라 부적절한 관계로 보이기 쉽다는 것이다. 그는 1998년부터 부산과 서울을 오가며 수술을 받아 왔다. 처음엔 눈과 코를 고쳤다. 2000년부터 주기적으로 보톡스 주사를 맞고 있다. 모공을 줄이고 피부 탄력을 회복시켜 준다는 레이저 시술도 받았다. 최근에는 동안으로 보이려고 양뺨에 지방주사를 맞았다. 그는 지금까지 1,500만 원 이상을 성형에 썼다.

"남편이 처음엔 싫어했는데 요즘은 젊어 보인다고 좋아해요. 우리 나이쯤 되면 동안이 경쟁력이에요. 옷, 핸드백과 함께 좋은 피부가 '나이 정도 산다'는 걸 말해주거든요. 더 나이 들면 목주름 제거 수술도 할 거예요."

성형이 확산되면 성형하지 않는 사람들도 동요한다. '젊고 예쁜 것도 경쟁력', '못생기면 뒤쳐진다'는 생각이 모두의 의식 속에 스며드는

97

것이다. 한 패션 디자이너는 "이 바닥에서는 일단 예뻐야 취직도 되고 일도 잘 풀린다는 게 정설처럼 굳어져서 어쩔 수 없이 눈과 코를 고친다"고 말한다.

서울 성북구에 사는 L씨는 막내딸에게 적극적으로 성형을 권했다. L 씨는 "성격도 좋고 직장도 번듯한데 시집을 못 가니까 아무래도 외모 탓이 아닌가 싶었다"고 했다. "아버지인 내가 우겨서 '안 하겠다'는 딸에게 윤곽수술을 받게 했어요. 막상 얼굴이 갸름해지니까 본인도 만족합디다. 내가 보기에도 낫고요."

여대생 K씨는 위턱과 아래턱을 조금씩 잘라내는 양악(兩顎) 수술을 받으려고 돈을 모으고 있다. 그는 "수술 후유증 걱정보다는 2,000만 원이나 되는 수술비 때문에 아직 못하고 있다"고 했다. "외모가 별로였던 친구들이 돈 들여서 예뻐진 뒤에 태어날 때부터 백설공주였던 것처럼 다니는 걸 보면 열 받아요. 수천만 원이 드는 성형을 귀 뚫는 것처럼 쉽게 말하는 것도요."

해외 대학에서 호텔 경영학을 전공하고 2010년 초 귀국한 J씨는 서울 모 특급호텔에서 인턴으로 일했다. 정씨는 "직원들이 아무렇지도 않게 '쌍꺼풀 해라' '코를 좀 높여야겠다'는 소리를 했다"며 "처음엔 충격받고 화가 났는데 시간이 지날수록 스트레스가 심해졌다"고 했다.

"외국에서는 '언어적 성희롱'으로 당장 문제될 말들이에요. 외국에 있는 호텔에 취직이 되면 좋겠지만, 국내 호텔에 취직하게 된다면 코 수술은 해야 할 것 같아요."

그동안 국내 언론에는 국내외 연구와 설문조사 등을 인용해 '한국

성형시장 규모는 세계○위' '연간 매출 ○조 원' 같은 보도가 여러 번 나왔다. 그러나 국내 성형시장 규모를 밝힌 정확한 통계는 어디에도 없다. 다양한 '추정치'가 있을 뿐이다. 이유는 크게 두 가지다. 미용 목적의 성형수술은 대부분 보험 대상이 아니기 때문에 보건복지부 통계에 잡히지 않는다. 또 매출액을 줄여서 신고하는 병원이 많아 국세청 통계를 액면 그대로 믿기 어렵다. 정부 통계가 제대로 갖춰지지 않은 데다 시장 자체도 날로 커지고 있어 전체 규모를 파악하기 힘든 상황이다.

국세청에 따르면, 2008년 한 해 동안 전국 개인 병·의원 1,231곳이 성형수술로 4,475억 9,400만 원을 벌었다고 신고했다. 전문의가 운영하거나 고용된 병·의원, 전문의 대신 일반의가 여러 진료과목 중 하나로 성형수술도 해주는 병·의원을 합친 수치다.

이 밖에 대학병원·종합병원 등 법인이 운영하는 병원에서도 성형수술이 활발하게 이뤄지지만, 아예 국세청 통계에 잡히지 않는다. 법인병원은 병원 매출을 통째로 신고해 과(科)별로 세목을 알 수 없는 까닭이다.

국세청 관계자는 "개인 병·의원 중에는 솔직하게 신고하지 않는 곳이 많은 데다, 법인 병원에서 하는 수술까지 합치면 실제 성형시장 규모는 45,00억 원대보다 훨씬 클 것"이라고 했다.

전문가들은 "국내 성형시장 규모는 최소 1조 원 이상"이라고 했다. 대한성형외과의사회가 집계한 국내 성형외과 전문의는 2005년 9월을 기준으로 1,611명이었다. 서울 강남에서 영업 중인 베테랑 성형외과 전문의는 "고객을 확보하지 못해 파산하는 의사도 있고 혼자서 한 달에 2억 원 이상 버는 의사도 있지만 둘 다 예외적인 부류"이며, 이들을 제외한 평균적인 전문의들은 한 달에 5,000만 원쯤 매출을 올린다. 그렇다면 국내 전문의 1,611명이 올리는 연간 매출은 1인당 5억∼6억 원씩 총 8,000억∼9,600억 원이 된다. 여기에 일반의들이 성형수술로 올리는 매출까지 합치면 시장 규모가 1조 원을 쉽게 넘긴다. 가뜩이나 물가고와 팍팍한 살림살이에 지쳐버린 삶, 성형까지 들먹이며 인조인간으로 살아가야 하는 사회적 풍조에 왜 서글픈 생각만 드는지 모르겠다.

IV

4,000만 원

VS

4억 원

목·각·인·형·보·다·못·한·목·숨·값

한국인 목숨값, 일본인의 10배 낮은 서글픈 현실

    사람의 목숨을 돈으로 평가할 수 있을까? 이 세상 모든 것과도 바꿀 수 없는 사람의 소중한 목숨을 돈으로 평가한다는 자체가 말도 안 되지만, 현실은 사람의 목숨을 돈으로 평가하고 있다. 이것은 교통사고로 사망했을 때 보험사로부터 받는 보상이 사람의 목숨값인데, 젊은 사람은 돈 못 벌게 된 손해(일실수입), 장례비, 정신적 고통에 대한 위자료 등 세 가지를 합해 목숨값을 받는 반면 60세가 넘은 무직자의 경우 일실수입은 없고 장례비에 위자료만 더해질 뿐이다.

    고통과 슬픔을 겪는 사람에게 위로 차원에서 주는 돈을 위로금이라 하는데 위자료는 법률적으로 잘못한 사람이 상대편 피해자에게 주는 위로금이다. 폭력을 행사하거나 바람을 피운 남편이 이혼당하면서 아내에게 위자료를 주는 것은 아내의 정신적 고통에 대한 손해배상의 의미이다. 교통사고로 사람을 사망케 했을 때 사고 낸 운전자나 차주 또는 보험사가 피해자 유족들에게 지급하는 정신적 손해배상도 위자료다.

    그렇다면 실제 현실은 어떨까? 매경이코노미(2009.12.16) 보도자료에 의하면 보험약관에 의한 60세 이상 된 무직자가 사망했을 때 장례비 300만 원과 위자료 4,000만 원을 합해 4,300만 원을 보상해주는데, 여기서의 위자료는 그 사람의 몸값 또는 목숨값이다. 법원에 소송을 하면 장례비 500만 원과 위자료 8,000만 원을 합해 8,500만 원을 받을 수 있다. 보험약관에 따라 합의하는 것보다 2배 가량을 더 받긴 하지만 사람 몸값이 많아야 8,000만 원이라는 건 너무 억울하기만 하다.

차량 충격 실험용 인형인 더미(Dummy) 한 개 값이 싼 건 5,000만 원, 괜찮은 건 1억 원, 좋은 건 1억 5,000만 원이다. 살아서 움직이는 사람의 몸값이 목각인형값보다 싼 게 지금의 현실이다. 충격 실험용 인형은 말도 못하고 걷지도 못하는데, 집안일도 하고 손자나 손녀를 돌봐주기도 하는 60대 가정주부나 할아버지가 인형보다 싸다는 건 납득하기 어렵다.

그렇다면 사람과 자동차를 비교해보면 다를까? 정년퇴직해 쉬고 있는 60대 남자가 신형 에쿠스 최고급형을 타고 가다가 교통사고로 남자는 사망하고 자동차가 폐차됐다면 보험사로부터 받을 수 있는 금액은 사람이 죽으면 보험약관에 따라 4,300만 원, 소송하면 8,500만 원을 받을 수 있다.

이에 반해 폐차된 자동차에 대해서는 1억 원이 넘는 값을 받게 된다(에쿠스 리무진 최고급형의 경우 1억 5,000만 원). '사람이 꽃보다 아름답'고 했는데 사람이 차보다 훨씬 싸다는 이상한 결과를 어떻게 받아들여야 할까. 적어도 차값보다 차 주인의 몸값이 더 비싸야 하지 않을까?

이웃나라 일본은 교통사고로 사망했을 때 보험사로부터 받을 수 있는 위자료가 3,000만 엔이다. 한때 원/100엔 환율이 1,600원에 육박한 때도 있었지만 지금은 1,300원이 조금 넘으니 3,000만 엔을 한화로 환산하면 약 4억 원이다. 이는 우리나라 자동차 보험약관에 따른 위자료보다는 10배 높고, 우리나라 법원에서 인정하는 위자료보다는 5배나 높은 액수다.

결국 우리나라 사람의 목숨값보다 일본 사람의 목숨값이 10배나 높다는 얘기다. 일본의 물가가 우리나라보다 비싸다는 점을 감안해도 너무 큰 차이다. 일본의 물가가 우리나라보다 1.5～3배 비싸다고 하는데 일본 사람의 목숨값은 우리나라 사람 목숨값의 5～10배라는 걸 어떻게 받아들여야 할까. 단 하나뿐인 사람의 생명, 그 목숨값이 적어도 우리나라에서 만드는 최고급 승용차보다, 말 못하는 인형보다는 비싸야 하는 게 원칙 아닐까. 그리고 우리나라 사람 몸값이 일본 사람 몸값의 5분의 1에도 못 미친다는 건 너무 자존심 상해 도저히 받아들일 수 없다. 국민소득 2만 달러를 넘었다고 선진국 운운하면서 사람 목숨값이 목각인형값보다 못한 후진성과, 교통사고 사망시 4,300만 원의 보상비로 대체된다는 사실에, 내 목숨값이 이것밖에 안된다는 현실이 더욱 서글퍼진다.

줄줄 새는 보험금, 모럴해저드 한국

    지난 2010년 3월 보험연구원에서 충격적인 조사 결과가 발표되었다. 서울경제(2010.4.11) 보도자료에 의하면 서울과 경기도에 거주하는 25~65세 성인 남녀 803명을 대상으로 조사한 결과 10명 가운데 3명가량이 자동차사고가 났을 때 손실 과장, 운전자 바꿔치기 등 사실상의 보험사기를 용인할 수 있다고 답한 것이다.

    이처럼 우리 사회 전반에는 '보험금은 공돈'이라는 인식이 광범위하게 퍼져 있다. 예를 들어 자동차사고가 난 뒤 허위로 입원하는 '가짜 환자'는 무려 연간 8만 8,000만 명에 달한다. 이뿐만이 아니다. 경영난을 겪고 있는 일부 정비업체와 병원은 허술한 제도를 이용해 보험금 누수에 가담하고 있다. 이는 보험사의 수익성 악화와 보험료 상승을 불러와 부담은 고스란히 소비자에게 전가되는데 이는 결국 과잉진료로 건강보험의 지출 증가와 재정악화로 이어질 수밖에 없다.

    우리나라 교통사고 환자의 입원율은 다른 주요국보다 최고 10배나 높다. 보험개발원에 따르면 2008년 교통사고 환자의 입원율은 60.6%

에 이른 반면, 일본은 6.4%, 유럽도 15~20%에 불과하다. 물론 크게 다친 가입자들도 있겠지만 경미한 사고 때도 무조건 입원하는 '모럴해저드(도덕적 해이)'에 빠져 있는 것이다.

손해보험협회 발표자료에 따르면 2008회계연도(2008년 4월~2009년 3월)에 자동차사고를 당해 병원에 입원한 환자 가운데 가짜 환자로 추정되는 부재환자 수가 무려 8만 8,079명에 달해 보험금 누수액이 약 865억 원에 이른다. 즉, 병상을 지키고 있지만 보험금 때문에 일부러 입원한 일명 '나이롱 환자'의 규모는 부재환자보다 훨씬 많은 것으로 추정된다(서울경제, 2010.4.11).

같은 기간 보험사기에 따른 누수보험금은 약 1조 5,000억 원으로 질병 등의 사전고지의무 위반에 따른 누수보험금은 약 4,000억 원으로 추산된다. 매년 1조 9,000억 원의 보험금이 새고 있는 것이다. 4인 가구 기준으로 가구당 보험료를 14만 원씩 더 지불하고 있는 셈이다.

보험개발원에 따르면 손보사들이 2008회계연도에 교통사고 차량수리에 지급한 보험금은 3조 2,310억 원으로 전년보다 2,311억 원(7.7%) 증가했다. 상황이 이런데도 정비업계는 정비수가를 지금(1만 8,228~2만 511원)보다 최고 50%까지 올려달라고 요구하고 있다.

반면 손보업계는 정비수가가 1,000원 오르면 보험료도 1% 오른다며 난색을 표하고 있다. 더구나 수리비에 거품이 많다는 게 손보업계의 주장이다. 자동차 부품상과 공업사들이 자동차 수리내역을 허위로 청구하는 '가짜 청구(가청)'와 '공장 청구(공청)' 등이 보험금 누수의 주요 원인이라는 것이다. 정비업체가 사고 차량을 견인해오는 기사에게 사례비를 제공하는 일명 '통값'도 공공연히 횡행하고 있다.

정비업계는 손보사들이 수리비를 일방적으로 깎고 대금지급을 늦추는 등 우월적 지위를 남용하고 있다고 주장하고 있다. 일반 판매 때보다 오히려 순이익이 적다는 것이다. 반면 손보업계는 '정비-부품-견인업체'의 불법적인 연결고리나 과다 수리, 불건전 영업 등의 관행부터 개선하는 정비업체의 구조조정이 시급하다고 반박하고 있다.

국내 등록차량 대수는 2000년 1,205만여 대에서 2008년 1,679만여 대로 39.3% 늘어난 데 그친 반면 같은 기간 정비업체 수는 3,010곳에서 4,705곳으로 56.3%나 늘었다. 정비업체당 차량 대수도 4,006대에서 3,569대로 10.9% 줄었다.

금융감독원에 따르면 보험사기 혐의자로 적발된 사람은 3년 만에 두 배 이상(2006년 2만 6,754명 → 2009년 5만 4,268명) 늘었다. 보험 사기로 적발된 금액도 같은 기간 1,781억 원에서 3,305억 원으로 증가했다. 하지만 보험사기를 적발하는 것이 극히 어렵다는 점을 감안하면 실제 보험사기는 이보다 훨씬 많을 것으로 금융당국은 추정한다.

보험사기로 부당 지급된 보험금은 고스란히 선량한 다수 보험 가입자들에게 보험료 인상으로 전가된다. 금감원에 따르면, 보험사기로 지급되는 보험금은 연간 2조 4,000억 원(가구당 15만 원)에 달한다.

보험사기는 우리나라만의 문제는 아니다. 보험개발원에 따르면 보험 사기로 누수되는 보험금 비율은 우리나라가 11%로 미국(10%), 프랑스·캐나다(6%), 영국(4%)보다는 높지만 호주(15%)보다는 낮다. 하지만 보험사기를 근절하려는 정책적 노력에서는 우리나라가 후진국이라는 지적이 많다. 현재 우리나라에서는 보험사기 여부를 일차적으로 민간 보험사가 판단한다. 보험사기를 의심할 만한 정황이나 증거가 있을 경우 보험사가 경찰에 수사를 의뢰한다. 하지만 민간보험사는 조사권이 없어 보험사기 여부를 판단하는 데도 한계가 있다. 반면, 미국은 주정부 산하에 보험사기방지국(IFB)이라는 전담 조직을 두고 민·관 합동으로 조사한다.

폭설로 도로가 빙판길이 됐던 지난 2010년 12월 경기도 부천 소사구 대로에서 3중 추돌을 당한 윤모씨는 이 사고로 그의 차량은 앞뒤 범퍼 부분이 우그러져 집 근처 A정비업소에 수리를 맡겼다. 수리비 견적은 162만 원이었다.

수리비가 비싸다고 생각한 그는 직장 근처인 서울 강서구 등촌동의 B정비업소를 찾았다. 그곳에서 제시한 수리비 견적은 52만 원이었다. 도대체 100만 원 이상 수리비가 차이 나는 것을 받아들일 수 없었던 그는 A업소에 다시 찾아가 "보험사기로 고발하겠다"고 화를 냈다. 그러자 A업소는 경쟁업소보다 1만 원 적은 51만 원에 고쳐주겠다며 차를 맡기라고 했다.

A업소가 다른 곳보다 100만 원 이상 견적을 올렸던 이유가 이왕 보험으로 처리하는 수리라면 '범퍼+알파'의 서비스를 제공해주겠다는 의도였다는 것을 안 것은 그로부터 일주일쯤 후였다.

그는 자기부담금이 5만 원에 보험료할증기준이 200만 원인 보험상품에 가입돼 있었다. 어차피 자기부담금을 내야 하니 이 참에 보험료가 올라가지 않는 162만 원까지는 군데군데 손볼 곳을 수리해주겠다는 배려였던 것이다. 법의 테두리 안에서 권리를 최대한 누리라는 권고였던 셈이다.

정비업소는 이미 합법으로 무장한 채 현 제도의 허점을 깊이 파고든 상태다. 추가 수리를 받더라도 최대 200만 원까지는 미리 정한 자기부담금만 내면 되기 때문에 운전자는 손해 볼 게 없다는 논리다. 정비업소도 추가 수리로 이익을 더 낼 수 있으니 양쪽 다 이득이다.

뒤늦게 금융당국이 자동차보험 자기부담금을 정액제에서 수리비의 일정 비율을 부담하는 정률제로 바꾸며 진화에 나섰지만 자동차보험금을 겨냥한 정비업체들의 교묘한 반칙을 잡아내기가 쉬워 보이지는 않는다.

자동차사고 때의 수리 기준이나 범위가 마련돼 있지 않다는 점도 보험금을 겨냥한 모럴해저드를 부추긴다.

사고 종류나 정도에 따라 어떤 수리가 필요하며 어느 정도의 비용이 발생한다는 가이드라인이 없다 보니 정비업체들이 들쭉날쭉한 기준으로 접근해 수리비 과잉청구의 틈새를 제공하고 있다는 얘기다.

이는 자동차보험료 인상의 압박요인으로 작용하고 있다. 불필요한 수리가 늘면서 보험사들은 추가로 보험금을 지급하고 있다. 과잉수리는 보험사들의 경영수지 악화로 이어지고 있다는 게 손해보험사들의 주장이다.

삼성화재의 한 관계자는 "정비업계 전문가가 아니면 일반인들은 쉽게 알아채기 어려운 교묘한 방법으로 정비업체들이 수리비를 부풀리고 있다"며 "수리비 명목으로 부당하게 보험금이 과다 지급되면 결국

109

이는 다른 보험자들이 부담해야 한다"고 지적한다.

보험료 정비수가를 더 많이 타내기 위한 정비업소의 꼼수는 급기야 운전자의 생명까지도 위협하고 있다.

지난 2010년 1월 서울 성동구 성수동의 K정비업소에 차를 맡겼던 한 고객은 운전할 때마다 핸들이 한쪽으로 쏠려 바퀴에 동력을 전달해 주는 장치인 드라이브 샤프트 등 30여 곳을 수리했지만 다음날 출근길에 여전히 한쪽으로 쏠리는 핸들 때문에 대형 사고를 당할 뻔했다. 깜짝 놀란 그는 곧바로 근처 정비업소로 달려갔다가 원인을 알게 됐다. 처음 수리를 맡겼던 정비업소에서 불량·재생부품을 마구 사용했던 것이다.

경찰 단속에 걸린 이 정비업소는 하지만 보험사에는 버젓이 정품부품값을 청구했던 것으로 드러났다. 그의 경우 운 좋게 대형 교통사고로 이어지지 않았지만 K정비업소와 같이 악덕행위를 버젓이 하는 정비업소가 늘고 있다.

실제로 보험범죄에 연루된 정비업체 관련자는 2005년 169명, 2006년 221명, 2007년 238명, 2008년 273명 등으로 해마다 증가하고 있다. 이들은 심지어 차량의 안전에 절대적 영향을 미치는 조향장치나 동력전달장치·충격완화장치 등 주요 부품마저 무분별하게 불량·재생부품으로 바꾸는 경우도 많아 운전자 안전이 심각하게 위협받고 있는 것이다.

지난 2010년 11월 서울 노량진역 앞 신호대 정지선에서 차량 추돌 사고가 발생했다. 최모씨가 운전하던 승용차가 정지선에 서 있는 차량

후미를 들이박은 것이다.

피해자가 '다치지 않았으니 괜찮다'며 연락처나 달라고 해 명함을 준 뒤 헤어졌다. 혹시나 싶어 보험사에 연락을 했더니 이미 피해자가 병원 진료 후 70만 원에 보험사와 합의를 끝냈다.

보험사들은 소액 사고에 대해 대체로 대충대충 끝낸다. 일손도 딸리는데다 금액 자체가 부담스럽지 않다는 점이 크게 작용한다. 하지만 소액 사고 건수가 전체의 90% 정도를 차지한다는 점을 감안하면 대충 처리하면서 흘러버리는 보험금 누수금액이 상당한 것으로 추정되고 있다. 이는 곧바로 선량한 가입자(무사고 보험자)들의 공동 부담으로 떠넘겨질 수밖에 없다. 자동차보험 인상에 소비자들이 몹시 화를 내는 핵심 이유 가운데 하나다.

사고 피해금액을 산출하고 사기 유무 등을 가려내는 것이 기본 중의 기본이지만 국내 보험사 대부분은 자동차 사고 10건 중 9건은 조기 합의를 유도한다. 보험업계가 보험사의 자동차사고 보험금 지급 관행이 조사보다는 합의를 선호하도록 굳어지면서 연성사기를 부추기는 결과를 낳고 있는 것이다. 이는 보험사로서는 비용이나 이미지를 고려해서 합의가 보다 더 효율적일 수 있으나 연성사기에 따른 추가비용을 선의의 계약자가 부담하게 된다는 데 문제가 있다.

인력 등 인프라도 부족한데다 괜히 긁어 부스럼(민원)을 만든다는 보험사의 계산이 작동한다는 이야기다. 지난 1980~1990년대 일본 보험업계도 우리나라와 같은 관행에 젖어 있었다. 하지만 보험사 경영이 악순환에 빠지자 보상시스템을 근본적으로 뜯어고쳐 현재 일본에서는 합의금으로 교통사고를 마무리 짓는 사례가 없을 뿐만 아니라 치료가 끝나기 전에 지급하는 향후 치료비도 없다. 최근에는 사고 후 차체의 긁힘이나 녹슨 정도까지 계량화해 보상의 기준으로 삼고 있다.

2008년 3월부터 2010년 6월까지 인터넷 자동차 관련 동호인 카페 회원 등을 대상으로 전체도색, 차량 개조를 보험처리를 통해 싸게 처리해 준다며 300여 명을 모집, A보험사 등 13개 보험사에 사고를 접수하는 수법으로 10억 원 상당의 보험금을 수령한 브로커 임모씨가 경찰에 구속된 바 있다.

임씨는 가해자불명사고나 차량 단독사고를 보험사에 접수하면 보험회사에서 사고의 진위를 확인하기 어렵다는 사실을 악용해 '전체도색 및 차량 개조'를 미끼로 인터넷 카페에서 모집한 수리의뢰 차량의 운전자에게 e메일로 사고신고 방법까지 알려줬다. 이들 차량 운전자들은 보험사에 자기분담금 5만 원만 납부하면 차량을 전체 도색하거나 개조할 수 있다는 사실을 알고 정비업체 대표와 짠 뒤 죄의식 없이 보험금을 허위 청구했다. 이처럼 가해자를 알 수 없어 실질적인 사고로 규명하기 어려운 '가해자보유불명사고'에 대해 보험처리가 가능한 상품구조가 보험사기를 일으킨 것이다.

최근 가해자불명사고를 악용한 도덕적 해이가 확산되고 있어 이에 따른 사회적인 비용 증가와 보험료 인상 등은 결국 보험사와 가입자들에게 부메랑으로 돌아오고 있다. 보험사들이 선량한 피해자들을 구제하기 위해 내놓은 운전자보험 역시 막강한 보상력으로 오히려 운전자들의 도덕적 불감증까지 불러일으키고 있다.

이처럼 운전자보험을 들어두면 '만사 오케이'라는 인식이 실제 가입자들 사이에 만연해 있기 때문이다. 벌금 내주고 피해자와의 합의금도 지급하고 변호사 비용도 내주는 등 구속되지 않는 이상 아무런 불이익이 없어 운전자보험의 상품 개선을 손보사 내부에서도 느끼고 있다.

가입자에게 떠넘기는 보험사들의 행태도 여전하다. 손보사들은 자동차보험 분야의 만성적 적자구조와 크게 높아진 손해율 등을 이유로 지난 2010년 9월과 10월 연달아 보험료를 인상했다. 보험사들은 "보험료를 올리지 않고는 더 이상 정상적인 경영이 어렵다"고 읍소하고 있다.

하지만 소비자단체들은 반발하고 있다. 보험사들이 손해율을 낮추려는 노력은 게을리 하면서 사실상 의무보험 성격인 자동차보험의 특성을 악용해 보험료 인상을 통해 손쉽게 문제를 해결하려 한다는 것이다. 즉, 그동안 보험사들이 근본적인 시스템 개선에 나서지 않고 보험료 인상만으로 모든 것을 해결해 보려고 한 것이 문제이다.

무조건 소송으로 대처하는 보험사의 일방적인 행태도 문제다. 지난 2010년 10월 16개 손보사의 소송건수는 5,284건으로 매년 5,000건이 넘는 소송을 진행하고 있다. 이 가운데 자동차보험과 관련된 소송은 70%에 달한다. 합의를 종용하는 보험사의 행태도 문제지만 합의를 보지 못했다고 바로 소송을 진행하는 보험사의 행동 또한 더 큰 문제다.

보험범죄는 선량한 보험계약자의 보험료 부담을 늘려 가계살림을 힘들게 하는 것은 물론 사회 전반의 신뢰성·정직성을 떨어뜨리는 등 폐해가 막심하다.

보험범죄는 더 이상 방치하기 어려울 정도로 심각한 지경에 이르렀다. 보험범죄로 적발된 금액은 2007년 2,045억 원에서 2008년 2,549억 원, 2009년 3,305억 원으로 해마다 급증하고 있다. 하지만 이는 겉으로 드러난 것일 뿐 실제 피해규모는 이보다 훨씬 많다. 감독 당국에 따르면 국내 보험사기 규모는 연간 2조 2,000억 원에 이르는 것으로 추정된다. 이 가운데 70%가 자동차보험과 관련돼 있다. 자동차보험의 손해율(보험료 대비 보험금 지급비율)이 계속 치솟아 보험사들의 경영이 갈수록 악화되고 있는 이유이기도 하다.

보험을 둘러싼 우리 사회의 모럴해저드는 곳곳에 만연해 있다. 일부 병원, 차량 정비업소 종사자는 물론 청소년 등 여러 분야와 계층에서 별다른 죄의식 없이 보험범죄가 저질러지고 있다고 해도 과언이 아니다. 이 같은 보험범죄에 따른 보험금 누수는 고스란히 선의의 계약자에 돌아갈 뿐 아니라 사회적 비용을 높여 경제사회 전반의 효율성을 떨어뜨리는 요인이 된다.

정부는 2011년 금융범죄수사팀을 대폭 보강하고 보험범죄 적발시 제재를 강화하는 등 다양한 방안을 추진하기로 함에 따라 상당한 성과가 기대된다. 일벌백계로 다스려 보험범죄에 현혹되지 않도록 하는 것이 중요하다. 대책의 효율성을 높이기 위해서는 관계 당국과 의료기관·보험사 등의 협력체제를 가동할 필요가 있다. 선진국의 경우 민관합동으로 보험사기 및 범죄에 대응하고 있다. 아울러 턱없이 높게 책정돼 있는 교통사고 환자의 진료수가 조정 등 자동차보험제도가 안고 있는 문제점도 개선돼야 한다.

더욱이 보험금을 타내려고 고의로 사고를 내거나 사고를 부풀리는 보험사기 범죄가 갈수록 흉폭해지고 있는데 과거 보험사기는 가벼운 교통사고를 당한 후 보험금을 더 타낼 작정으로 병원에 입원하는 이른바 '나일롱 환자' 같은 생계형 범죄가 주류였다. 그러나 최근에는 거액의 보험금을 타낼 요량으로 입양한 어린 아기를 죽이거나 부모와 자식을 비정하게 살해하는 반(反)인륜적인 범죄까지도 발생하고 있다.

　보험사기는 인명(人命)을 경시하는 대표적인 반사회적 범죄이지만 적발하기가 쉽지 않아 모방 범죄로 이어질 가능성도 크다.

　2010년 12월 21일 경찰대 출신의 경찰 간부가 보험금 때문에 68세 노모를 숨지게 한 사건은 패륜(悖倫)형 보험사기 범죄의 전형이다. 그는 어머니에게 척추장애를 입혀 보험금을 탈 목적으로 수면제를 먹고 잠든 어머니에게 볼링공을 떨어뜨렸으나 척추가 아닌 늑골이 부러지는 바람에 사망했다고 경찰에 진술했다. 원래 의도대로 어머니가 척추장애만 입었을 경우 모자는 6,000만 원의 보험금을 받았을 가능성이 컸다. 이는 피해자가 경찰간부여서 보험사는 별 의심없이 보험금을 지급했을 것이기 때문이다.

　2010년 10월엔 입양한 생후 28개월 된 딸을 질식사시킨 뒤 보험금을 타낸 혐의로 주부 최모씨가 경찰에 구속됐다. 최씨는 보험사 두 곳에서 딸의 입원치료비와 보상금 명목으로 2,600만 원을 받았지만 몇 년 전에도 딸 두 명이 차례로 사망해 보험금을 탔다는 사실이 들통나면서 꼬리를 잡혔다. 경찰 조사결과 최씨가 낳은 첫째 딸은 생후 20개월 만인 2003년 3월 장염 등으로 병원 치료를 받다 숨졌고, 2005년 대구의 한 아동기관에서 입양한 둘째 딸도 생후 15개월째에 첫째 딸과 같은 증세로 사망했다. 당시 최씨는 보험사들로부터 각각 1,800만 원과 1,500만 원을 받았다.

2009년 3월엔 남편 사망시 4억 5,000만 원을 받을 수 있는 생명보험 2개에 가입한 후 술에 취해 자는 남편에게 과량의 마취제를 주사해 숨지게 한 간호사에게 무기징역이 선고됐다.

이같이 최근 보험사기의 특징은 살인·방화와 같은 강력범죄화, 단독 범행이 아닌 공모에 의한 조직화, 보험 전문지식을 갖춘 지능화되고 있으며, 경찰이나 보험모집인, 병·의원 등 보험에 전문지식을 갖춘 사람이 관여된 사건이 80% 이상이라 적발하기도 어렵다는 데 문제의 심각성이 있다.

보험사가 절대 가르쳐주지 않는 보험 비밀

2010년 보험업계 최고 화제 중 한 가지는 2010년 11월 정기국회에서 다룬 '생명보험 전매제도'다. 생명보험 전매제도란 자신이 가입한 생명보험 계약을 다른 사람에게 양도할 수 있는 제도를 의미한다. 생명보험 전매제도를 도입하자는 내용의 법률 개정안을 국회에 제출한 민주당 의원의 내용을 보도한 매경이코노미(2010.10.3) 보도자료에 의하면 "경제적인 문제 등 다양한 이유로 더 이상 보험계약을 유지할 수 없게 된 경우 계약을 해지하는 대신 양도할 수 있게 해야 한다"고 주장한다. 자신이 낸 보험료의 절반도 안 되는 해약환급금을 받고 보험계약을 해지하는 것보다, 정당한 대가를 받고 계약을 양도하는 것이 맞다는 얘기다. 이에 대해 생명보험업계는 다양한 부작용을 얘기하며 전매제도의 도입을 적극 반대하고 있다. 전매제도가 도입될 경우 보험사기가 횡행할 가능성이 있고, 이럴 경우 보험료가 올라 선량한 가입자만 피해를 볼 수 있다는 설명이다.

일반 소비자 입장에서는 도대체 어느 쪽 말이 맞는지 도무지 알 수가 없다. 그야말로 '진실 공방'이 벌어지고 있는데 둘 중 어느 쪽이 더 진실에 가까운지를 판단할 수 있는 근거가 거의 없다.

생명보험 전매제도뿐 아니다. 보험과 관련해 가입자들이 잘 모르거나 오해하고 있는 내용은 부지기수다. 보험상품 자체가 까다롭고 어렵기 때문이기도 하고, 보험사가 친절하게 알려주지 않아서이기도 하다. 보험사가 알려주지 않는 것은 너무 방대한 내용을 자세히 알려주는 데 현실적인 어려움이 있어서이기도 하지만, 한편으로는 알려주는 게 보험사에 별다른 득이 되지 않기 때문이기도 하다.

대표적인 것이 소위 '껍데기보험'이라고 불리는 보험들이다. 또한 보험사가 모든 사람들이 반드시 들어야 하는 상품으로 홍보하는 종신보험과 연금보험도 뒤집어보면 함정들이 무수히 많다.

그런가 하면 가입자에게 유리한 상품은 보험사들이 소리 소문 없이 슬그머니 없애기도 한다. 점차 발병률이 높아져 가입자가 보험금을 탈 확률이 높아진 암보험이 대표적이다. 암 발병률과 진단율이 높아지면서 보험사들이 점차 암보험을 없애 현재 암보험을 취급하는 보험사는 한 손으로 꼽을 정도다.

이처럼 상품 자체가 문제도 있지만 이 같은 상품을 판매하는 설계사들 문제도 또한 상당하다. 지식이 부족하거나, 고객 입장이 아닌 자신의 수익률만을 노리는 설계사들도 부지기수다.

2010년 한 생보사에서는 설계사 스캔들이 엄청난 이슈였다. 소위 '성북동 사모님'이라 불리던 설계사가 최상류층인 자신의 지인들을 대거 고객으로 끌어들였다. 그는 지인들에게 거액의 저축성보험을 엄청

판매했고, 덕분에 매년 회사에서 가장 많은 수입보험료를 올린 설계사에게 주는 상도 탔다. 문제는 이 설계사가 판 상품을 거의 펀드처럼 설명하며 판매했다는 데 있다. 가입하고 난 후 펀드와 전혀 다른 상품임을 알게 된 고객들이 회사에 불만을 제기하기 시작했고, 이 일이 일파만파로 퍼지면서 급기야 그 설계사는 종적을 감췄고, 회사는 얘기가 새나가는 걸 막기 위해 입단속에 나선 것이다.

보험사도, 보험 상품도, 설계사도 결코 100% 가입자 편이 아닌 시대에 남의 이야기로만 생각지 않는 우리들의 이야기이다. 중복 보장은 잡아주고 부족한 보장은 채워준다? 보험설계사들이 보험 리모델링을 권하면서 주로 하는 말이다. 보험 리모델링은 새로운 보험 상품이 출시됐을 때 기존에 가입한 보험 중 불필요한 보험은 정리하고 새로운 보험은 가입하는 방식으로 보험 포트폴리오를 다시 구성하는 행위다. 가계 재무 상황이 급변하거나 나이가 들면서 필요한 보장 내용이 달라졌다면 보험 리모델링을 통해 보험 상황을 재점검하는 행위가 필요하다.

물론 기존에 가입한 보험을 리모델링하는 작업이 반드시 필요한 경우도 있다. 일단 수입 대비 보험료 지출이 과도한 경우 보험 리모델링이 필요하다. 특히 마이너스통장에서 보험료를 자동이체할 정도로 현금흐름이 악화됐다면 반드시 보험을 리모델링해야 한다. 일반적으로 가계 소득 대비 보험료의 적정 규모는 월 소득의 8~10% 이내다. 만약 월 소득 대비 보험료가 15%를 넘는 경우 평균적으로 보험을 과도하게 많이 가입한 것은 아닌지 의심할 수 있다.

보험에 가입하는 목적이 투자가 아니라 보장이라는 사실도 유념해야 한다. 투자 수익을 목적으로 저축성보험에 가입했다면 리모델링하는 편이 좋다. 저축성보험은 수년 동안 설계사 수당 등 사업비를 보험료에서 제외한 금액에서 이자가 붙기 때문이다. 자신에게 반드시 필요한 보장이 무엇인지 선택해 보장이 중복되는 상품도 정리해야 한다.

그렇지만 전문지식이 부족하거나 수당을 노린 일부 보험설계사들이 보험 리모델링을 핑계로 오히려 보험 포트폴리오를 엉망으로 만드는 경우도 있다. 대표적인 것이 2009년 보장한도가 변경된 실손형 민영의료보험(이하 실손보험)이다. 손해보험사가 판매하는 실손보험의 보장한도는 100%에서 2009년 8월부터 90%로 축소됐다. 따라서 2009년 8월 이전 가입한 실손보험이 최근 가입하는 실손보험보다 일반적으로 유리하다. 그렇지만 일부 보험설계사들은 기존 실손보험을 해지하고 새로 등장한 실손보험 가입을 권유한다. 2010년 초 실손보험에 가입한 한 사례를 보면 기존 실손보험은 치아우식증(충치)을 보장하지 않는다며 새로 출시된 실손보험으로 가입할 것을 보험설계사가 권유했다. 그렇지만 새로 가입한 실손보험은 보장한도가 낮다는 사실과, 건강보험이 적용되지 않는 비급여 항목은 보험 보장이 적용되지 않는다는 사실은 자세히 설명하지 않은 것이다.

무조건 오래됐다는 이유로 예전에 가입했던 보험 상품을 해약하고 신상품 가입을 권하는 사례도 있다. 현재 보험 상품은 대부분 변동이자 상품이다. 그렇지만 2001년 이전에 판매되던 저축보험 중 일부 상품은 7~10%대의 고정이자를 보장하던 상품이었다. 특히 최근과 같은 저금리 시대에 이런 상품은 보험 가입자들에게 황금알을 낳는 거위다. 보장한도가 100%인 실손보험이나 고금리 고정이자를 보장하는 상품은 현재 판매되지 않고 있기 때문에 한 번 해약하면 재가입이 불가능하다.

멀쩡한 보험을 해지시키고 새로운 보험에 가입시키는 보험설계사들이 등장하는 이유는 결국 보험사에 있다. 보험사들이 해마다 연도대상을 개최하는 등 보험료를 많이 유치한 보험설계사를 우대하는 정책을 유지하고 있기 때문에 양심적으로 영업할 수 없는 것이다.

일부 보험사들이 보험 가입자의 이익이 아니라 보험사의 신상품 판매 촉진을 위해 보험 리모델링을 권하고 있는 행태는 금융감독원의 감사 결과 사실로 드러나기도 했으며, 지난 2010년 6월 금융감독원 감사 결과에서도 삼성생명이 보험 리모델링을 권하는 방식으로 통합보험 신계약을 유치해 금융감독원 징계를 받은 데서도 알 수 있다.

금융감독원 생명보험서비스국 부국장은 "기존 보험과 통합 보험을 비교 설명하는 과정에서 기존 계약이 필요 없는 것처럼 설명해 새로운 계약 가입을 유도했다"고 설명했다. 보험업법 제97조는 새로운 보험 계약을 청약하게 유도하는 과정에서 이미 성립한 보험 계약을 부당하게 소멸시키는 행위를 금지하고 있다. 금융감독원은 표본 조사 결과 삼성생명 통합보험 신계약 중 21만 건이 이런 방식으로 체결된 것으로 추징했다.

최근 몇 년 동안 이어진 저금리 기조도 보험사들이 보험 리모델링을 권하는 '보이지 않는 이유'다. 한국은행은 기준금리를 지난 2010년 2월 2%로 변경한 이래 약 17개월을 유지했다. 지난 2010년 7월 2.25%

121

로 기준금리를 변경하긴 했지만 여전히 초저금리 수준이다. 자산운용 구조상 저금리 기조가 이어지면 보험사들은 자산운용 수익률이 감소한다. 반면 고금리 시절 판매했던 상품에 지급하기로 한 약정이자율을 지급해야 하기 때문에 이자 부담은 커진다.

어쩔 수 없이 보험을 해약해야 한다면 보험 리모델링보다는 보험 계약을 유지할 수 있는 방법을 찾아야 한다. 예컨대 감액완납제도나 자동대출납입제도 등을 활용하면 비효율적인 보험 리모델링보다 이익이다. 참고로 감액완납제도는 애당초 가입한 계약의 보장기간과 지급조건은 그대로 유지하면서 보장금액만 낮출 수 있는 제도다. 자동대출납입제도는 기존에 자신이 납부한 상품의 해약환급금 범위 안에서 회사가 보험료를 대신 납부하는 제도다.

보험소비자연맹은 "예전에 가입한 보험 상품은 대체적으로 예정이율이 높아 보험료가 싸고 지속적인 보장이 가능하기 때문에 새로 보험에 가입하는 것보다 유리한 경우가 많았다. 또한 생명보험과 건강보험은 연령이 높아질수록 보험료가 비싸지고 재가입이 어렵다"고 말한다. 이처럼 보험 리모델링을 해주겠다는 말만 믿고 무턱대고 보험을 해약할 경우 손해를 볼 수 있으니 세상에 진정 믿을 게 무엇인가?

"보험금을 받으려면 암 말기까지 기다려라?" 이는 보험가입자가 실제로 전립선암 진단을 받았으나 보험사가 보험금을 지급할 수 없다며 한 말이다. 그 이유는 암을 초기에 발견해 종양 크기가 작고 수술 없이 치료만으로 완치가 충분히 가능하다는 이유에서다.

CI보험이 한때 큰 인기를 끌었지만 사각지대가 많다. CI는 '중대한 질병(Critical Illness)'의 첫 글자를 딴 것으로, CI보험은 글자 그대로 치명적이고 중대한 질병에 대비한 급한 자금을 마련하기 위해 만들어졌다. 보장항목은 암, 급성심근경색증, 뇌졸중, 화상과 부식, 만성 폐질환이다. 중대한 수술은 관상동맥과 심장판막수술, 5대 장기이식수술 등이다.

문제는 '중대한'이란 단서조항에 있다. 일반적인 암이나, 뇌졸중, 화상 등은 보장이 안 된다. 때문에 어느 수준이 중대한 질병인지 논란이 끊이지 않는다. 앞의 사례처럼 전립선암은 장기를 파괴하는 수준의 악성종양이 아니라는 이유로 CI보험 보상 대상에서 제외된다는 것이다. 뇌졸중도 '영구적인 신경학적 결손(언어장애·운동실조·마비)이 나타나는 질병'으로 규정해 외상이나 뇌종양으로 인한 뇌졸중은 보상금이 없다.

진단 뒤 1회만 지급하기 때문에 질병이 재발할 때나 병으로 장애가 생겼을 때 보상금이 없다는 점도 잘 알려지지 않은 사실이다.

CI보험은 보험사의 주관적인 판단으로 지급 여부를 결정할 수 있고 지급 규정도 매우 까다롭게 만들었다는 게 문제다. 이는 보험설계사들에게 다른 보험보다 수당을 많이 줘 붐을 일으킨 면도 없지 않다.

모든 암 발병을 보장하는 일반 암보험과의 차이도 별반 없다. 보험협회 통계에 따르면 일반 암보험 가입자의 암 발병률이 10만 명에 128명이었는데, 보장조건이 까다로운 CI보험도 127명으로 비슷했다. 보험료는 일반 보험보다 20% 이상 비싸지만 보장 범위가 더 넓지는 않다는 얘기다.

'실버'라는 이름을 걸고 팔리는 노인성 질환 대비 보험도 논란거리다. 주로 치매를 대비한 실버보험은 진단서도 필요 없이 가입할 수 있어 인기를 끌었다. 2005년 4,700억 원이던 실버보험시장은 2008년 7,000억 원을 넘어섰다. 그런데 치매에 걸려도 보험금을 받을 수 없는 사례가 허다하다. 인지기능검사(CDR) 3점 이상인 중증 치매만 보장하기 때문이다. CDR 3점 이상 치매는 시간과 장소의 개념이 없어 혼자서는 생활을 못하는 매우 중한 상태다. 거의 사람을 알아보지 못할 수준이다. 최초 진단에서 3점 이상을 받기는 거의 불가능하다.

　치매 범위도 매우 좁다. 알츠하이머처럼 질병에 의한 치매, 즉 '기질성 치매'만 대상이다. 사고에 의한 '외상성 치매'는 빠진다. 기질성 치매가 무슨 뜻인지 모르는 노인들은 잘못 가입하기 십상이기 때문에 치매에 걸리더라도 약관에 따라 '스탠더드'에 맞춰 걸려줘야 한다는 우스갯소리도 나온다. 그러나 일선에선 중증이어야 한다는 점을 알리지 않고 치매에만 걸리면 보상받을 수 있다고 현혹하는 보험설계사들이 상당수다. 의사의 치매진단이 있었다고 해도 곧장 보험금을 받는 것도 아니다. 보험회사는 의사의 진단 확정 이후 간병이 필요한 상태가 180일 이상 계속될 때 최초 1회 지급한다.

　보험사가 '최고한도' 보상액을 기준으로 설명한다는 점도 알아둬야 한다. 골절사고 때 최고 1,500만 원이라는 말에 보험 가입을 한 가입자의 경우, 막상 척추골절 진단을 받고도 1,500만 원의 12%인 180만 원밖에 보상받지 못했다. 약관을 보니 1,500만 원을 받으려면 온 몸의 뼈가 모두 부러져야 했다. 10년 뒤 갱신 때 보험료가 오를 수 있다는 점을 알고 있는 소비자도 많지 않다. 갱신될 때마다 보험료가 40~50%씩 오르는 일도 부지기수다. 보험료 계좌 자동이체가 설정된 경우 인상분은 자동으로 빠져나간다. 노인보험 대부분이 가입 2년 뒤 효력이 발생한다는 점도 주의를 요하는 대목이다. '무진단·무고지·무심사'를 강조하는 실버보험은 대부분 가입된 2년 이내에는 재해사망 시에만 보험금 100%를 지급한다. 질병사망 시에는 낸 보험료만 돌려주는 수준이다.

치아치료비용이 증가하면서 관심을 끄는 치아보험도 치아보험이 적용되는 경우는 충치나 잇몸질환에 따른 발치뿐이다. 외상으로 인한 치아손실에 대해선 보장혜택이 없다. 또 가입 1년 이후에는 보장액의 50%만, 2년 이후에야 100%를 지급한다는 점을 모르는 가입자가 많다. 노인보험과 마찬가지로 5년 만기 갱신 시점에서 보험금이 급격히 오를 가능성도 있다.

설계사 권유로 변액보험에 가입한 가입자의 경우, 설계사는 가입 당시 높은 수익률을 제시하며 해당 상품을 마치 펀드 상품처럼 설명했다. 2년 의무납입 후에는 정지나 인출이 가능하다고 했고, 2년 이상 납입하면 해약 시 상당한 수익을 보장한다고 했다. 7년짜리 적립보험을 가입해 본 가입자는 변액적립보험도 비슷한 상품이라 생각했다. 그러나 상품 설명을 다시 읽어보니 10년 이상 장기로 납입할 것이 아니면 이익보다 불이익이 크다는 사실을 알았다.

최근 불완전판매 민원이 많이 발생하는 변액보험은 대표적으로 설계사 수당이 많은 상품이다. 일반적으로 설계사들이 변액보험 상품을 판매해 연간 받을 수 있는 수당은 한 달 보험료의 200~600% 선으로 상품의 종류와 특성에 따라 달라진다. 그렇지만 일부 보험사들은 변액종신보험을 팔면서 판매 다음 달에 무려 600%나 수당을 선지급하며 판매에 열을 올렸다. 그래서 일부 설계사 중에는 마치 고객에게 서비스를 하듯 1회 보험료는 자신이 납부해 주겠다며 가입을 권하는 사례도 있다.

이뿐만이 아니다. 수당을 의식한 설계사들은 기존 고객들에게 "더 좋은 상품이 있으니 해약을 하고 다시 가입하라"며 승환계약(보험을 갈아타는 계약)을 유도한다. 물론 모든 보험설계사들에게 문제가 있는 것은 아니다. 고객의 평생 재무설계를 한다는 사명감을 가지고 상품 권유에 신중한 설계사들도 많다.

근본적으로 설계사제도에 원인이 있다. 우리나라에서 보험설계사는 보험회사와 계약자의 보험계약 체결을 단순히 중개하는 중개자일 뿐, 법적으로 보험사를 대리하는 권한은 전혀 없다. 보험모집인제도는 우리나라와 일본에만 있는 특수한 제도다. 유럽 등에서는 대리점제도가 보편화돼 있다. 이들 보험대리점은 '계약체결권, 보험료수령권, 알릴의무수령권' 등 보험 3권을 모두 갖고 있어 법적으로 보험사를 대리할 수 있다. 그러나 보험모집인은 이 같은 보험 3권이 없다. 또한 같은 보험 모집인이라고 해도 일본은 보험회사에 정식 고용된 설계사들이 회사의 권리를 일부 대리할 수 있는 위치에 있지만, 우리나라 설계사의 법적 지위는 보험사와 소비자의 계약 중개인에 그친다. 따라서 구두로 설계사에게 "알릴 것을 모두 알리고, 보험료를 납부해 계약이 체결됐다"는 이야기를 들었다고 해도 보험사에 이 내용이 보고되지 않았다면 완전한 계약이 아니라는 뜻이다.

소속 이동이 많은 '철새 설계사'가 여전히 많은 것도 문제다. 보험소비자연맹 발표에 따르면 2009회계연도(2009년 4월~2010년 3월)에 생명보험업계에서 1년 이상 한 회사에 재직한 설계사 비율은 평균 33.3%에 불과했다. 조사 결과 1년 이상 근무하는 설계사 비율이 10%대에 불과한 생보사도 여러 곳이 있는 것으로 나타났듯이 소속을 자주 바꾸는 설계사를 조심해야 하는 이유다.

의료기술이 발달하고 건강검진도 많이 하다 보니 암 진단과 발병률이 크게 높아졌다. 이로 인해 암보험 상품 위험률이 계속 높아지는 추세인데, 회사에서 굳이 손해를 감수하면서 암보험을 팔 이유가 없는 것이다. 대신 돈 되는 종신이나 연금보험 가입을 유도하면서 암은 특약으로 보장받으라고 권유하고 있는 것이 최근 보험사의 영업 전략이다.

이같이 최근 암 전용 보험이 점차 사라지고 있다. 의료기술 발달로 암 조기 발견율이 높아지고 보험금 지급이 늘어, 보험사로선 수지타산이 안 맞기 때문이다. 보험사가 판매를 중단하는 보험이 소비자에게 가장 유리한 보험이라는 말이 암보험에 딱 들어맞는다.

업계에선 조기 암 진단율이 높아지면서 신규 암 환자 수가 2005년 14만 명에서 2015년 23만 명까지 늘어날 것으로 예상한다. 자연히 보험사 손해율은 자꾸 높아지는 것이다. 보험개발원 자료에 따르면 최근 암보험 손해율이 120%에 이른 것으로 조사돼 팔면 팔수록 손해인 것이다.

반면 소비자는 의료기술 발달 덕분에 제대로 치료만 받으면 암을 이

거낼 가능성은 높아졌다. 그만큼 암보험은 일반인에게 가장 필요한 보험이지만 정작 이를 판매하는 곳이 많지 않다는 데 문제가 있다.

지난 2003년만 하더라도 16개 생보사에서 암 전용 보험을 판매했다. 그러나 암보험의 시차손(예정 사망률과 실제 사망률 차이로 인한 손해)이 크게 증가하자 지난 2006년부터 대형사들까지 암 전용 보험 판매를 중단했다. 대형 생명보험사들은 암 전용 보험을 없애는 반면 중소형 보험사들은 암보험 상품을 내놓으며 틈새시장을 공략하고 있는 것이다.

생보협회에 따르면 현재 암 전용 보험을 판매하는 곳은 신한생명, 하나HSBC생명, 우리아비바생명, 알리안츠생명, KDB생명, 라이나생명, AIA생명 등 7곳이다. 미래에셋생명도 2010년 8월까지 암 전용 보험인 '파워라이프암보험'을 판매해왔지만 2010년 9월부터 판매를 중단했다. 이 회사는 암보험 판매로 당장 손해를 입는 건 아니지만 앞으로 수익성이 떨어질 것이 예상되기 때문에 판매를 중단한 것이다.

남아 있는 암 전용 보험도 대부분 보험사에 유리한 자동갱신상품이다. 암보험은 크게 비갱신형(정액형)과 갱신형으로 나뉜다. 비갱신형은 보험 기간에 동일한 보험료를 납부하는 것으로 손해율이 올라도 소비자는 동일한 보험료를 납부한다. 반대로 갱신형 암보험은 손해율과 비례해 보험료가 변동된다. 즉, 갱신 전에 암이 발병하면 갱신이 안 된다. 보험사에서는 수지 악화와 손해율에 따라 보험료를 연동할 수 있는 갱신형 상품을 선호하지만 고객 입장에서 보면 비갱신형 상품이 좋다. 물론 기본 보험료는 비갱신형이 갱신형보다 높다. 그래도 암은 시간이 지날수록 발생률이 증가하므로 비갱신형이 소비자에게 절대적으로 유리하다.

현재 정액형 상품을 파는 곳은 신한생명과 KDB생명, 우리아비바생명, AIA생명, 하나HSBC 등이다. 나머지 보험사들은 3년에 한 번씩 연령과 위험률 증가에 따라 보험료를 다시 산출하는 갱신형으로 판매한다. 현재 22개 생보사에서 판매하는 암 특약보험 종류는 140여 가지로 이 중 100여 개가 자동갱신형이다. 또한 일부 특약의 경우에는 1년 자동갱신특약으로 판매되고 있다.

보험설계사들에게 수당이 가장 많이 지급되는 보험이 바로 종신보험이다. 국내에 외국계 보험사가 처음 종신보험을 들여왔을 때, 보험업계는 죽을 때까지 아무리 힘들어도 도움이 안 되고, 죽어서야 보험료를 받는 게 무슨 보험이냐고 비판했다. 하지만 2000년대 종신보험이 공전의 히트를 치면서 보험회사들은 너도나도 종신보험 판매에 나섰다. 현재 종신보험 가입건수는 1,200만 건이 넘는다. 보험가입자가 낸 보험료는 2009년에만 17조 원을 넘었다.

종신보험의 가장 큰 특징은 사망 시 보험금을 받는다는 것이다. 이를 보험회사 화법으로 바꾸면 '죽을 때까지 보장해준다'가 된다. '사망원인을 가리지 않는다'는 말은 '보장범위가 가장 넓다'로 바뀐다. 그래서 종신보험은 보장범위가 가장 넓고, 보장기간이 가장 긴 보험으로 불린다. 종신보험의 이 같은 성격은 보험료가 비싼 이유이기도 하다.

종신보험은 대개 보험료가 10만 원대를 훌쩍 넘고, 20만 원대도 적지 않다. 2010년 새로 계약한 종신보험을 기준으로 월평균 납입액을 계산하면 16만 원이다. 그럼에도 IMF 경제위기를 겪으면서 많은 월급쟁이 가장들이 종신보험에 가입했다. 1,200만 건의 가입건수는 연금보험 780만 건(2010년 6월 말 기준)에 비해서도 훨씬 많다.

하지만 일부 전문가들은 종신보험이 서민용 보험이 아니라고 지적한다. 보험소비자연맹은 불의의 사고를 당했을 때, 종신보험에만 가입했다면 값비싼 보험료를 내면서도 도움을 받을 수 없다고 말한다.

실제 종신보험에 가입하면 얼마나 이득이 될까. 40대 초반의 한 남성의 경우, 월 12만 원씩 납입하는 종신보험에 가입했다면 별다른 특약 없이 사망 시 1억 원을 보장하는 보험이다. 이는 1년에 144만 원씩 30년을 납입해도 4,320만 원에 지나지 않는데, 언제든 죽게 되면 가족에게 1억 원을 보장해주기 때문에 이득을 봤다고 생각한다. 하지만 연이율 5%로 30년 동안 복리로 계산하면 그가 납입한 보험료는 총 9,567만 원에 이른다. 그의 보험료는 이미 70세 초반에 1억 원을 돌파한다. 2008년 기준 남자의 평균수명은 76.5세다. 1989년 66.9세에서 20여 년 만에 10세 가량 평균수명이 길어졌다. 30년 후면 더 길어질 평균수명도 고려해야 하고, 자녀가 성장해서 생산활동을 시작하는 것도 감안해야 한다. 그래서 전문가들은 "사고를 대비하는 게 아니라면 종신보험은 득이 되지 않고, 굳이 사고를 대비하기 위해서라면 종신보험보다는 정기보험이나 손해보험에 가입하는 게 낫다"고 권유한다.

30∼40년 후에 받게 되는 돈의 가치도 따져봐야 한다. 사망 시 1억 원의 가치는 30세 남성이 80세에 사망할 경우 물가상승률을 3%로 산정하면 2,280만 원의 가치에 지나지 않는다.

보험회사 입장에서는 어떨까. 종신보험은 안정적인 가입기간에 소비자가 매달 납부하는 보험료가 많으므로 보험회사 입장에서는 반가운 보험이다. 더불어 중간에 해약한다고 해도 환급금이 미미하기 때문에 손해 볼 게 없다.

지난 9개월 동안 종신보험에 직접 가입했던 한 사례의 경우 납부한 보험료가 총 122만 5,600원이었지만, 해약할 때 받은 환급금은 2만 543원에 불과했다. 보험회사들이 해약 시 적은 환급금에 대해 "사망 시 많은 보험금을 보장하기 때문"이라고 설명한다.

종신보험은 불의의 사고를 당했을 때와 상속의 수단으로 활용될 경우 효용가치를 발휘한다. 한 보험설계사는 "상속을 위해 월 납입 1,000만 원 이상의 고액 종신보험이 부유층 사이에서 인기가 많다. 자녀가 만 23세가 넘으면 보험료 납입자 명의를 자녀로 바꿔 상속세를 피하기도 한다"고 밝혔다.

종신보험은 대개 특약을 통해 사망 전 질병을 보장하거나, 연금보험으로 전환이 가능하다. 하지만 보험소비자연맹은 일부 종신보험은 특약을 통해 다양한 보장이 가능하다고 선전하지만, 특약에 집중한다면 군이 비싼 종신보험에 가입할 필요가 없다고 지적한다.

종신보험 가입 시 큰 금액을 보장받겠다는 욕심으로 자신의 수입 수준에서 많은 보험료를 내는 것이 아닌지 확인하고, 해약에 대비해 해약환급률이 높은 상품을 선택해야 하며, 사고를 대비한다면 반드시 비슷한 조건의 정기보험과 비교하여야 한다. 사망률이 낮은 20~30대는 종신보험보다 다른 보험을 우선적으로 고려하는 것이 유리하고 보험회사의 자산규모와 지급여력을 확인할 필요가 있다.

　일반적으로 보험 상품은 사업비가 적을수록, 수익률이 높을수록 계약자에게 유리하다. 각 보험의 사업비와 수익률이 정확하게 알려진다면 그에 따라 보험을 선택할 수 있어 좋겠지만 사정은 그렇지 않다. 보험계약자들이 접할 수 있는 사업비와 수익률 정보는 극히 제한적이다.

　일단 사업비를 보면, 현재 보장성보험의 구체적인 사업비 내역은 전혀 공개되지 않고 있다. 상품에 따라 차이는 있지만 일반적으로 보장성보험의 사업비 비중은 보험료의 28%에 이른다. 연 100만 원을 보험료로 납부하면 실제 보험료로 활용되는 금액은 72만 원밖에 안된다는 의미다. 한편 일부 저축성보험은 사업비 규모가 공시된다. 지난 2010년 4월부터 변액연금보험과 변액유니버설보험의 사업비 내역이 공개되기 시작했다. 2010년 10월부터는 금리연동형 저축성보험 사업비 내용도 공개되었다.

　그러나 저축성보험의 사업비가 공개된다고 하더라도 보험계약자 입장에서는 공개되지 않는 것과 하등 다를 바가 없다. 보험계약자 입장에서는 뭐가 뭔지 알 수 없게 공시되기 때문이다.

　사업비를 파악하려는 이유는 결국 저축성보험의 수익률을 판단하기 위해서다. 계약자가 낸 보험료에서 사업비와 위험보험료를 뺀 돈만이 투자 재원이 된다. 투자 재원이 되는 돈은 특별계정이라는 별도 계정으로 보내진다. 결국 특별계정에 돈이 언제, 얼마씩 갔는지를 알아야 정확한 수익률을 계산해낼 수 있다. 그런데 이를 알 수 없으니 결과적으로 수익률을 계산해낼 수가 없다.

보험 계약을 해약할 경우 되돌려 받을 수 있는 보험금인 해약환급금에 대한 정보도 베일에 가려져 있다. 해약환급금은 보험 계약자들이 가장 궁금해 하는 정보다. 문제는 납입보험료별로 특별계정 투입 금액과 해약환급금을 산정하면서 발생할 수 있는 변수에 대한 가정이 상품별로 제각각이고 비구체적이라는 데 있다. 따라서 한 보험 상품의 해약환급금을 같은 유형의 다른 보험 상품의 해약환급금과 비교하기가 사실상 불가능하다.

예컨대 현재 보험 상품 공시에 따르면 신한생명의 '무배당신한TOP PLAN변액유니버셜보험골드'의 경우 일시납 보험료 1억 원, 남자 35세, Tops SRI주식혼합형에 100%를 투자할 경우를 가정하고 특별계정 투입 금액을 공시하고 있다. 하지만 ING생명의 '무배당파워변액유니버셜보험'은 남자 40세, 주식형, 보험가입금액 2,500만 원, 월납, 기본보험료 50만 원을 기본적으로 가정한다. 보험 계약자들이 공시를 꼼꼼히 뒤진다고 해도 이 두 상품 중 어느 상품이 보다 좋은 것인지 판단할 수 없다.

또 다른 문제도 있다. 현재 변액보험 상품 수익률은 생명보험협회 홈페이지를 통해 공시된다. 그런데 변액보험의 판매 상품 규모는 공시하지 않고, 변액보험 펀드 운용 규모만 공시한다. 따라서 보험계약자들은 개별 상품에 어느 정도 보험금이 투입됐는지를 전혀 알 수가 없다.

예컨대 2010년 8월 12일 기준 교보생명의 변액보험인 '아시아퍼시픽혼합형' 펀드의 운용 규모가 260억 4,700만 원이라는 사실은 공시를 통해 알 수 있지만, 실제 운영되는 6개 보험((무)교보변액유니버셜보험(보장형), (무)교보변액유니버셜종신보험 I / Ⅱ, (무)교보베스트플랜변액유니버셜종신보험, (무)교보VIP변액유니버셜종신보험, (무)교보변액유니버셜종신보험 Ⅲ) 가운데 어떤 상품에 어느 정도의 돈이 펀드로 투입됐는지는 전혀 알 수 없다.

보험사들이 사업비와 수익률 등 핵심 정보를 공개하지 않고 있기 때문에 보험 가입을 원하는 사람들은 보험 상품을 비교할 수 없다. 따라서 가입자들은 정확한 상품 비교 분석을 못한 상태에서 그저 보험설계사들의 조언에 의존할 수밖에 없는 형편이다.

2009년 쏘나타 운전자가 이탈리아제 고급 스포츠카를 운송하던 탁송차와 충돌, 거액의 피해금액이 나온 것이 화제가 됐다. 당시 쏘나타 운전자는 1억 원의 대물배상보험에 가입했지만 사고 차량이 4억 원이 넘는 고가라 개인이 나머지 비용을 물어야 했다.

이 사건이 화제가 되면서 운전자 사이에서 고액 대물배상보험 가입이 유행처럼 번졌다. 일부 설계사들도 "보험료 1∼2만 원만 더 내면 최소 2억 원에서 5억 원까지 억대 보장을 받을 수 있어 외제차 공포에서 벗어날 수 있다"며 가입자들에게 고액 보험 가입을 권유한다.

현재 대물배상보험 가입금액 범위는 1,000만 원, 2,000만 원, 3,000만 원, 5,000만 원, 1억 원, 2억 원, 3억 원, 5억 원 순으로 나뉘어 있다. 지난 2010년 8월 7,000만 원이 추가됐다. 자동차손해배상보장법은 1,000만 원까지는 의무적으로 가입하도록 규정하고 있다.

보험개발원에 따르면 가장 많은 가입자가 선택하는 대물 보장기준은 2005년에는 3,000만 원(49.6%)이었으나 2009년 1억 원까지 늘려 보장받는 가입자가 76.5%로 가장 많았다. 동시에 2억 원 이상 대물배상도 급증했다. 2006년 2.6%에 불과했던 2억 원 이상 대물배상은 지난 2009년 5.2%에 이어 2010년 3월 9.5%까지 늘어 10% 수준에 있다. 이 같은 추세는 최근 급격히 늘어나고 있는 외제차 수입대수와 무관하지 않다. 한국수입자동차협회(KAIDA)에 따르면 2009년 한 해 동안 등록된 수입차는 총 6만 993대로 2000년 4,414대의 13.8배, 1990년 2,325대의 26.2배다.

전문가들은 외제차 '사고폭탄'을 두려워하는 보험자들의 심리는 이해되지만 외제차가 많지 않은 지역이 아니라면 굳이 고액의 억대 보험에 들 필요는 없다. 보험개발원 자동차보험본부 상품팀장은 "보험료 간 큰 금액 차이가 나는 게 아니지만 실제 1억 원 이상의 대물피해가 나는 경우는 드물기 때문에 무작정 고액 보험에 들 필요는 없다"고 말한다.

고액보험으로 갈수록 상품 간 보험금 차이가 적은 것도 소비자들을 현혹시키는 부분이다. 보험개발원에서 예시한 중형차의 대물배상 보험료를 보면 3,000만 원과 5,000만 원을 보상해주는 대물보상 보험료는 각각 21만 1,800원, 22만 3,000원이다. 두 상품의 1년 보험료 차이는 1만 1,200원이다.

반면, 1억 원을 보상해주는 대물보상 보험료는 22만 7,900원으로 5,000만 원 상품과는 4,900원 차이에 불과하다. 5,000만 원을 대물보험을 생각했던 소비자라면 5,000원을 더 내고 1억 원 상품에 가입할 확률이 높다. 3억 원과 2억 원 보험 간의 차이도 6,000원에 불과하다.

소비자 입장에선 큰 금액이 아닐지 몰라도 1대당 5,000원씩 더 내면 보험사는 1년에 수백억 원의 보험료를 추가로 더 받아내는 셈이다. 물론 보험사 측에선 고액으로 갈수록 사고 확률이 적어지기 때문에 보험료 간 금액차이가 적다"고 항변하지만 문제점은 이것만이 아니다. 보험사에서 1억 원이 지급되는 사건이 실제 얼마나 되는지 공식적으로 밝히지 않고 있다. 수입차가 늘어났기 때문에 억대 보험에 들어야 한다고 강조하지만 정작 실제 억대 사고가 얼마나 나는지는 보험사만이 알고 있는 것이다.

자동차 보험료가 오르는 데는 대차료제도의 취약함이 한몫한다. 대차료는 자동차 사고 발생 시 차 수리기간 피해자가 다른 자동차를 사용할 때 발생하는 대여차량 비용을 보험사가 지급하는 것을 말한다. 하지만 일부 렌터카 업체들이 약관상 명확한 대차료 지급기준이 없다는 점을 악용해 보험사에 보험금을 과도하게 청구해왔다. 이는 고스란히 소비자 피해로 이어졌다. 피해자가 차를 빌리지 않을 때 지급되는 금액(비대차료)이 적었기 때문이다. 차량 피해자의 상당수는 차량 렌트 대신 비대차를 원했지만 비대차료가 실제 대차료의 20%에 불과해 불만이 높았고 일부 렌터카 업체에선 소비자에게 돈을 주면서 대차 선택을 유도하기도 한다. 이는 결국 보험금 누수로 이어지고 보험료를 올리는 요인으로 작용하는 것이다. 금감원에선 2011년 상반기에 현재 대차료의 20%인 비대차료 지급액을 30%로 10%포인트 상향 조절하기도 했다. 과도하게 지급되는 대차료를 줄여 비대차료 지급액을 늘리겠다는 방침이다.

이런 조치에도 불구하고 수입차 운전자들의 보험료는 크게 올랐다. 2010년 9월부터 자동차 보험료가 기본보험료 기준으로 평균 4% 정도 올랐지만 수입차 운전자의 체감 인상폭은 이보다 훨씬 커졌다. 이유는 지난 2010년 4월 '차량 모델별 등급제도'가 개선되면서 제작사별로 같은 보험료를 적용받던 외제차의 등급이 국산차와 마찬가지로 차종별로 21등급으로 세분화됐기 때문이다. 결국 수입차 운전자들은 기본보험료 4% 인상분 외에 추가로 자차보험료 인상분을 보험료로 내야 한다. 이로 인해 수리비와 부품값이 비싼 수입차의 자차보험료가 최고 45%까지 오른 이유이기도 하다.

자동차를 구입한 한 직장인은 자동차보험 가입을 두고 고민을 많이 했다. 이는 판매채널이 어디냐에 따라서 보험료 차이가 크기 때문이다. 과연 얼마나 차이가 날까. 손해보험협회에서 제공하는 상품비교공시를 보면 30대, 40대, 50대의 자동차 보험료를 가상으로 설정해 비교해 본 결과 31세 남성 운전자가 자신의 소형(1,600cc)자동차를 처음 자동차보험(30세 특약, 1인 기준)에 가입했을 경우 오프라인보험은 최대 123만 4,420원, 최소 81만 9,390원이었다. 반면 온라인자동차보험은 최대 82만 7,570원, 최소 69만 540원이었다. 공시대로라면 온·오프라인 보험료가 54만 3,880원의 차이가 발생하게 되는 것이다.

온라인자동차보험이 설계사를 통해 가입했을 때보다 더 저렴한 이유는 사업비에 해당하는 중간 마진이 빠지기 때문이다. 일반적으로 설계사를 통해 보험계약이 체결될 경우 설계사 수당과 수수료가 붙게 된다. 반면 온라인에서 판매되는 보험은 이러한 중간 마진이 빠지게 된다.

하지만 손해보험협회에서는 "특정 채널이나 특정 회사의 보험료가 무조건 저렴하다고 판단하는 것은 옳지 않다"며 "특히 어느 회사의 보험료가 싸다고 하는 것은 거짓말"이라고 단언한다. 즉, 보험료는 회사별로 그 책정기준이 다르기 때문에 일률적으로 판단하기 어렵고, 동일한 조건을 갖고 있어도 비교하는 것은 쉽지 않다고 주장한다. 단순 수치만으로는 보험 비교가 더욱 어렵다는 얘기다. 특히 자동차보험을 제외한 다른 다이렉트보험은 그 비교가 쉽지 않다. 자동차 다이렉트보험은 우선 비교적 가입절차가 간단하다. 하지만 장기보험을 비롯한 일반보험은 사정이 다르다. 보장내용과 가입조건 등의 변수가 많아서 비교자체가 쉽지 않기 때문이다. 결과적으로 소비자들은 제 돈 다 내고도 보험사가 제공해주는 제한된 정보만으로 대응해야 하니 언제까지 보험사들의 이런 횡포에 놀아나야 하나. 과연 온라인 보험이 싼 것은 비지떡이고 오프라인 보험상품의 비싼 것만 믿을 수 있는 것일까?

건강보험료 30조, 민간보험료 150조,
적립은 찔끔, 지출은 펑펑

〰〰

건강보험이 2000년 지역·직장 의료보험을 통합한 지 10년 만에 또다시 적립금 고갈 위기를 맞고 있다. 국민건강보험공단 자료(동아일보, 2010.7.5)에 의하면 2010년 1조 8,000억 원의 적자가 예상되자 보험료를 더 걷고 경비를 절감해 적자를 1조 3,000억 원으로 줄였다고 발표하였다. 하지만 이 같은 노력에도 불구하고 2010년까지 쌓아 놓은 적립금 2조 2,586억 원은 2011년에 바닥날 것으로 보인다. 적립금이 고갈되면 공단이 환자를 진료하는 의원과 병원에 지불해야 할 돈이 줄어든다. 보험을 통합한 이듬해인 2001년 건강보험 재정이 고갈된 것처럼 10년 만에 또다시 건보 재정 위기를 맞게 됐다는 얘기다. 문제는 이 같은 건보 재정의 적자가 현재의 시스템에선 바뀌지 않는다는 데 문제가 있다. 건보 재정의 악화는 의료비 보장률 하락으로 이어지고 국민들은 사(私)보험에 의존할 수밖에 없어 의료비 지출이 늘어난다. 현재

‖‖

추세대로라면 2024년 한국 국민 1인당 의료비 지출액은 세계 최고가 된다. 건보공단 자료에 따르면 한국인은 2024년 국내총생산(GDP)의 16.08%를 의료비에 쓰고 1인당 지출비가 세계 1위에 오른다. 이에 따라 건강보험 체제를 지금 바꾸지 않으면 국민 건강을 위협하는 암울한 의료 현실을 맞을 가능성이 높다는 것이다.

국민건강보험공단이 2010년까지 쌓아놓은 적립금은 2조 2,586억 원으로 전국의 병원과 의원이 한 달간 환자를 진료한 뒤 공단에 청구하는 액수와 비슷한 규모다. 2010년 당기 적자가 1조 3,000억 원이기 때문에 적립금은 2010년 연말에 9,000억 원으로 줄었다.

원래 공단의 법정 적립금은 18조 원인데 보험급여비에 들어가는 돈의 6개월분을 쌓아야 비상사태에 대처할 수 있기 때문이다. 2010년 적립금 9,000억 원도 2011년이면 고갈된다. 2011년에도 건강보험 재정 지출이 2010년처럼 10% 이상 늘어날 것이기 때문이다.

적립금 고갈은 2001~2002년 건보 재정 파탄 사태를 닮아가고 있다. 2000년 7월 1일 지역과 직장 의료보험이 통합된 직후 직장 의료보험조합이 쌓아두었던 1조 원의 적립금은 일시에 날아갔다. 보험료 징수율이 낮았던 지역의료보험의 적자를 충당하는 데 쓴 것이다. 당시 정부는 부랴부랴 건강보험료를 연 8.5% 올리고 담배 등에서 건강증진기금을 거둬 메웠다. 그런데 지금은 이런 비상 대책을 세우기도 쉽지 않다. 건보 재정에서 효자 노릇을 하던 건강증진기금 지원은 법률상 2011년 12월에 중단된다. 건보 재정은 정부의 일반 회계에서 나오는 지원금에만 의존해야 하는데 그 재원을 마련할 길이 막막하기 때문이다.

공단은 의보 통합과 의약분업 이후에도 1970년대 말 설계한 저보험료-저수가 구조, 비효율적인 보험관리 체제를 고치지 않은 채 보험 적용 대상과 가입자를 늘려왔다. 의보 통합 전 각 의보 공단이 경쟁적으로 조직 관리를 통해 보험료를 아끼고 지출을 억제하는 메커니즘도 작동을 멈췄다.

건보 재정이 2001, 2002년 고갈에 빠졌다가 국고 지원금 등으로 2004년 당기 흑자로 돌아서자 당시 참여정부는 보장성 강화에 주력했다. 차상위 계층 300만 명을 건강보험에 편입하고 보험 적용 분야를 확대해 재정에 큰 부담을 줬다. 지금의 보험재정도 국고 의존 상태에서 벗어나지 못하고 있다. 2001년부터 2009년까지 보험재정에 쏟아부은 국고 지원금은 34조 원에 이른다.

보험재정의 국고 의존도를 높이는 또 다른 축은 급격한 의료비 지출이다. 만성질환을 앓는 노인인구의 급증은 의료비 지출을 늘리는 가장 큰 요인으로 꼽힌다. 노인성 질환자의 진료비는 2008년 2조 2,000억 원으로 2002년보다 3.8배 증가했다. 지난 2010년 노인성 질환에 투입된 진료비는 전체 보험 지출에서 30%를 차지했다. 이 밖에 의약분업 이후 급증한 약제비, 높은 외래진료 수진율, 3차 의료기관 환자 쏠림 같은 의료전달체계 붕괴 등도 재정부담을 가져왔다.

건강보험 재정이 파탄나면 그 피해는 고스란히 가입자에게 돌아간다. 병·의원이 보험재정에서 급여비를 받지 못할 경우 환자 진료를 거부하거나 보험이 적용되지 않는 진료과목만 선택할 가능성이 있다. 지금도 대형병원은 보험이 미치지 않는 비급여 항목을 선호한다.

비급여 확산은 공(公)보험의 성격을 변질시킨다. 경제협력개발기구(OECD) 국가 평균에 비할 때 한국의 의료비는 계속 늘어나고 있지만 건강보험의 보장률은 계속 후퇴하고 있다.

지금 OECD 국가의 보장률은 평균 80% 이상 수준이다. 한국의 보장률은 2007년 64.6%에서 2008년 62.2%로 떨어졌다. 이런 추세가 계속되면 우리나라 건강보험의 보장률은 50%대로 추락할 수도 있다. 공보험이 힘을 잃자 민간의료보험과 사적 의료비가 매년 12% 이상씩 폭발적으로 증가하고 있다. 지금의 건강보험체제를 고치지 못하면 미국과 유사한 규모의 의료비 부담과 공적 의료보험의 대폭 축소라는 사태를 맞이할 것이기 때문이다.

한 사례를 보자. 2024년 만성골수성백혈병을 말끔하게 고치는 기적의 신약이 나왔다. 그러나 백혈병에 걸린 딸에게 부모는 이 약을 사줄 수 없다. 이는 제약사에서 제시한 약값을 부담하기엔 너무 비싸고 건강보험은 재정이 바닥나 약값을 보조해주지 않기 때문이다.

췌장암에 걸린 한 환자의 경우, 암 중에서도 생존율이 가장 낮은 췌장암이지만 새로운 수술법으로 수명을 연장할 수 있는 길이 열렸다. 그러나 이 환자는 가족에게 부담주지 않기 위해 그냥 이대로 죽겠다고 선언했다. 새로운 수술법은 건강보험을 적용받을 수 없는 비급여 수술이기 때문이다.

돌이켜보면 2010년에는 사정이 훨씬 나았다. 2010년 암 환자가 부담하는 자기부담률이 10%에서 5%로 줄었다. 암 치료에 100만 원이 들었다면 5만 원만 내면 됐다. 나머지는 건보에서 지원했다. 그러나 이제 5%만 내고 치료받을 수 있는 항목이 몇 개 되지 않는다. 병원은 건보가 적용되지 않는 비급여 검사와 수술을 받아야 제대로 치료할 수 있다고 주장한다.

감기약을 받으려면 멀리 떨어진 의원까지 가야 한다. 이제 감기 같은 질환을 치료하겠다며 의원 문을 열어놓는 곳은 거의 없다. 똑똑한 의사들은 비급여를 부담할 수 있는 환자들을 대상으로 진료한다. 건보의 주머니가 홀쭉해지면서 정부는 병원에 수가를 올려주겠다고 협상할 여력이 없다. 이미 의료행위의 대부분은 사보험 시장이 장악하고 있기 때문이다.

이처럼 새로운 항암제나 수술법이 나와도 건보가 거의 적용되지 않는 현실은 일부 주장처럼 영리병원이 도입돼 생기는 것이 아니다. 지금 체제 그대로 10여 년이 지나 건보 재정의 적자가 누적되면 얼마든지 현실화될 수 있다.

2008년 사보험 시장은 12조 원 규모였다. 국민이 모아놓은 건보 재정은 24조 원으로 두 배 가량 높았다. 건보가 보장하던 의료비 비율은 2007년 64.6%에서 2008년 62.2%로 하락했다. 공보험이 보조해주는 부분이 줄어들면서, 불안한 사람들은 사보험 가입에 매달리게 된 것이다. 국민건강보험공단에 따르면 현재 2 대 1 비율인 공보험 대 사보험 비율이 2024년부터 1 대 1 정도가 될 것으로 예상한다.

정말 몸이 아플 때 공보험은 도움이 안 될 수도 있다. 실제로 2007년 전체 국민의료비 66조 원 중 건보의 급여비는 24조 5,000억 원이었다. 건보공단이 국내총생산(GDP) 증가율 연 5.7%를 적용해 현재의 의료소비량을 함께 추산해 본 결과, 2015년에는 전체 국민의료비 149조 원 중 건보공단 수입(국민이 모은 돈)은 66조 원이 된다. 즉 2007년 비급여비용과 개인이 따로 드는 사보험 비용은 41조 5,000억 원이었지만 지금 아무런 대책을 세우지 않을 경우 2015년 83조 원으로 두 배가량 뛰는 것이다. 이 때문에 공보험이 무너지기 전에 시스템을 개혁해야 한다는 목소리가 높아지고 있는 것이다.

갈수록 높아지는 국민의료비를 충당하기 위해 건강보험 외에 많은 사람이 실손보험 등의 민간보험을 들고 있어 이중비용이 발생하고 있는 현실이다. 그렇다면 실제로 우리가 의료비로 지불하는 총비용은 얼마일까?

보험연구원자료에 의하면 건강보험료(건보료)를 내면서도 국민의 10% 이상이 추가로 민간보험을 드는데 그 민간보험이 2011년 약 150조 원 정도이다. 연간 약 30조 원인 국민건강보험의 5배이고 국내총생산(GDP)으로 보면 유럽의 2배가 넘는 1%에 해당하는데 왜 많은 사람이 건보료는 아까워하면서 민간보험은 가입 안 해준다고 걱정인 것일까? 건강보험으로 받을 수 있는 혜택이 제한적이니 민간보험으로 비급여 항목을 해결하겠다는 생각이지만 막상 민간보험을 타는 것도 녹록하지 않다.

소비자 입장에서 민간보험이 이 정도로 활성화돼 있다면 차라리 건보와 민간보험을 통합해서 현재 부담하고 있는 건보와 민간보험료를 합산한 금액보다 많지 않은 수준의 건보료를 책정하고 급여의 폭을 넓힌다면 오히려 현재보다 돈을 덜 내고도 더 나은 서비스를 받는 합리적인 방법이 될 수도 있다. 의료수가를 올리는 것은 무조건 반대라고 한다면 흔히 빠지기 쉬운 %의 함정을 벗어나서 의료수가 1.9% 인상이라는 것을 들여다보면 정상 분만의 보험수가가 321,840원에서 328,250원으로 6,400원, 1.9% 오른 거다. 2010년 생산물가지수가 5.3% 올랐고 임금은 5.2% 올랐으며 전기료도 인상하였는데 이러한 물가 인상률을 밑도는 턱도 없는 수치이다. 의료기관도 살아남아야 한다.

최근 정치권에서는 무료 진료까지 들먹이는데 설령 모든 의료기관이 국영이라 하더라도 쉬운 일은 아니며 또한 싼 것, 무료가 무조건 좋은 것은 아니라는 것은 누구나 알고 있다.

저수가 정책과 약값 인하를 통해 건보 적자를 막는 것은 이제 한계에 도달했다. 보험이 되면서 현실을 외면한 채 출산비를 너무 싸게 책정해 처음에는 좋은 것 같지만 동네 산부인과가 의료보험 수가로는 세탁비, 직원의 야간근무 수당 등 병실운영비를 더 이상 감당할 수 없어 분만을 받지 않게 되었다. 아기를 낳으려면 대형 종합병원으로 가야 하고 특진비, 교통비, 산전 진찰비 등과 출산 후 산후조리원 비용까지 합친 전체 비용은 훨씬 높아져 결국 손해는 국민에게 돌아오게 되는 것이다.

건강보험 재정이 악화되면서 국민 불안이 커지고 있다. 건강보험 재정 악화로 보장성이 줄면 병원비 지출이 늘고, 민간보험 의존이 갈수록 깊어져 가계 부담이 커질 수밖에 없기 때문이다. 병원 치료를 마음 편히 받으려면 건강보험 재정을 갉아먹는 원인을 찾아 해법을 찾는 게 중요하다. 보건·의료 전문가들은 현행 의료수가 체제와 약값

거품이 '건강보험을 위협하는 5가지 원인'으로 꼽고 있다(경향닷컴, 2011.1.10).

첫째, 과잉진료 부추기는 의료수가로 우리나라 국민 1인당 연간 외래진료 횟수가 2009년 16회로 경제협력개발기구(OECD) 평균 6.8회(2007년 기준)의 2배를 훨씬 넘는다. 입원일수는 2007년 13.6일로 OECD 평균 7.2일의 2배에 가깝다. 이 같은 현상의 원인으로 전문가들은 '행위별 수가제'를 꼽고 있다. 행위별 수가제는 의사가 환자를 진찰할 때 행위별로 수가를 매기는 것이다. 진료횟수가 늘어날수록 병원이나 의사수입이 증가하도록 돼 있어 과잉진료를 부추긴다는 지적이다.

반면 유럽 등 의료선진국은 미리 각 의료기관에 재정지출 한도를 정해놓고 건강보험 급여비를 지불하는 포괄수가제를 택하고 있다. 즉, "감기에 걸렸는 데도 매일 병원을 찾기 때문에 건강보험 재정이 악화되는 것"이라며 "행위별 수가제에 대한 개선이 필요한 이유이기도 하다.

둘째, 선택진료비 등 비급여의 급증으로 건강보험공단에 따르면 2007년 64.6%까지 올라갔던 건강보험 보장률이 2008년 62.2%로 하락했고 2010년에는 50%대까지 떨어진 것으로 보고 있다. 해마다 암 등 건강보험 급여항목을 확대하고 있지만 고가 신약과 선택 진료비, 상급 병실료와 간병비 등 '비급여' 항목이 계속 늘고 있기 때문이다.

대형병원 선택진료비(특진비)의 경우 2007년 7,959억 원에서 2009년 9,961억 원으로 늘었고 2010년에는 1조 1,143억 원, 2011년에는 1조 2,466억 원으로 해마다 1,000억 원 이상씩 증가하고 있다. 정부는 그러나 비급여의 경우 병원에서 보험 청구를 하지 않는다는 이유로 실태조차 파악하지 못하고 있다. 즉, 갑상선과 전립선 수술에 쓰이는 미국산 다빈치 로봇수술 기계의 경우 아시아 지역에 총 32대가 있는데 이 중 29대가 국내에 있듯이 고가 수술장비 등에 대한 규제가 필요한 이유이기도 하다.

셋째, 꺼지지 않는 약값 거품으로 2009년 건강보험 전체 진료비 39조 원 중 약제비 비중은 29.6%(11조 4,000억 원)였다. OECD국가 평균은 17.6%로 우리나라는 이보다 1.7배 높다. 건강보험에서 차지하는 약제비 증가율 역시 13.5%로 OECD 평균의 2배 이상이다.

정부는 2006년부터 약제비 비중을 낮추기 위해 보험등재 약품목록을 정비했다. 하지만 정부는 지난 2010년 7월 시간과 절차가 복잡하다는 이유로 목록 정비를 포기하는 대신 '약값 20% 일괄 인하' 방안을 내놨다. 동일 성분 의약품 최고가의 80% 이상이면 보험적용 대상에서 제외하는 것을 원칙으로 하되, 80% 수준으로 가격을 인하하면 급여를 유지해 주겠다는 것이다. 그러나 다국적제약사의 특허약 등 고가약 위주의 처방관행이 계속되는 한 해법이 될 수 없다는 비판이 나오고 있는 것이다.

넷째, 영리에 몰두하는 병원으로 미국과 일본, 유럽 각국은 지역별로 고가 의료장비 도입 및 병상 총량을 관리하고 있다. 불필요한 의료 이용을 부추겨 건강보험 재정에 악영향을 끼칠 수 있다는 판단에서다. 그러나 우리나라는 병원 증설이나 최신 장비, 병상허가와 관련한 제도가 전무하다. 세계적으로 병상 수가 줄어드는 추세지만 우리나라는 인구당 병상수가 OECD 평균을 넘어선 2000년대 이후에도 양적 팽창이 계속되고 있다. 최근 종합편성채널 사업자 선정 이후 전문의약품과 의료기관 방송광고 허용을 둘러싼 논란도 커지고 있다. 의약품을 영리 목적으로 광고하거나 병원을 상품화할 경우 의료·의약품 남용이 우려되고 대형 병원 쏠림 현상은 더 심화될 수 있기 때문이다.

다섯째, 서민가계 뒤흔드는 민간보험으로 건강보험이 적용되지 않는 치료비가 늘수록 환자들은 민간보험에 기댈 수밖에 없다. 보험연구원에 따르면 2008년 민간보험시장은 총 110조 원(생명보험 73조 5,000억 원+손해보험 37조 5,000억 원)으로 매년 10% 안팎의 성장세를 감안할 때 2011년에는 150조 원에 이를 것으로 추정했다.

우리나라는 외국과 비교할 때 민간의료보험 시장이 과잉상태라는 시각이 많다. 민간보험을 건강보험 보충형으로 택한 유럽의 경우 국내총생산(GDP)에서 민간보험이 차지하는 비중은 0.4% 미만이지만 한국은 이미 1%에 육박했다. 민간보험사가 자료공개를 꺼리고 있는데, 연금 등 특약까지 더한다면 민간보험료 부담은 예상보다 훨씬 클 것이며 민간보험은 경제적 능력에 따라 가입 여부와 보장수준이 달라 의료서비스의 빈익빈부익부 현상을 더욱 심화시키고 있는 것이다.

날개 없는 코리아 금융허브

〰

　우리나라 금융산업은 은행을 중심으로 성장하면서 상대적으로 보험이 정책의 사각지대에 방치되어 왔다. 보험사에 지급결제 기능을 허용하는 방안이 지난 2010년 2월 국회통과가 무산된 것도 이와 무관치 않다(서울경제, 2010.4.7). 이처럼 보험산업이 정책 후순위로 밀리면서 자본시장의 발전이나 금융산업의 안정성 확보 등도 더뎌지고 있다.

　최근 금융업종간 장벽이 허물어지면서 겸업화·복합화·글로벌화 추세가 가속화되고 있다. 하지만 보험권은 제도적 지원이나 규제의 불균형 탓에 손발이 꽁꽁 묶여 있다. 지난 참여정부 이후 자본시장법 시행, 금융지주회사법 개정 등 '코리아 금융허브'를 위한 정부의 규제 완화나 제도적 지원이 은행·증권업에 집중된 탓이다.

　금융권역간 겸업업무를 보면 보험권의 홀대 현상이 적나라하게 드러난다. 보험판매나 개인·퇴직연금 상품은 보험의 고유 업무인 데도 은행·증권사에는 허용한 것이 단적인 예다. 은행은 본디 고유 업무가 아닌 신용카드업으로 막대한 시너지와 수익을 창출하고 있다. 반면 보험권은 예·적금 판매는 은행 고유 업무라는 이유로 취급하지 못하고 있다. 지급결제 기능도 보험사만 허용하지 않고 있다.

보험사들이 제도적 제약 탓에 글로벌 보험사나 국내 다른 금융권과 달리 자산관리서비스를 확대하지 못하고 새 사업모델도 발굴하지 못하면서 성장동력이 약화되고 있는 것이다. 자본 조달 측면에서도 보험권에 대한 제약이 너무 많다. 은행은 현행 상법대로 차입에 제한이 없다. 채권 발행도 은행은 자기자본의 3배부터 10배까지 허용하고 있다. 이에 반해 보험은 차입이나 채권 발행 모두 후순위 외에는 규제장벽이 쌓여 있다.

사정이 이런데도 정부의 자금지원은 은행권에 몰리고 있다. 외환위기 이후 구조조정 과정에서 은행은 46조 원의 혈세를 지원받았다. 보험사 지원 금액은 8조 7,000억 원에 그쳤다. 글로벌 금융위기 와중에 외화유동성 공급, 채권시장안정펀드 조성 및 은행자본확충펀드 추진 등도 대부분 은행 지원용이었다.

이 같은 은행 중심의 금융정책은 은행의 지배력 강화와 금융권간 불균형 심화로 이어지고 있다. 서울경제(2010.4.6) 보도자료에 의하면 현재 전체 금융자산 중 은행의 비중은 71.5%에 이른다. 반면 보험은 14.8%, 증권은 3.9%에 불과하다. 또 가계금융자산 가운데 현금·예금이 차지하는 비중은 42.9%에 이르는 반면 보험·연금은 22.8%, 펀드 및 주식은 31%에 그치고 있다. 선진국의 경우 보험·연금 비중이 압도적으로 높은 것에 비해 대조적이다. 미국의 경우 현금·예금 13.3%, 펀드 및 주식 26.0%, 보험·연금 30.8%로 구성되어 있다(서울경제, 2010.4.7).

이 때문에 우리 금융산업의 발전을 위해서라도 보험산업 육성은 더 미룰 수 없는 과제로 떠오르고 있다. 보험산업을 키워 금융산업의 균형적인 발전을 이루는 것이 시급하다는 얘기다. 특히 경쟁자가 없어 규모는 커졌지만 글로벌 경쟁력이 상대적으로 떨어진 은행산업의 발전을 위해서도 보험을 대항마로 키우는 것이 무엇보다 필요하다. 은행, 보험, 증권을 가릴 것 없이 규제나 제도적 틀이 공정해야 한다. 은행도 다른 금융권으로부터 자극 받아야 더 성장할 수 있는 것이다.

보험산업을 키우기 위해서는 우선 보험사들도 은행처럼 자산관리 등 종합금융서비스를 제공할 수 있도록 해줘야 한다. 겸업화 추세에 맞춰 업무영역의 제한이나 자산운용 규제를 풀어 수익 구조를 다변화하고 대형화·글로벌화를 촉진해야 한다. 일본이나 서유럽처럼 보험사가 예·적금 등 은행상품을 취급하는 어슈어 뱅킹을 도입하고 신용카드업을 겸영할 수 있도록 해야 한다.

보험상품에 대한 세제혜택 확대도 절실하다. 이는 보험산업 육성은 물론 고령화 대비책이 될 수도 있다는 점에서 서둘러 해결해야 할 과제다. 현재 개인·퇴직연금의 소득공제 한도가 300만 원, 종신·자동차·실손의료보험은 100만 원에 불과해 턱없이 부족한 실정이다. 정부의 세수 결손 우려는 이해되지만 세제 혜택이 확대되면 장기적으로는 재정 적자가 줄어들 수 있다. 지금 민간의 돈을 끌어들여 노후대비 자금을 확보하면 고령화 사회가 되었을 때 오히려 정부의 재정 부담은 줄어들 수 있다.

현재 보험산업이 금융산업의 안전판 역할을 톡톡히 하고 있으며, 그

IV 4,000만 원 vs 4억 원

진가는 글로벌 금융위기 극복과정에서 유감없이 발휘됐다.

경제협력개발기구(OECD) 보험위원회는 지난 2010년 7월 보고서에서 "보험 산업은 보수적이고 장기적인 투자 관행으로 금융시장을 안정시키는 데 도움을 줬다"고 주장한다. 실제 OECD국가의 은행권 손실(자산상각)은 1조 90억 달러에 달했지만 보험권은 2,500억 달러에 그쳤다. AIG 사태의 경우 보험 사업이 아닌 비보험 사업의 부실이 그룹 전체의 위기로 이어졌기 때문이다. 더구나 보험산업은 금융위기 와중에도 보험료 수입이 지속적으로 늘고 자본시장에 재투자되면서 금융위기의 충격을 덜어냈다. 최근 금융위기가 투자로의 쏠림과 신용위험으로 유발된 점을 감안할 때 금융시장 안전판으로서 보험산업의 역할은 더 커질 것이다.

국민경제 측면에서 보험산업의 중요성은 이뿐만이 아니다. 보험사의 경우 장기 채권에 투자하는 만큼 장기금리를 안정시켜 실물경제를 활성화시키는 촉매제 역할을 한다. 장기금리가 떨어져 증시가 활성화되면 혁신·벤처 기업에 대한 투자가 늘어나 미래산업의 성장을 촉발시킨다. 고용창출 등 다른 산업에 미치는 영향이 금융업 가운데 가장 크다는 것도 강점이다. 매 정권마다 정치인들의 정치적 입김과 논리에 따라 산업의 향방이 좌우되는 현실에, 우리는 언제 진정한 국민을 위한 국민에 의한 자율경쟁과 신뢰할 수 있는 혜택이 부여될 수 있는 믿음직스러운 정부를 기대할 것인가.

V

대궐청사
VS
공룡청사

허·세·경·쟁 ● 거·품·방·정·식

국가부채: 경제 아킬레스건 요주의 1순위

❧

　우리나라 재정 건전성에 대해 대외적 평가는 꽤 후한 편인데 국내에서는 난리들이다. 국제신용평가기관 무디스는(한국일보, 2010.4.22) 최근 우리나라 국가신용등급을 환란 전으로 되돌려 놓으면서, "세계 경제 위기에도 정부 국채가 크게 늘지 않고 적정 수준에서 유지되고 있고, 재정적자 규모도 상대적으로 적다"고 평했다. 메릴린치, 뱅크오브아메리카 등 해외 투자은행들도 우리 정부보다도 더 낙관적인 재정수지 전망을 내놓은 것이다.

　그렇다면 정말 일각에서 이유 없는 트집을 잡고 있는 것일까, 아니면 정부나 외부에서 들이대는 잣대가 너무 안이한 것일까. 우리나라 국가채무를 바라보는 정 반대의 시선은 국가든 기업이든 가계든, 적정한 빚은 활력소다. 빚을 내서 투자를 하고, 이자보다 더 많은 수익(효과)을 낼 수 있으면 된다. 그래서 빚의 절대규모를 두고 '많다, 적다'를 따지는 건 부질없다. 중요한 건 빚을 감당할 수 있는 능력이다. 2009년 국가채무(359조 6,000억 원) 중 중앙정부 채무(346조 1,000억 원)에 대한 이자

부담은 연간 14조 4,000억 원에서 2010년 20조 원을 넘어섰다.

절대적으로 큰 금액이긴 하지만, "적어도 당분간은 우리 경제가 감당할 수 있는 수준"이라는 데 이견은 많지 않다. 지금은 수입과 지출이 비교적 안정돼 있기 때문에 관리 가능한 수준으로 봐야 된다. 조세연구원도 국내총생산(GDP)의 30% 중반대에서 관리가 이뤄진다면 우리 경제규모가 감당할 수 있는 규모라고 진단했다.

하지만 지금 당장이 아닌, 중장기적인 빚 감당 능력에 대해선 회의적인 시각이 많다. 저출산·고령화와 성장 잠재력 둔화, 그리고 통일비용까지 우리 사회의 구조적인 문제를 감안한다면 점진적 재정 악화는 불가피하다는 것이다. 삼성경제연구소는 2040년 GDP 대비 국가채무 비율이 90%를 넘어서면서 재정위기가 발생할 위험에 직면할 거라는 전망까지 내놓고 있다. 과거에 정부 예산에서 수익성 높은 경제사업이 차지하는 비중이 높았지만 이제는 수익성이 낮은 복지예산 비중이 커질 수밖에 없는 것이 현실이며, 기업이나 국가나 성숙기에 접어들면 빚을 갚을 능력이 현저히 떨어진다는 걸 감안해야 된다. 또 하나 눈 여겨 봐야 할 것이 국가채무의 증가 속도다. 외환위기 전인 1997년 GDP의 12.3%에 불과하던 국가채무는 2009년 33.8%까지 치솟았다. 누가 봐도, 가파른 기울기인 것만은 분명하다. 2009년 재정수지 적자 역시 예상보다 줄긴 했어도, 43조 2,000억 원으로 사상 최대 규모에 달했다. 브레이크가 작동하지 않으면 추세적인 상승을 억제하기 쉽지 않다는 지적이 나올 수밖에 없다.

일부 전문가들은 이런 지적에 동의하면서도 지난 10여 년간 두 차

V 대궐청사 vs 공룡청사

례의 위기라는 특수요인 탓에 빚이 늘어났다는 점을 강조한다. 환란 극복 과정에서 투입한 공적자금에 대해 정부가 보증을 선 것이 2003년 이후 일부(49조 원) 국채로 전환되면서 빚 증가 속도가 빨라졌으며, 증가 속도가 주춤해질 무렵 다시 글로벌 금융위기라는 또 다른 위기로 재정 지출을 늘릴 수밖에 없었던 것이다. 위기라는 예외적인 요인을 배제하고 나면, 국가채무 증가 속도가 완만하다는 것이다.

하지만, 위기까지도 통제 대상에 포함시켜야 한다는 지적이 많다. 환란 때문이니 글로벌 금융위기 탓이니 하는 변명이 많지만 역사적으로 봤을 때 앞으로도 그런 위기는 되풀이될 것이며, 평상 시 재정을 건전하게 유지해야 되는 이유도 주기적으로 닥치는 위기 상황에 대비하기 위한 것이다. 이젠 채무 증가가 추세로 자리 잡았다고 봐야 한다.

국가채무 얘기가 나오면 정부가 '전가의 보도'처럼 꺼내 드는 게 국제 비교다. 2009년 기준으로 GDP 대비 국가채무 비율(33.8%)이 일본(218.6%)을 비롯해서 미국(84.8%) 프랑스(78.0%) 독일(78.7%) 영국(68.7%) 등 주요 선진국에 비해 절반에도 못 미친다는 것이다(한국일보, 2010.4.22).

문제는 국가마다 사정이 다 다른데 단순히 수치만을 놓고 비교하는 것이 타당하느냐는 점이다. 기축통화(달러) 보유국인 미국이야 말할 것도 없고, 그리스 재정위기사태에서 확인된 것처럼 유럽국가들은 유럽연합(EU)이라는 든든한 지원군이 있다. 국가채무 비율이 가장 높다는 일본도 대외채무는 별로 없어서 국가부도위험은 그리 크지 않다.

이뿐이 아니다. 각국 재정적자의 성격이 어떤지, 앞으로 복지예산

수요가 어느 정도 되는지, 빚을 끌어다가 어디에 쓰는지 등등 나라마다 사정이 제각각이며 이런 요인을 모두 배제한 채 단순 비교로 우리나라는 괜찮다고 단언하는 건 어불성설이다. 즉 기댈 곳도 없고, 위기 충격이 심하고, 앞으로 돈 쓸 곳도 많은 우리나라 내부 현실을 직시해야 한다는 것이다.

국가채무의 관리책임은 정부의 몫이다. 정부의 의지와 관리능력에 따라 국가채무는 위험해질 수도, 안전해질 수도 있다. 건전재정으로 가기 위해선, 무엇보다 정부 스스로 주먹구구식, 근시안적 재정운용에서 벗어나야 한다.

현재 정부는 재정건전성 제고를 위해 2004년부터 매년 향후 5년치의 재정운용계획을 수립, 국회에 제출하고 있다. 5년간의 계획을 미리 세움으로써, 재정운용을 건실하게 꾸려가겠다는 취지다. 하지만 실상 재정운용계획은 '수립'만 될 뿐 '운용'은 되지 않고 있다.

국회예산처가 2009년 말 작성한 '국가재정운용계획 평가 및 과제'에 따르면 48개 세부항목 가운데 43개가 목표에 미치지 못했다. 점수(목표달성률)로 환산하면 100점 만점에 10점인 셈이다. 특히 재정수지의 경우 단 한번도 목표를 달성하지 못했다.

재정준칙이란 재정수지, 국가채무, 총지출 등의 재정지표에 대해 구체적인 목표 수치를 밝히고 이를 달성하겠다는 의지를 명시하는 것으로 막연히 '세입 내 세출' 같은 원칙으론 재정건전화를 기할 수 없다. 주요국 중에선 90년대 재정 악화로 고민하던 미국 클린턴 정부가 총지출 한도를 명시한 재정준칙을 통해 재정을 크게 개선시킨 적이 있다.

V 대궐청사 vs 공룡청사

불필요한 지출을 최소화하는 것만큼 재정에 이로운 것도 없다. 삼성경제연구소는 재정운용계획에서 예산지출 총액에 대한 전망을 하고는 있지만 예상편성시 과거의 전망치를 준수할 의무는 없는 상황이며, 대규모 지출이 수반되는 사업의 경우 관계법 법안 제안 시 지출소요를 충당할 수 있는 재원을 포함하도록 의무화해 재정위기 발생 가능성을 차단해야 한다고 말한다. 재정준칙 도입에 대한 목소리가 탄력을 받고 있는 것도 이 때문이다. KDI 재정사회정책 선임연구원 또한 "우리나라도 경제위기와 인구고령화로 재정이 급격히 악화하고 있는 만큼 재정준칙을 도입할 필요가 있다"고 말한다. 이렇듯 미래지출에 대한 구속력을 강화하면 불필요한 지출은 줄어든다.

재정건전성을 위해 정부의 감세기조에도 변화가 필요하다. 정부가 경제 활성화를 목적으로 감세로 방향을 잡았지만 금융위기를 거치면서 재정건전성 문제가 더 시급해진 만큼 정부의 감세 기조는 재고돼야 한다. 특히 국가가 발전할수록 교육·복지·치안 등 정부의 역할이 커지게 되고 이에 따라 정부의 사이즈가 커지면 조세부담률을 올려야 하는 게 일반적이며 세수확대에도 여지가 있는 상태에서 국채 등을 발행하는 것은 맞지 않다.

대한민국은 지금 '빚 논쟁'중이다. 국가채무와 공기업부채, 그리고 가계부채까지 한쪽에서는 "위험 수위를 넘어섰다"며 연일 경고 메시지를 보내고, 다른 한쪽에서는 "지나치게 호들갑을 떨 필요가 없다"고 손사래를 친다. 분명한 건, '대한민국의 빚'은 현재 시점의 위험 요인이 아니라 해도 미래의 잠재적 위험 요인으로 관리가 필요하다는 점이다.

국가든 기업이든 가계든 일단 빚이 감당할 수 있는 수준을 넘어서면, 빚이 빚을 낳는 악순환의 늪에서 헤어나기 어려운 만큼 선제적인 대응이 필수적이다.

국제통화기금(IMF)도 '글로벌 금융안정 보고서'에서 "전 세계 정부 부문의 급속한 부채 증가가 금융시스템에 새로운 위협이 되고 있다"고 경고한다. 이제는 단편적 논쟁에서 벗어나, 어느 점이 위험하고 어떤 것을 통제해야 되는지 섬세한 논의가 필요하다는 지적이다.

우선 국가채무로 국내총생산(GDP) 대비 국가채무 비율(33.8%)이 경제협력개발기구(OECD) 회원국 평균(75%)의 절반에도 못 미친다지만, 미래 전망은 어둡다. 국회예산정책처는 "저출산·고령화와 성장 잠재력 둔화는 필연적으로 '세입 감소-세출 증가'로 이어질 수밖에 없다"고 말한다. 이는 줄줄이 재정위기에 빠지고 있는 OECD 국가들의 평균을 마치 준거 기준처럼 삼아서는 곤란하다.

두 번째로 공기업부채로 4대강사업, 세종시 등으로 국가의 빚을 공기업이 대신 떠안으면서 2009년 말 23개 공기업의 부채 총액은 1년 새 20.4% 불어나며 사상 처음 200조 원을 돌파(213조 2,000억 원)했다. 물론 빚만 늘어난 게 아니라 자산도 함께 증가(13.6%)했다지만, 모든 자산이 필요할 때 유동화될 수 없는 것 또한 사실이다. 공기업 부채를 모조리 국가채무에 포함시켜야 한다는 일각의 극단적 주장까지는 아니라도, 적어도 해당 공기업이 파산했을 때 국가가 감당해야 되는 수준까지는 국가채무로 보는 것이 타당하다는 주장에 힘이 실린다.

마지막은 가계부채로 해마다 50조 원 남짓 불어나며 2009년 말 현재 733조 6,600억 원(가계신용)에 달한다. 아직은 가계대출의 부실화 정도를 보여주는 연체율이 0.6%(2009년 11월 기준)에 머물고 있지만, '저금리 파티'가 끝나는 순간 후유증이 커질 것임은 분명하다. 특히 가계부채는 경제위기 와중에도 우리나라만 유독 늘었다는 점과 국가채무와는 달리 관리가 어렵다는 점에서 더 예의주시해야 한다. 가계부채가 대거 부실로 이어지지는 않더라도 가계의 소비를 제약하거나 금리 인상 등 정책수단을 제한하는 요인으로 작용할 소지가 크다. 국가채무든 공기업부채든, 또 가계부채든 지금 중대한 변곡점에 서 있는 것은 분명해 보인다.

적어도 재정에 관한 한, 그동안 한국은 '우등생'이었다. 환란 이후 처음 재정이 적자로 돌아선 뒤, 마이너스 행진이 이어지기도 했지만 그래도 얼마든지 감내할 만한 정도였다. 국가채무비율 역시 선진국의 절반 이하였다. 정부가 대규모 감세에 나서고, 글로벌 금융위기 이후 '슈퍼 추경' 등 과감한 재정지출 확대정책을 펼 수 있었던 것도 이렇게 믿는 구석이 있었기 때문이었다. 하지만 그 대가는 비쌌다. 재정적자는 위험 수위를 넘어섰고, 국가채무는 순식간에 눈덩이처럼 불어났다. 당장 'PIGS'(포르투갈, 이탈리아, 그리스, 스페인) 국가나 미국, 일본, 영국 등에 비할 수준은 아니지만, 우등생 지위가 삐걱대기 시작한 것은 분명하다.

재정은 일단 붕괴되면 그 충격의 깊이와 강도가 메가톤급이라는 점에서, 그리고 다시 되돌리기가 힘들다는 점에서 과연 우리나라는 안전한지 논란이 증폭되는 양상이다. 일단 통계 수치로만 보면, "아직 괜찮다"는 정부 주장이 틀리지 않다. 2010년 국가채무는 407조 2,000억 원, 국내총생산(GDP)의 36.1% 규모다. 일본(227%) 그리스(125%) 이탈리아(120%)는 물론 미국(94%) 영국(82%) 등과 비교해도 여전히 양호한 편이다. 2009년 재정적자도 51조 원으로 GDP의 5%에 달했지만, 이 역시 선진국보다는 낮은 수준이다.

문제는 가파른 증가 속도다. 국가채무는 203조 원(2004년)→309조 원(2008년)→366조 원(2009년)→407조 원(2010년) 등 기하급수적으로 불어나는 추세이다. 특히 2009년과 2010년 2년간 불어나는 채무만도 100조 원에 육박한다. GDP 대비 국가채무비율은 2002년(18.5%)과 비교하면 거의 두 배 수준이다. 이 추세가 지속되면 머지않아 진짜 재앙이 될 수 있다. 삼성경제연구소는 "정부 예상대로 2013년께 균형재정이 이뤄진다고 해도 재정 지출이 늘면서 2050년 적자가 GDP의 10%에 이르고 국가채무는 GDP의 91%에 달할 것"이라는 끔찍한 전망을 내놨다(한국일보, 2010.2.12).

유럽발 재정위기의 진원지인 그리스의 현 재정상태에 버금가는 수준이다. 특히나 정부 예상과 달리 지금의 적자 구조가 만성화하면 재정위기 시점이 2040년으로 10년 가량 앞당겨질 것으로 내다봤다. 사실 우리나라는 세계에서 가장 고령화 속도가 빠른 나라다. 재정측면에서 고령화는 세금 낼 사람은 줄어들고, 세금 쓸 사람은 많아진다는 뜻이다. '재정위기가 빨리 현실화될 수 있다'는 경고가 잇따르는 것도 이런 맥락에서다.

전문가들은 한국이 다른 나라보다 재정문제를 훨씬 더 심각하게 봐

161

V 대궐청사 vs 공룡청사

야 한다고 지적한다. 미국 일본 등 경제대국들이야 '대마불사(大馬不死)'의 영역에 속하고, 그리스나 포르투갈 등은 결국 다른 유럽국가들이 도와줄 수밖에 없지만, 우리나라는 그런 '비빌 언덕'도 없다. 더구나 금액조차 추산키 어려운 통일비용까지 고려한다면, 현재의 재정통계수치에 안주할 일은 아니라는 지적이다.

그런 점에서 재정통계 자체를 좀 더 보수적으로 봐야 한다는 의견도 있다. 공식 국가채무로 잡히는 중앙·지방정부 채무 외에 공기업·공적 금융기관·정부보증 채무 등도 광의의 국가채무로 봐야 한다는 것이다. 공기업 채무나 보증 채무 등은 문제가 생기면 최종적으로 국가와 국민들이 떠안아야 하는 몫이다. 금융 부문의 취약성, 높은 대외 의존도, 그리고 급속한 고령화 등을 감안할 때 우리는 선진국보다 더 튼튼한 안전판, 더 엄격한 잣대가 필요한 이유 또한 미래 세대에 시한폭탄을 안겨줘서는 곤란하기 때문이다.

공공부채: 대궐청사, 허세 경쟁, 흥청망청

꧁꧂

지난 2010년 4월 14일 국제 신용평가기관 무디스는 우리나라 국가 신용등급을 한 단계 높이면서 두 가지 '우려 요인'을 제시했다(한국일보, 2010.4.22). 첫째는 단골 레퍼토리인 북한 문제였고, 다른 하나는 공기업 부채였다. 우리나라 대외신인도를 계산하는 함수에서 북한은 더 이상 변수가 아닌 '상수' 취급을 받는다는 점을 감안하면, 무디스는 한국 경제에서 가장 취약한 부분을 바로 공기업 부채 문제로 본 것이다.

과연 공기업 부채가 어느 정도이길래, 신용평가기관마저 그 위험성을 지적한 것일까? 우선 증가 속도가 심상치 않다. 기획재정부에 따르면 2009년 말 기준 23개 공기업의 총부채는 213조 2,042억 원으로 2008년에 비해 36조 1,000억 원, 20% 넘게 증가한 수치다. 2004년 83조 8,000억 원에 불과했던 것이 5년 만에 무려 2.54배로 늘어나 부채 비율 역시 전년 133.5%에서 153.6%로 급증한 것이다. 그 심각성은 민간 기업과의 비교에서도 확연히 드러난다. 자산총액 5조 원이 넘어 상호출자제한기업집단으로 지정된 45개 민간 대기업의 부채비율은

103.8%로 전년 대비 8.6% 포인트 감소했다. 외환위기를 거치면서 민간기업들이 '빚'의 심각성을 깨닫고 앞 다투어 부채비율을 낮춰온 데 비해, 공기업은 오히려 거꾸로 가고 있는 셈이다.

공기업이 벌이는 사업은 기본적으로 국책사업이다. 정부의 '대행자' 성격이 짙다. 즉, 공기업은 정부가 할 일을 대신 하는 경우가 많은데, 이런 공기업 부채는 기본적으로 국가채무 성격을 갖는다.

주택사업, 도심재개발 등의 공공사업에서 공기업이 엄청난 빚을 지고 있으나 갚을 만한 수익이 날지는 의문이다. 수익률이 낮으면 정부가 보전할 수밖에 없다. 공기업 부채가 누적되면 결국 정부를 통해 국민에게 전가될 수 있는 것이다.

정부와의 관계에서 생기는 문제는 또 있다. 일반기업이라면 적자·부채문제를 타개하기 위해 가격을 올리거나, 해당 사업을 포기하게 된다. 하지만 공기업은 국책사업이기 때문에 수지가 악화하더라도 중단할 수 없으며, 가격도 정부의 물가통제를 받기 때문에 마음대로 올릴 수도 없다. 따라서 공기업은 스스로 부채 문제를 해결하기에 한계가 있다.

물론 규모만 보고 공기업 부채문제를 평가해선 안된다. 부채 총량으로 공기업의 재정 건전성을 평가하는 것은 넌센스이며, 공기업별로 어떤 성격의 적자·부채가 있는지를 개별적으로 판단해야 한다.

공기업 부채는 현재 정부 부채(359조 6,000억 원)의 60%에 육박하는 상황이다. 당장 국민부담으로 전가되는 것은 아니더라도 이젠 보다 철저하게 관리해야 할 때가 왔다. 이와 관련, 우선 제기되는 대안은 공기업 부채 중 국가채무 성격이 뚜렷한 부분을 떼어 내 별도 관리하는 방안으로 공기업 업무에는 시장 기능과 정부 역할이 섞여 있기 때문에 이를 따로 구분해서 관리해야 한다.

공기업 재정에 대한 국민감시기능 강화를 위해 국회가 보다 적극적으로 나서야 한다. 이와 관련, 국회 기획재정위원회는 최근 자산규모 2조 원 이상 공기업(현재 14개)은 부채상황을 국회에 보고하도록 하는 국가재정법 개정안을 통과시켰으며(한국일보, 2010.4.23), 아울러 형식적 국정감사를 넘어, 정부 예산·결산심사에 준하는 감시가 이뤄지도록 기능을 보강해야 한다.

2010년 말 기준 공기업 부채 현황을 살펴보면 토지주택공사의 부채율은 125조 원에 달하며, 2009년 기준 한국전력이 288,976억 원(70.3%), 도로공사 218,418억 원(93.7%), 가스공사 177,723억 원(344.3%), 철도공사 87,547억 원(88.8%), 석유공사 86,926억 원(103.2%), 인천국제공항공사 36,917억 원(84.9%), 수자원공사 29,956억 원(29.1%), 대한주택보증 21,786억 원(69.4%), 지역난방공사 20,329억 원(233.7%), 석탄공사 13,100억 원(자본잠식), 부산항만공사 13,021억 원(39.8%), 컨테이너부두공단 11,529억 원(22,171.2%), 광물자원공사 9,006억 원(120.2%), 방송광고공사 6,456억 원(197.0%), 관광공사 3,901억 원(68.5%), 마사회 3,643억 원(18.7%), 한국감정원 3,558억 원(868.8%), 한국공항공사 2,313억 원(9.9%), 제주국제도시개발 1,787억 원(64.7%), 인천항만공사 1,073억 원(5.2%), 산재의료원 854억 원(58.5%), 조폐공사 765억 원(25.7%)이다.

국민연금과 공무원, 군인, 사학연금 등 '4대 연금' 가입자는 2009년 말 2,000만 명을 돌파했다. 취업자 10명 중 8.5명이 노후에 공적연금을 받게 된다는 측면에서는 긍정적이지만, 연금 재정이라는 관점에서 보면 상황은 달라진다. 4대 연금의 경우 시장 금리와 비교할 때, 낸 것보다 많이 받아가는 구조이기 때문에 시간이 흘러 수급자가 늘어나면 기금이 고갈되고 결국 정부 재정이 투입돼야 하기 때문이다.

실제로 공무원, 군인연금에는 이미 적자 보전을 위해 정부 재정이 투입되고 있는데, 해마다 투입액이 늘어나고 있다. 공무원연금은 5년 전 1,742억 원이 들어갔으나, 2009년에는 그 11배인 1조 9,028억 원이 투입됐다. 군인연금에도 2004년에는 6,147억 원이 투입됐으나, 2009년에는 9,400억 원으로 늘었다. 사학연금과 국민연금은 아직은 사정이 낫지만, 각각 20년과 50년 후에는 기금 고갈이 우려된다(한국일보, 2010.4.23).

문제는 '저부담-고급여'라는 연금의 구조적 모순 때문에 적자 폭이 향후 계속 확대된다는 점이다. 국민연금의 경우 수급자가 2009년 281만 명에서 2020년에는 469만 명으로 급증할 것으로 추산되고 있는데, 현행 체계가 유지된다면 2047년쯤에는 가입자들이 내는 보험료보다 은퇴자들에게 지급하는 규모가 많아지고 2060년에는 기금이 고갈될 것으로 보인다. 사학연금도 2021년에는 지출규모가 5조 원을 넘고, 2029년에는 10조 원을 돌파할 것으로 전망됐다.

국가가 지급을 보장한 만큼 연금 적자급증은 고스란히 재정 부담으로 이어질 전망이다. 2050년 171조 2,920억 원으로 예상되는 4대연금 적자를 메우기 위해서는, 아직 태어나지도 않았거나 10세 미만인 미래의 대한민국 국민이 세금을 더 내야 한다. 그렇다면 이들 공공기관의 경영을 책임지고 있는 기관장들의 경영수준은 어느 정도일까?

2011년 임기가 끝나는 공공기관장 134명 중 2009년 재정부의 경영 평가 대상이 됐던 기관장은 59명이다. 이 중 최고 등급인 '탁월'(종합점수 90점 이상) 평가를 받은 기관장은 한 명도 없었다. 80점 이상인 '우수' 평가를 받은 기관장도 2명뿐이다. 한국전력공사 사장과 한국수자원공사 사장이 '우수' 등급을 받았을 뿐이다. 그나마도 한전사장은 주주들로부터 2조 원이나 넘는 마이너스경영에 대한 변제소송을 당하면서 중도하차했다.

70점 이하를 뜻하는 '보통' 또는 '미흡' 평가를 받은 기관장이 37명이었다. 이 가운데 10명은 60점 이하인 '미흡' 성적표를 받았다. 기관장 평가 기준인 리더십, 노사관계 개선 등 공공기관 선진화, 기관별 고유과제 등에서 부진한 성과를 낸 것이다.

기관 평가성적도 좋지 않았다. 기관 평가 대상이었던 52개 기관 중 최고 등급인 S등급으로 평가받은 곳은 한국전력 한 곳에 불과했다. A를 받은 기관은 16개였고 나머지 35개는 B 이하의 평가가 나왔다. 도로교통공단, 공무원연금공단, 한국보훈복지의료공단, 국제방송교류재단, 한국보건산업진흥원, 한국전기안전공사 등 6개 기관은 C를 받았다. 대한주택보증, 부산항만공사, 인천항만공사, 한국청소년상담원, 에너지관리공단, 한국방사성폐기물관리공단, 한국산업단지공단, 가스안전공사 등 8개 기관은 D로 판정됐다.

이 가운데 도로교통공단, 보훈복지의료공단, 부산항만공사, 인천항만공사, 국제방송교류재단, 보건산업진흥원, 청소년상담원, 산업단지공단 등 8개는 2008년에 이어 2년 연속 C 이하 등급을 받았다. 청소년상담원은 2년 연속 D를 받았다.

현직 기관장 재임 기간 경영실적이 뒷걸음질 친 기관도 많다. 12개 기관은 현 기관장 취임 전인 2007년에 비해 2009년 매출이 감소했다.

한국정보문화진흥원은 2009년 매출이 236억 8,300만 원으로 2007년(697억 7,500만 원) 대비 66.1% 급감했다. 한국환경기술진흥원(-59.9%) 친환경상품진흥원(-48.6%) 한국벤처투자(-41.7%) 대한주택보증(-36.3%)도 매출이 크게 줄었다. 한국과학기술정보연구원 등 7개 기관은 매출이 2년 전보다 늘긴 했지만 증가율은 5%가 채 안 됐다. 반면, 2008년 기관장이 임명된 공기업의 부채는 급증했다. 2009년 말 135개 공공기관의 부채는 239조 6,233억 원으로 2007년의 198조 7,868억 원에 비해 40조 8,365억 원(20.5%) 증가했다.

부채 증가액으로는 한국가스공사가 9조 287억 원으로 가장 많았으며, 기관장 취임 전인 2007년 8조 7,436억 원이던 부채는 2009년 말 17조 7,723억 원으로 불어났다. 한국전력도 같은 기간 부채가 21조 6,118억 원에서 28조 8,975억 원으로 7조 원 이상 늘었다. 이 밖에 석유공사, 철도시설공단, 도로공사, 산업은행 등이 3조 원 이상 부채가 증가했다. 이러한 실적에도 불구하고 이명박 정부 초기에 임명된 134개 공공기관장들은 2009년 평균 1억 4,100만 원의 보수를 받았다. 한국투자공사(KIC) 사장 연봉이 4억 6,700만 원으로 가장 많았고 산업은행장(4억 6,200만 원), 한국기업데이터 사장(2억 7,900만 원), 기술보증기금 이사장(2억 6,400만 원), 신용보증기금 이사장(2억 4,600만 원) 등이 고액의 연봉을 받았다. 특히 한국주택금융공사 사장, 대한주택보증 사장, 예탁결제원 사장, 지역난방공사 사장 등도 2010년 한 해 동안 2억 원 이상의 연봉을 받아 경영능력과 성과와 무관한 공기업 경영의 보은적 낙하산 인사가 보여주는 전형적인 폐해가 얼마나 심각한지 잘 보여주는 대목이다. 단기에 보은적 낙하산 인사가 와서 중장기적인 전문경영계획을 요구하는 공공기관의 업무특성에도 불구하고 단기간 정부에서 요구하는 편향적 정책에 동조하고 부채증가에 따른 문책이나 제도적 보완은 없이 계속해서 늘어만 가는 빚을 언제까지나 방치만 하고 두고볼 것인가!

가계부채: 상환능력 한계, 소득보다 증가속도 빨라

꽃

한국인들의 개인 빚, 즉 가계부채가 얼마나 심각한지를 놓고 논란이 뜨겁다. 전·현직 한국은행 총재마저 엇갈린 시각을 보이고 있을 정도다. 전문가들은 대체로 가계부채의 규모가 지나치게 커졌다는 데는 의견의 일치를 보이고 있지만, 금융기관의 건전성을 해칠 정도로 위험한지에 대해서는 의견이 엇갈리고 있다.

한국일보(2010.4.24) 보도자료에 의하면 2010년 가계부채 규모는 733조 원, 가구당 빚은 4,337만 원에 이른다. 10년 전에 비해 배가 넘는 수준으로 급증했다.

문제는 가계부채 증가 그 자체가 아니다. 소득보다 더 빨리 늘어나고, 그럼으로써 빚 갚을 능력(상환능력)이 악화된다는 데 있다. 실제로 2000~2009년 개인의 가처분소득은 연평균 5.7% 증가한 데 반해 가계부채는 11.6% 증가했다. 이에 따라 부채상환능력을 나타내는 가처분소득 대비 금융부채 비율은 2009년 1.4배에 달해 미국(1.3배), 일본(1.1배), 독일(1배) 등 주요 선진국보다 높은 수준이다.

주목할 점은 글로벌 금융위기 이후 상당수 국가에서 부채축소(디레버리징)가 이뤄진 반면, 우리나라에선 유독 거꾸로 빚이 늘었다는 사실이다. 2009년 경제성장률은 0.2%였고 전국 가구의 평균 소득은 0.5% 늘어나는 데 그쳤지만, 가계부채는 6.6%나 증가했다. 우리나라 가정만 부채에 비해 구조조정을 하지 않았다는 얘기다.

가계부채가 꼭 파산으로 이어질 때만 문제가 되는 것은 아니다. 빚이 일정수준 이상으로 늘어나면 원리금 상환 부담이 커지면서 소비를 제약하고, 결국 경제의 활력을 떨어뜨린다. 이는 2009년 가계부채 증가에 따른 소비억제 효과가 소비증대 효과보다 컸기 때문인데 외환위기 직후인 1998년 이후 처음이다. 가계부채의 규모나 증가 속도가 우려할 만하다는 데는 많은 전문가들이 공감하는 반면, 얼마나 금융건전성을 위협하는 수준인지에 대해선 논란이 따른다.

우선 가계부채가 부실화할 위험이 희박하다는 쪽은 은행 담보인정비율(LTV)이 50% 미만으로 매우 낮다는 점을 강조한다. 만에 하나 주택가격이 20~30% 폭락해도 담보로 잡은 부동산을 팔아 대출을 회수하면 금융기관 건전성에는 문제가 없다는 것이다. 과연 그럴까? 미국(76.6%), 일본(70~80%), 영국(70%), 프랑스(78%) 등 주요국 LTV는 우리나라에 비해 높다.

빚을 많이 진 사람들은 기본적으로 갚을 만한 능력이 된다는 평가도 있다. 실제로 전체 가계부채의 70% 이상은 고소득층(소득 기준 4, 5분위)에 집중되어 있다. 소득이 높은 사람들이 빚을 지는 만큼, 상환에는 별로 걱정할 것이 없다는 얘기다.

V 대궐청사 vs 공룡청사

하지만 우리나라만의 가계대출 특성을 고려하면 부실위험을 작게 봐선 곤란하다. 대출자산을 유동화시켜 리스크를 분산하는 다른 선진국과는 달리 우리나라는 주택담보대출의 유동화율이 극히 낮아 최초 대출기관이 위험부담을 지속적으로 안고 가는 구조다. 그리고 우리나라에만 존재하는 전세제도를 감안할 때 대출금에 전세보증금까지 추가하면 실질 LTV가 70~80% 이상 수준으로 상승할 수 있다. 그리고 자가 입주율이 낮은 신규입주 아파트단지의 시세가 20% 이상 급락할 경우 '깡통주택'이 생길 가능성도 있다.

우리나라의 주택담보대출 중 10년 이상 장기 원리금 분할상환 방식(모기지대출)의 비율은 겨우 30%에 불과하다. 나머지는 2~3년 단위로 만기를 연장하면서 이자만 내는 방식이다. 이 방식은 주택가격 급락 등 충격이 발생했을 경우 은행들이 만기연장을 해 주지 않고 상환을 요구할 수 있어 대출자가 집을 팔아야 하는 위기에 몰릴 수 있는 점이다. 따라서 현재 상황에서 가계대출의 대량부실화 가능성은 낮지만 우리나라 경제에서 가장 리스크가 큰 부문이 가계부채인 것은 사실이며, 주택가격이 20~30%만 떨어져도 자칫 국가적 위기로 발전할 수 있는 것이다.

가계부채는 정부뿐 아니라 가계 스스로도 줄여야 할 필요가 있다는 데는 공감하고 있지만 막상 이를 해결할 묘안을 찾기가 쉽지 않다. 당장 금리 문제만 놓고 봐도 그렇다. 현재처럼 저금리 정책 기조를 유지하자니 빚은 더 늘어날 것 같고, 그렇다고 금리를 올리자니 가계의 이자부담이 커져 경기회복에 찬물을 끼얹을 수 있는 딜레마가 있다. 물론 가계 소득이 늘어 부채 상환 능력을 높여주는 것이 가장 좋은 방법이지만 가계 주요 소득원인 일자리는 좀처럼 늘어날 기미가 보이지 않는 것이 문제다.

단기적으로 빚 상환 능력이 떨어지는 취약계층을 중심으로 부채 조정에 나선 후 장기적으로 부채 상환 기간을 늘려 부채 자체의 위험도를 낮춰야 한다.

우선 빚 상환능력이 떨어지는 저소득층의 가계 부채 해결에 집중해야 한다. 최근 가계대출의 증가세가 상환능력이 있는 중산층이나 고소득층을 중심으로 이뤄져 부채 증가 자체가 큰 문제는 아니지만 저소득층들이 기존 빚을 갚지 못할 우려가 커지고 있어 주의해야 한다. 만약 이 상황에서 금리 인상이 될 경우 저소득층의 이자 부담이 급격하게 늘어나 부채가 그대로 부실로 이어질 수 있는 만큼 대책 마련이 시급하다. 즉, 경기 회복이 되고 있기는 하지만 저소득층의 경우 소득증가가 정체돼 있으며, 미소금융 등 서민금융 지원책을 보다 강화하고 저소득의 일자리 창출을 통해 충격을 최소화할 장치를 마련해 놓고 금리인상에 나설 필요가 있다. 저소득층에 대한 사회안전망을 구축한 후 단계적으로 가계부채의 재무구조를 개선시켜야 한다.

중장기적으로는 가계부채의 만기구조를 단기에서 장기로 바꿔 상환 부담을 줄여야 한다. 현재 우리나라 가계부채를 뜯어보면 원리금 상환 기간이 지나치게 짧은데다 금리 변동주기도 대부분 3개월짜리 단기에 몰려 있어 가계부채 자체를 장기간에 걸쳐 조금씩 나눠 갚을 수 있도록 해 부채 자체의 위험도를 낮춰야 한다. 소득이 급격히 늘어 빚을 빨리 갚는 것이 가장 좋지만, 현실적으로 어려운 만큼 상환 부담을 줄여주는 쪽에 초점을 맞춰야 한다. 또한 가계부채는 주로 부동산 담보대출 중심으로 늘어왔으며 "담보물건의 자산가치가 아니라 대출자의 상환능력에 따라 대출 규모를 정하는 시스템"이 정착되어야 가계부채 증가를 막을 수 있다.

가계부채가 앞으로도 매년 10% 가까이 증가할 것이다. 이는 7년 뒤면 소득의 2배 규모로 늘어날 것이란 얘기다.

금융연구원이 2010년 4월 23일 발표한 '가계부채의 연착륙 방안'보고서에서 "앞으로 우리나라의 가처분소득 및 주택가격이 과거 5년 평균치인 6.2%와 4.0% 정도 증가할 경우 향후 가계부채는 매년 약 9.7% 정도씩 증가해 2017년에 이르면 개인 가처분소득 대비 가계부채 비율이 2배를 웃돌 것"이라고 내다봤다. 이 비율은 현재 1.4배 정도다.

가계부채가 이렇게 증가하면 부작용도 커진다. 가계부채 증가는 장기적으로 소비를 위축시키는 효과가 있고, 특히 소득 대비 가계부채 비중이 한계상황에 달해 가계부실이 빠르게 확산될 경우 금융불안뿐만 아니라 경제위기를 초래할 가능성도 있다. 따라서 장기적으로 가계부채의 증가추세를 하향 조정해 소득대비 가계부채가 안정적인 수준에서 유지될 수 있도록 유도하되, 급격한 부채조정 시 경제에 단기적으로 상당한 충격을 줄 수 있으므로 점진적으로 조정하는 방안을 모색해야 그 충격을 줄일 수 있기 때문이다.

지자체경영: '공룡청사' '거품방정식'

꠳

1995년 6월 27일 전국 동시 지방선거와 7월 1일 자치단체장의 취임으로 본격 개막한 지방자치가 2011년으로 16년을 맞았다. 민선 지방자치는 지역 주민을 행정의 중심으로 전환하는 계기가 됐다. 주민 참여 확대, 단체장의 경영 마인드 확산은 지방자치의 성과라고 할 수 있다. 그러나 선심·전시행정과 지역이기주의 등 부정적인 양상도 여전하다.

조선일보(2005.6.27) 보도자료에 의하면 경기도 용인시청 직원들은 2005년 7월 중순 지하 2층, 지상 16층에 부지 7만 9,400평, 연 면적 2만 4,000평이나 되는 '대궐' 같은 새집으로 이사했다. 시청뿐 아니라 시의회, 복지센터, 체육시설이 망라되는 이 '행정콤플렉스'는 기초자치단체 청사로 전국 넘버원일 뿐 아니라 서울 세종로 정부중앙청사 본관(연면적 2만 3,604평)보다 더 넓다.

용인시는 청사를 신축하면서 행정자치부에 융자를 신청했다. 행자부는 '당초 계획한 부지 3만 3,000평에서 15%를 줄이라'는 조건 아래

55억 원을 지원했다. 그런데 용인시는 부지를 두 배로 늘렸다. "인구가 계속 늘어나고 있다"는 이유였다. 하지만 용인시 의회건물이 1998년 지은 새 건물이라는 점을 감안하면 이는 핑계일 뿐이다.

인천 옹진군 역시 2006년 6월 새 청사를 완공했다. 지하 1층, 지상 7층짜리로 공사비만 351억 원이다. 옹진군 인구(1만 5,000명)를 감안하면 선뜻 이해가 가지 않는 규모다. 옹진군은 2004년 11월 건축비용을 대려 영흥면의 작은 섬 측도 면적의 40%에 해당하는 군유지 3만 6,000여 평을 매각하려다 "섬을 팔아 청사 짓느냐"는 반발에 밀려 철회했다.

청사 건립 붐은 그뿐이 아니다. 서울 성동구는 2003년 연 면적 1만 7,000평짜리 지하 2층, 지상 14층 청사를 새로 지었다. 아예 '경영'을 생각한 듯 이·미용실, 은행, 여행사 등에 임대도 줬다. 2010년까지 400억 원을 들여 종합행정타운을 지은 경기도 여주군은 재정이 뒤따르지 않자 지방채 발행까지 하였다.

광주광역시가 1,500억여 원을 들여 완공해 2004년 3월 입주한 신청사는 지하 2층, 지상 18층에 연면적 2만 6,000여 평으로 역시 정부 청사보다 크다. 대구시 달성군은 대구시청사(연면적 5,640평)보다도 큰 지상 9층, 연면적 7,383평 규모의 신 청사를 건립해 입주했다.

이와 같이 민선 지방자치 시대 이후 새 청사를 건립한 지방자치단체는 250곳 가운데 54곳이다. 앞으로 10여 곳도 신청사 건립 대열에 가세할 예정이다. 여기에 쏟아 부은 돈이 무려 2조 9,000억 원이다.

지방자치제 실시 이후 시작된 지자체의 '허세(虛勢)경쟁'은 청사 신축뿐만이 아니라 각종 사업과 축제에서도 잘 나타난다. 경기도 하남시는 1999년 100억 원이 넘는 적자를 냈다. 그 이유는 그해 주관한 국제환경박람회 때문이다. 사업시행 초기부터 "별로 타당하지 않은 것 같다"는 지적이 있었지만 하남시는 이를 무시하고 235억 원을 들여 밀어붙였다.

이는 하남시만의 문제가 아니다. 2011년 현재 전국에서 무려 900여 개의 축제가 자치단체 주관으로 열렸다. 1개 자치단체당 한해 평균 3.6개꼴로, 적게는 수천만 원에서 많게는 수억 원의 예산이 지원되고 있다. 저마다 관광객 유치, 주민 소득증대, 지역경제활성화 등의 명분을 내세우나 그렇지만 10여 개 축제를 제외하면 대개 적자다. 당연히 축제가 자치단체장들의 과시용으로 전락했다는 비판이 나오는 이유도 바로 이 때문이다.

지방자치 16년 동안 계속 증가하는 게 또 있다. 각종 이권이나 뇌물수수와 연루된 단체장의 비리와 부패다.

행정자치부에 따르면 1995년 7월부터 2005년 2월까지 기소된 단체장은 142명이다. 2기와 3기에는 4명 가운데 한 명꼴로 각종 비리에 연루됐는데 사유는 각종 사업이나 인사를 둘러싼 뇌물수수가 대부분이다. 일례로 경기도의 경우 시장 4명이 구속 등으로 직무가 정지되기도 했듯이 10년 동안 구속된 단체장만 17명에 이른다.

이런 단체장을 견제해야 하는 게 지방의회지만 감시와 견제는커녕 오히려 이들이 '지역 토호(土豪)화'되면서 유착과 부조리를 심화시킨다.

그뿐만 아니다. 지자체의 16%가 공무원 인건비도 못 벌 정도로 경영 또한 낙제점이다. 대구지하철의 경우 산더미 같은 '빚더미'를 안고 달린다. 2005년 3월 말까지 진 빚만 1조 4,314억 원이다. 대구시 전체 부채(2조 8,357억 원)의 절반이 넘는다. 또 운행할수록 적자도 계속 쌓인다. 광주지하철도 마찬가지다. 이런 사정은 다른 도시도 예외가 아니다. 기획예산처에 따르면 서울·부산·대구·인천·광주·대전시 등 6대 도시가 진 부채는 17조 5,000억 원으로 이 가운데 63%(11조 원)가 지하철 때문에 생겼다. 지방자치단체의 부실로 생긴 빚을 중앙부처인 건설교통부가 결국 대구·인천·광주·대전시의 부채 일부를 떠안았다. 민선(民選)자치 16년을 맞았지만 지자체의 재정자립은 요원한 과제다. 때문에 이것이 진짜 분권시대의 모습이냐는 지적도 나올 만하다. 진정한 분권은 중앙에서 재정이 독립돼야 하는데 실제로는 여전히 중앙에 예속돼 있기 때문이다.

서울 강남구나 성남시 같은 일부 수도권 지자체를 빼면 대부분 비슷한 고민을 하고 있다. 2005년 지자체의 평균 재정자립도는 56.2%으로 10년 전의 63.5%보다 더 악화됐다. 자체 수입으로 공무원 인건비조차 해결하지 못하는 곳도 250개 자치단체의 16%인 41개나 된다. 영월·보은·서천·장수·담양·의성·의령 등 군지역이 34개로 가장 많다. 남원·나주·상주 등 3개시와 부산 서구·영도구, 대구 남구, 울산 중구도 들어간다. 그 수는 2000년 28개, 2001년 29개, 2002년 32개, 2003년 35개, 2004년 38개로 계속 늘고 있다(조선일보, 2005.6.28).

실제로 민선자치를 해 본 결과 '부자(富者)도시'의 금고는 갈수록 두둑해지는 반면 '가난한 도시'의 지갑은 날로 비어간다. '자체 수입만으

분 노

로는 공무원 인건비도 댈 수 없다'는 대표적인 사례가 전남 남원시다. 남원시는 2005년 세입(歲入) 가운데 75%를 중앙정부로부터 보조받았다. 대형사업은 엄두도 못 내고 있다.

가난한 도시들은 민자유치, 수익사업 등 '묘책(妙策)'을 강구하고 있지만 대부분 실패로 끝난다. 충북 청원군의 경우, 1999년 민간업체와 합작해 관광호텔을 지었다. 하지만 넉 달 만에 호텔 문을 닫아야 했다. 전라남도와 구례군 역시 생수(生水)사업을 벌이다 쓴맛만 보고 투자비 14억 원을 고스란히 날린 적이 있다. 대구시는 복합화물터미널을 건립했다가 매출은커녕 인건비만 쏟아 붓는 악순환에 시달렸다.

감사원이 2004년 자치단체와 민간이 공동 출자한 법인 38곳을 감사한 결과, 무려 29개 법인이 부실판정을 받았다. 시장 상황을 냉철히 파악하지 못한 채 과도하게 빚을 얻어 섣불리 뛰어들었다가 거덜 난 것이다.

일선 지방자치단체가 향후 쓰임새나 재정자립도를 고려하지 않은 채 청사 확장에 나선 사례를 감사원 감사에서 대거 적발됐는데 감사원이 2011년 1월 13일 지방청사 실태 감사 결과를 발표한 것을 보면, 지방재정의 안정운영을 위한 철저한 감시와 견제가 필요함을 알 수 있다.

감사원에 따르면(중앙일보, 2011.1.11) 1995년 이후 지난 2010년 4월까지 청사를 건립한 65곳 지자체 중 재정자립도가 50% 미만인 곳이 78.5%(51곳)에 달했다. 경북 봉화군(9.3%) 등 재정자립도 20%가 안 되는 지자체도 18곳이나 됐다. 재정자립도가 60% 이상인 지자체는 4곳에 불과했다. 그리고 연평균 인구 증가율이 최근 5년간 1.64%에 불

V 대궐청사 vs 공룡청사

과한 원주시는 2016년 청사 근무인원을 현재보다 186% 늘린 1,228 명으로 산정해 청사를 신축했다. 이에 따라 1만㎡의 구 청사를 4만 8,000㎡의 10층 건물로 5배 가까이 키웠다. 성남시는 8년 후 근무인원 을 현원 1,004명보다 70% 늘린 1,711명으로 잡아 1,600여억 원을 들 인 10층 건물을 새로 지었다. 또한 인테리어도 고급으로 치장하였는 데 감사원이 조사한 21곳 지자체에선 지자체장 사무실에 접견실·회의 실 등을 이어 붙이는 방식으로 행정안전부의 권고기준(조례표준안)보 다 늘린 곳이 20곳이었다. 사천시는 행안부 기준(99㎡)의 네 배 가까 이(384%) 쓰고 있었고, 안산 상록구도 세 배(297%)로 나타났다. 서울 금천구는 2008년 청사를 준공하며 구청장실 벽을 고급재로 마감하고 천장도 평면에서 우물형으로 바꿔 공사비를 증액했다가 감사원으로부 터 지적받았다. 서울 관악구도 2007년 청사 준공을 앞두고 구청장실 과 구의회 의장실 천장을 고급 마감재로 했다가 감사원으로부터 주의 조치를 받았다.

충남도는 신청사 건립 사업을 하며 청사 1㎞ 이내에 1,500석 규모 의 공연장과 공원·체육시설 설치가 예정돼 있는데도 청사 부지 내에 축구장·공원 등을 조성하려다 감사에서 '중복 시설'로 지적받았다. 또 호화 청사로 논란을 빚은 성남시의 경우 신청사 건설단가가 ㎡당 216 만 원으로, 부산시 동구 청사(121만 원)의 배 가까이 되는 등 2007년 이후 건설한 청사 12개의 건설단가도 제각각이었다.

서울 용산구 이태원동의 대로변에 지난 2010년 3월에 완공한 용산 구 신청사의 경우, 1,587억 원을 들여 지하 5층, 지상 10층 규모(연면적 5만 9,177㎡)로 지은 청사는 역사다리꼴의 특이한 모양새와 큰 규모로 호화청사라는 비난을 받아왔다. 그러나 건물 안은 빈 곳 투성이다. 5층부터 9층까지 층마다 민원상담실이 마련되어 있다. 그러나 전부 불이 꺼진 채 문이 잠겨 있다. 민원상담실이 주로 1, 2층에 있는 다른 구청과 사뭇 다르다. 층마다 회의실이라는 문패가 달렸지만 사실상 비어 있는 곳도 많다. 10층의 회의실은 아예 식당직원·공익근무요원들의 휴식공간으로 쓰여지고 있다. 이같이 최근 몇 년 새 청사를 신축한 지자체가 무턱대고 크고 호화롭게 지은 청사를 제대로 활용하지 못하고 있는 것이다.

폼을 내기 위해 건물을 유리로 지었지만 무더위에 직원·민원인이 고생하는 곳도 많다. 유리청사의 경우 여름에는 들어온 햇빛이 밖으로 빠져나가지 못하는 '온실효과'가 일어나 바깥보다 더워지기 때문이다.

2010년 8월 3일 오후 부산 남구청이 있는 대연6동의 최고 온도는 30도를 넘었지만 청사의 에어컨은 오후 1~2시를 제외하고 종일 멈춰 있었다. 건물 외벽의 유리가 60%를 넘어 복사열이 실내에 가득 차 안은 찜통이다. 직원들은 창문을 열고 선풍기를 틀고, 청사 냉방기준은 28도지만, 남구청은 실내온도가 30도가 넘어야 오후에 1~4시간쯤 냉방을 할 정도다.

광주광역시는 유리청사를 지은 지 7년 만에 일부 구조변경을 추진하고 있다. 고정식으로 만들어 창이 열리지 않아 공기 순환이 되지 않는 문제점을 개선하기 위해서다.

예산낭비는 이뿐만이 아니다. 지자체 예산낭비를 감시하라고 뽑아

준 지방의회 의원들이 자기네 배불리자고 더불어 난리다. 경기도의회가 2011년 2월 23일 도의원 131명 전원에게 보좌관(정책연구원) 1명씩을 두는 조례안과 도의회 의장이 의회 사무처 직원에 대한 인사권을 행사한다는 조례안을 의결했다. 각각 재석의원 100명 중 99명, 102명 중 100명이 찬성표를 던졌다. 지방의회 권한을 늘리는 데는 여야(與野)가 따로 없었다.

유급(有給)보좌관제는 광역의회의 단골 요구사항이다. 지역민원과 행사가 많아 행정사무감사 기간에도 도의원 혼자 자료 조사와 준비를 해야 할 정도라는 것이다. 그런데도 도움을 받을 수 있는 인력은 상임위별 전문위원 2명뿐이라고 했다. 그러나 대법원은 1996년 서울시 의회가 보좌관 조례를 만들었을 때 무효 판결을 내렸었다. "지방의원의 신분·지위 및 그 처우에 관한 현행 법령상의 제도에 중대한 변경을 초래하는 것은 조례가 아니라 국회의 법률로써 규정해야 할 사항"이라는 이유에서다.

광역의회의원이 군(軍)에서 제대한 신규직이 시작하는 6급 3호봉의 보좌관을 채용한다 치면 1인당 본봉 172만 원과 수당 등 연간 3,500만 원 가량, 131명이면 45억8,500만 원 가량의 예산이 필요하다.

경기도 의원들은 1995년 지방의회 구성 때 '무보수 명예직'의 정신을 잊고 있다. 2006년 유급제 도입도 능력은 있으나 재력이 부족해 지방의회에 들어오지 못하는 인재를 확보하기 위해서였지, 의원들의 배를 불리거나 편의를 봐주기 위한 취지가 아니었다. 지방자치단체에서 의회사무처만 따로 떼내 인사권을 지방의회 의장이 갖는 게 옳은지도

한 번 더 생각해봐야 한다. 주민자치의 원칙을 딛고 서 있는 자치단체가 국회의 흉내만 내겠다는 것은 무리다.

일본 나고야시는 2011년 2월 6일 지방의원들의 급여를 절반 수준으로 깎고 시민세를 10% 항구적으로 감세(減稅)하자며 유권자 3분의 1 이상의 청원을 받아 일본 최초로 지방의회를 강제 해산했다. 경기도 의원들은 자신들이 연봉 6,069만 원을 받은 만큼 도민의 편익(便益)을 확대하고 도민의 세금 부담을 덜어주었는지를 돌아봐야 한다.

일본에서 지방의회 의원 수를 줄이고 월급을 깎자는 주장이 제기돼 2011년 4월 지방선거의 주요 쟁점으로 대두됐을 정도로 제3당인 공명당이 지방의원 수 감축과 월급 삭감을 공약으로 내걸었고, 나고야에선 민주당 의원들도 지방의원 월급 삭감에 동조하고 나섰다. 야마가타·홋카이도에선 지방의원 수를 25~37% 줄이는 안이 논의된 것이다.

그렇다면 우리나라는 어떨까? 광역·기초의회 의원들도 제대로 된 조례안(案) 발의 한 번 안 하면서 외유는 꼬박꼬박 즐기고, 어쩌다 모이면 의정비 올릴 궁리하고, 동주민센터 공무원이 자기 전화 공손히 안 받았다고 호통치기나 하는 경우를 수도 없이 봤다.

우리의 경우 광역의원이 761명, 기초의원은 2,888명이다. 무(無)보수 명예직인 시절에도 의원 수가 많으면 많을수록 각종 청탁·비리의 건수도 그만큼 늘었다. 실정이 이렇다면 2003년 유급제(有給制)로 바꿀 때 의원 수를 줄였어야 마땅했다. 국회의원이 지방의원 공천권을 장악하는 '찍어내리기 식(式)' 공천 시스템의 부작용이 하나 둘이 아니다.

4기(2006~2010년)의 민선 기초단체장 230명 가운데 113명이 비리·부정으로 기소(起訴)됐고, 그중 35명을 다시 뽑아 재·보궐선거 비용만 186억 원이 들었다. 시장·군수들이 업적을 자랑하려고 효용에 대한 면밀한 계산도 없이 각종 이벤트를 벌여 2009년 광역·기초단체 주관 지역축제가 620건이나 됐다. 이 중 성공 사례는 극소수다. 일부 지자체는 예산 부족을 아우성치면서도 지방채(債)를 발행해가면서까지 수백억~수천억 원을 들여 호화청사를 지었다. 지자체장이 인사위원회는 요식 절차로만 여겨 제멋대로 승진 대상을 정하고, 선거만 끝나면 득표 공헌도에 따라 인사를 하는 바람에 해마다 인사 바람이 불고 있다.

인천 부평구는 공무원 1명당 인구가 639명이고 울릉군은 29명이다. 인구는 부평구가 울릉군의 54.6배인데 과(課)의 수는 부평구 24개, 울릉군 9개다. 1991년 도입된 지방의회 제도는 2011년으로 만 20년, 1995년부터 지자체장을 민선으로 뽑은 지는 16년 됐다. 국가의 효율을 높이고 국민의 세금 부담을 덜어주기 위해서도 지방자치제 원점부터 다시 들여다볼 때다.

공기업경영: 적색등이 켜진 메가톤급 파장

한국일보(2010.4.23) 보도자료에 의하면 2009년 11월 초 한국토지주택공사(LH)가 통합 후 처음 추진했던 채권 발행이 무산됐다. 공기업, 그것도 대형 공기업이 채권 발행에 실패한 건 일종의 '사건'이었다. 당시 시장에선 "눈덩이처럼 불어나는 LH의 부채에 대해 의혹의 시선을 보내기 시작한 것"이란 해석이 지배적이었다.

2011년 2월 기준 LH의 부채는 125조 원이다. 통합 전인 2008년 토지공사와 주택공사의 부채 총액(86조 원)보다 20조 원 넘게 불어났다. 부채비율이 공기업 최대인 524%에 달한다. 선수금 등 이자 부담이 없는 비금융 부채를 제외하더라도 75조 원 규모로. 하루에 부담해야 하는 이자만도 100억 원이 넘는다(조선일보, 2011.2.16).

물론 당장 인공호흡기를 꽂아야 될 정도로 다급한 처지는 아니다. 여전히 빚보다 자산(130조 원)이 더 많다. 마음만 먹으면 자산을 팔아서라도 빚을 줄일 수 있다. 더구나 2013년을 정점으로 과거에 투자했던 사업이 수익으로 속속 회수되면서 빚 증가 속도도 둔화될 거라는 게 회사측 전망이다. 하지만 정부로부터 공공사업을 위임받은 공기업이 자산 규모를 대폭 줄이는 게 현실적으로는 쉽지 않다. LH 재무개선특별위원회는 대부분 30년씩 장기임대로 묶여있는 임대주택의 경우 털어내기도 쉽지 않다. 공공사업을 위해서는 부지 선(先)매입 등 기본적으로 빚 증가가 불가피한 측면이 많기 때문이다. 더구나 부동산경기가 극도로 침체되면서 각 사업의 수익성이 예상에 못 미칠 가능성이 커지는 것도 부담이다. 통합 1주년이 되었던 2010년 10월 재무개선계획을 내놓았지만, 뾰족한 대책이 없다.

부채 관련해서 주목해야 될 또 하나의 공기업이 수자원공사다. 2008년까지만 해도 부채 규모가 2조 원에 못 미치고 부채비율도 19.6%에 불과한 매우 양호한 재무구조를 보여 왔지만, 사정은 달라졌다. 빚이 1년 새 1조 원 넘게 불어났고, 부채비율도 30%에 육박 (29.1%)했기 때문이다.

더 큰 문제는 앞으로다. 정부가 해야 할 4대강사업을 대신 떠맡게 되면서, 2012년까지 8조 원을 쏟아 부어야 하는 처지다. 이에 따라 빚 규모가 8조 3,553억 원(2010년)→13조 2,247억 원(2011년)→15조 124억 원(2014년) 등 기하급수적으로 불어날 전망이다. 부채비율 역시 2010년 80%, 2011년엔 126%로 치솟을 것으로 보인다. 수공측은 "그래도 다른 공기업보다는 낫다"고 하지만, 이미 경고등은 켜진 상태다.

이뿐만이 아니다. 2011년 2월 12일 강원도 원주시 무실동 송삼마을의 한 주민이 금이 가서 무너지려는 자신의 집 외벽을 고치지도 못하고 있듯이 전국에 이와 같은 사정의 "택지개발사업이 곧 시작된다는

분 노

말에 수리도 못하고 있는 곳이 138개 지역이나 된다. 2009년 1월 당시 주택공사(현 LH·한국토지주택공사로 통합)가 택지개발예정지구로 지정했지만 사업성이 없어 개발사업 진행 여부가 불투명한 곳이다. LH는 토지보상도 미룬 채 사업을 계속할지 취소할지를 결정하지 않고 있다. 그러나 법적으로는 분명 개발예정지인지라 집·도로 등이 무너지고 망가져도 손을 댈 수 없다. 수리를 하면 보상을 노린 불법행위로 취급받기 때문이다.

LH는 지난 2010년 신도시·택지지구로 지정했던 138개 사업장에 대해 사업 취소·보류 여부를 발표하기로 했다가 무기한 보류해 버렸다. 이 때문에 지금은 LH도 주민도 빚더미에 올라앉았다.

현재 개발 예정지역 주민들은 사업이 계속 진행되는지 취소되는지조차 모른 채 LH측 눈치만 살피고 있다. LH는 2009년 10월 출범과 동시에 사업구조조정을 하겠다고 발표했지만 1년 5개월이 지나도록 구조조정 대상을 단 한 곳도 공개하지 않았다. 그사이 정부 발표만 믿고 보상금 받을 기대로 미리 대출을 받아 인근에 땅과 집을 산 주민들은 빚더미에 올라앉았다.

LH의 사업구조조정 대상 중에서도 규모가 큰 곳은 경기도 파주 운정3지구, 오산 세교3지구 등 5개 신도시다. 경기도 파주 교하읍 다율리에서 3,300㎡(약 1,000평) 규모로 벼농사를 짓던 이모씨는 이곳이 신도시 예정지로 지정돼 은행 대출을 받아 파주·연천 일대에 1만㎡(약 3,000평)의 대토(代土)를 구입했다. 그가 물어야 하는 한 달 이자만 900만 원 가량이다. 그는 은행 이자 갚느라 남아 있던 논도 모두 담보

V 대궐청사 vs 공룡청사

로 잡혀 또 대출을 받았다며, 정부 약속을 믿었다가 거지가 될 판이라고 분통을 터뜨렸다. 교하3지구 주민들은 지난 2010년 10월부터 집단행동에 나서 지역 대표들은 머리를 삭발하고, 주민들은 국회와 LH, 청와대 등을 돌며 시위를 벌였다.

2009년 9월 신도시 예정지로 지정됐다가 사업이 중단된 채로 있는 오산 세교3지구도 비슷한 상황이다. 마을 주민 장모씨는 이 지역에 토지 990㎡(300평)를 소유하고 있지만 이곳에 집을 짓지도 못하고 땅을 팔지도 못한다. 그는 "대한민국이 공산주의 국가도 아니고 남의 땅에 그림 하나 그려놓고 3년째 아무것도 못하게 꽁꽁 묶어놓고 있다"고 말했다.

LH는 당초 지난 2010년 9월쯤 사업구조조정안을 발표할 예정이었다. 그러나 LH가 해당 지자체, 주민과의 협의에 실패하는 바람에 구조조정안 발표를 두 차례 연기했다. 그러다가 지난 2010년 12월에야 구조조정안을 발표했지만 정작 사업장별 '사업구조조정 대상 명단'은 발표 내용에서 쏙 빼버렸다. 발표 전날 정치권에서 "명단을 공개하면 전국적으로 민심 이반현상이 나타날 수 있다"고 반발했기 때문이다. 또한 LH가 사업조정 대상 지역 주민들의 대규모 반발을 감당하기 힘들다고 판단한 것도 중요한 원인이다. 당초 LH는 138개 사업장 중 30여개 사업장을 구조조정 대상으로 발표할 계획이었다.

지난 2010년 10월 열린 국정감사에서는 여야 의원들이 "우리 지역구의 사업을 중단하면 기형적인 도시가 될 수 있다" "지역 주민의 동의를 받지 않고 사업 중단 여부를 결정하지 말라"며 LH를 압박했다. LH

관계자는 "LH의 빚은 정부의 적자 사업을 떠맡아 하다 보니 생긴 측면도 있는데, 국토부와 정치권이 모든 책임을 LH에 떠넘기고 있다"고 불평한다.

LH의 사업구조조정 대상 발표는 언젠가는 꼭 정리해야 할 문제이며, 취소 사업장에 대해서는 손해배상 등의 방안을 찾아 주민을 설득해야 한다.

그렇다면 LH 부채가 어떻기에 난리인가? 이대로 그냥 두면 2018년엔 빚이 325조 원까지 늘어나 회복은커녕 경영정상화마저 불가능해질 전망이다. 부채에는 이자가 뒤따른다. 한국토지주택공사(LH)의 2010년 말 기준 부채(125조 원) 중 이자를 내는 금융부채는 90조 원 정도다. 이에 대한 하루이자는 평균 100억 원이며, 연간으로 따지면 3조 원을 훌쩍 넘는다. LH의 연간 경상이익(2009년 1조 8,000억 원)을 감안하면 힘들게 영업해 봐야 이자조차 감당 못하는 상황이다.

문제는 앞으로도 부채 규모가 계속 커질 수밖에 없다는 점이다. 지난 2010년 LH의 재무전망 용역을 맡았던 안진회계법인은 "2011년 이후에도 사업조정이 없다면 부채는 매년 30조 원에서 50조 원 가량 더 늘어날 것"이라며 "2018년에는 금융부채만 200조 원을 넘게 된다"고 설명했다. 공기업인 LH는 어쩔 수 없이 떠맡아 하는 국책사업이 적지 않다. 정부는 2018년끼지 보금자리주택 150만 가구 건설의 상당 부분을 LH에 맡길 계획이다. 8조 원이 투자되는 세종시나 전국 10개 혁신도시 건설도 LH가 자체 자금으로 사업을 추진 중이다.

부동산경기나 금융시장도 LH에는 호의적이지 않다. 부동산경기는

2006년 이후 바닥권을 헤매고 있다. 집값 상승 기대감이 사라지면서 땅과 집이 팔리지 않고 해약사례마저 늘어 고민이 이만저만이 아니다.

이뿐만이 아니다. 더욱이 한전을 비롯한 에너지 공기업들의 부채 규모가 눈덩이처럼 불어나고 있다. 물가 안정을 위해 원가 이하로 가격을 유지한 데다, 해외자원 개발에 막대한 투자를 해왔기 때문이다. 현 정부가 집권 초기에 검토했던 '공기업 민영화' 카드는 서랍 깊은 곳으로 들어간 지 오래다. 동아일보(2011.8.29) 보도자료에 의하면 "싼 에너지 가격이 정치인과 국민에게 당장은 달콤할지 모르지만 머지않아 막대한 부채와 국민의 세금 부담이라는 부메랑으로 되돌아올 것"을 지적한다.

대표적인 에너지 공기업인 한전은 2011년 2분기(4~6월)에 지난해 같은 기간보다 10.6% 늘어난 약 9조 1,161억 원어치의 전기를 판매했다. 하지만 영업손실은 81.1% 늘어난 8,035억 원에 달했다. 팔면 팔수록 적자가 늘어나는 취약한 사업구조다. 상장기업인 한국가스공사 역시 2011년 2분기 매출액은 5조 8,067억 원으로 지난해 같은 기간보다 21.7% 늘었지만 영업이익은 1,302억 원으로 14.2% 줄었다. 가스공사 측은 "원료비 상승을 2개월마다 요금에 자동적으로 반영하는 연료비 연동제를 시행하고 있지만 비상시에 정부가 이를 유보할 수 있다는 규정에 따라 요금 인상을 미뤄왔기 때문"이라고 설명했다.

한나라당 정태근 의원실의 자료에 따르면 한전뿐 아니라 지식경제부 산하의 에너지 공기업 12곳의 부채는 2007년 57조 원에서 2010년 97조 원으로 3년간 약 40조 원이 늘었다. 해외자원 개발에 앞장서고

분 노

있는 한국석유공사와 한국광물자원공사의 부채도 3년간 200% 이상 증가했다. 소액주주들로부터 2조 8,000억 원의 집단소송을 당한 뒤 사직서를 제출한 김쌍수 한전 사장은 2011년 8월 25일 기자간담회에서 "2011년 말에 부채비율이 150%까지 갈 수 있다. 이로 인해 신용등급이 한 단계만 낮아지면 연간 이자비용만 1,000억 원이 늘어난다"고 말했다. 2011년 6월 말 한전의 부채비율은 137.5%다.

에너지 공기업들의 부채가 급증한 가장 큰 원인은 원료 가격의 상승분을 가격에 제대로 반영하지 못하기 때문이다. 물가 안정을 이유로 전기요금 인상을 미뤄왔던 정부는 2011년 8월부터 전기요금을 평균 4.9% 올렸지만 여전히 원가의 90.3% 수준에 머물고 있다. 지난 2011년 7월부터 도입하기로 했던 전기요금 원료비 연동제도 시행이 유보됐다. 문제는 에너지 공기업들의 부채가 결국은 국민의 세금으로 메워야 하는 상황까지 갈 수 있다는 점이다. 공기업이 파산위기에 몰리면 결국은 정부가 지원에 나설 수밖에 없기 때문이다.

전력과 가스 등의 가격이 낮다 보니 민간 기업들이 신재생에너지 등 다른 에너지원을 활용할 동기도 크지 않다. 낮은 전기 및 가스 요금은 탄소에너지를 줄이자는 녹색성장 정책과도 모순되는 부분이다.

VI

선진스펙
vs
후진스펙

이·상·한·나·라 ● 이·상·한·정·책

승자도 패자도 없는 이상한 선거

조선일보(2010.9.10) 보도자료에 의하면 지난 2010년 6·2 교육감 선거에 나선 후보들이 1인당 평균 4억 6,000만 원씩 '선거 빚'을 진 것으로 보고되었다. 당시 선거에 나섰던 후보나 캠프 관계자들 모두 "재산 손실과 충격이 너무 커 당선의 영광을 안은 후보들조차 9,300만 원대인 교육감 연봉을 한푼도 쓰지 않고 고스란히 모아도 교육감 임기(4년) 내에 빚을 갚지 못하는 상황이 되었다.

서울교육감의 경우 2010년 선거에서 총 42억 원을 쓰고 37억 원을 보전금으로 돌려받아 5억 원의 손해를 봤다. 당선된 교육감과 마지막까지 경합을 벌였던 또 다른 서울교육감 후보는 45억 원을 쓰고 33억 원을 돌려받아 12억 원의 적자를 봤다.

국회 교육과학기술위원회가 중앙선거관리위원회로부터 제출받은 '시·도 교육감 후보 정치자금 지출 현황'에 따르면 2010년 선거에 출마했던 74명의 시·도 교육감 후보들은 후원금과 선거가 끝난 뒤 득표율에 따라 받는 '선거비용 보전금'을 합쳐 576억 원의 선거자금을 확보했지만, 이들이 쓴 선거비용은 총 916억 원에 달했다. 총 340억 원의 초과비용이 발생했고, 후보 1인당 평균 4억 6,000만 원씩 '선거 빚'을 지게 된 것이다. 차관급으로 규정된 시·도 교육감 연봉이 9,300만 원 수준인 것을 감안하면 임기 4년 동안 월급을 한 푼도 안 써도 9,000만 원의 빚이 남는 것이다.

후보별로 서울시 교육감 선거에 출마했던 한 후보는 45억 원을 썼지만, 후원금과 선거보전금을 합해 33억 원을 모아 12억 원의 적자를 봤고, 현 교육감은 총 42억 원을 쓰고 37억 원을 받아 5억 원의 마이너스를 기록했다. 경기도에 출마했던 한 후보의 경우 36억 원의 선거비용을 쓰고 15억 원밖에 못 받아 무려 21억 원의 비용초과가 발생했다. 15명의 후보자는 후원금을 한 푼도 모으지 못했고, 10% 이상의 득표율을 기록해야 받을 수 있는 선거 보전금을 못 받은 후보도 18명이나 됐다.

이처럼 교육감 선거에서 후보들이 큰 폭의 적자를 기록하는 이유는 시·도지사처럼 정당공천이 없는 상황에서 인지도가 낮은 후보들이 난립하다 보니 대규모 홍보비용을 쏟아부어야 하기 때문이다. 게다가 광역시·도를 지역구로 하고 있어 각 시·군·구마다 사무실을 마련하다 보면 비용이 기하급수적으로 늘어날 수밖에 없다.

수십억대 재산을 가진 후보가 아니라면 4억 원이 넘는 초과비용을 감당할 수 없고, 당선된 교육감은 부패로 내몰릴 수밖에 없는 구조다. 선거비용을 마련하는 과정 자체도 불법을 유도하고 있다.

서울교육감 선거에 나섰던 한 후보는 "평생 학생들만 바라보며 살아왔는데 선거에서 빚만 지게 됐다"며 "멀쩡하던 사람들(교육감 후보들)을 이렇게 만들었으니 국가가 변상해야 한다"고 말한다. 이 후보는 "뭐든지 처분해 빚을 갚아야 하는데 평소에 빚을 지고 산 사람이라면 모를까 이런 상황이 황당하다"고 말한다.

득표율이 낮아 보전금을 한 푼도 받지 못한 후보들은 충격이 더 크다. 현행법상 득표율 10%가 넘어야 투표율에 따라 국가로부터 선거비용에 대한 보전금을 받을 수 있다. 교육감으로 나왔다가 손해를 본 후보는 "경제적으로 교육감 선거는 치러 보니 말도 안 되는 선거다"고 말한다. 이 후보는 "유세차량비와 홍보비에 70% 정도를 썼다"며 "정부에서 선거보전금을 선거가 끝난 후 주기 때문에 선거 기간 드는 돈을 모두 개인적으로 빌려 써야 하는 것도 문제"라고 말한다.

또 선거구별로 두는 연락사무소 운영비용만 해도 몇 억 원씩 들어가는데, 그 비용은 보전금 지원 항목에 들어가지 않아 전부 개인이 부담해야 한다는 점도 후보자들은 문제점으로 지적한다.

이렇게 후보들이 큰돈을 썼는데도 유권자 관심도와 참여도는 떨어지고, 투표용지 상위에 기입되는 게 득표에 유리하다고 해서 교육감 선거는 '로또 선거'라는 별명마저 붙었다. 정치인과 달리 후보들의 인지도가 낮아 교육감 선거에서는 홍보물을 제작해 돌리는 게 중요한데 서울의 경우 인쇄물을 돌리는 데 우표요금만도 1억 원이 드는 현실에서 제도가 이를 뒷받침해 주지 못하고 있는 것이다. 그렇다면 선진국에선 어떻게 하고 있나?

해외 주요국 중에는 우리의 교육감에 해당하는 직책을 선거로 뽑지 않는 나라가 많다. 영국·프랑스·독일·핀란드·일본은 모두 교육감을 중앙·지방정부가 '임명'하며, 미국은 50개 주(州) 중 36개 주가 임명제를 택하고 있다. 교육개혁으로 유명한 미셸 리 워싱턴DC 교육감도 2007년 시장이 임명한 인물이다.

전통적으로 지자체가 지방교육 행정을 수행하는 영국은 지자체에 설치된 교육 담당 국장(director of children's services)을 단체장이 임명한다. 독일은 주지사가 주정부의 교육문화부장관을 임명한다. 반면 중앙집권적 성격이 강한 프랑스는 대통령이 전국 30개 교육구의 교육청장을 임명한다.

'교육 선진국'으로 알려진 핀란드는 432개의 지자체가 중앙정부와 협력해 일선 교육 행정을 책임지는데 교육 담당자인 교육국과 교육문화서비스국의 국장은 모두 단체장이 임명한다.

일본은 1958년부터 일반행정과 교육행정을 통합한 뒤 광역·기초자치단체장이 임명한 교육위원회가 위원장을 제외한 교육위원 중에서 '교육장'을 임명하도록 했다.

주마다 제도가 다른 미국은 20세기 중반 이후 교육감 임명제가 선거제보다 우세한 추세를 보이고 있다. 현재 36개 주에서 주지사나 주 교육위원회가 교육감을 임명하게 돼 있다. 교육감을 선거로 뽑는 14개 주에서도 우리처럼 정당에 기반을 두지 않고 선거를 하는 곳은 캘리포니아·아이다호·노스다코타 등 6개 주뿐이다.

우리도 현행 교육감 선거제도가 개편·보완돼야 한다는 데 많은 사람들이 동의하고 있다. 가장 유력하게 논의되는 대안은 '시장·도지사와의 러닝메이트(running mate·동반 입후보자)'로 통합해 뽑는 방안이다.

교육감 혹은 '교육 부(副)시장·부지사'가 정당 공천을 받아 시·도지사와 러닝메이트로 선거를 치르는 새로운 제도로 바꾸는 것이다. 이 경우 효율적인 정책 공조는 물론 선거비용의 절감효과까지도 기대할 수 있다.

선거의 고비용을 유발하는 요소들을 현실적으로 개선해야 한다. 교육감 후보가 정당 지원이나 기부금을 받을 수 없고, 법정 선거비용의 50%까지만 후원금을 모을 수 있는데 모금 기간도 짧으며, 국고에서 선거운동을 보전하지 않는 항목도 너무 많다. 이 결과 사실상 정당과 연계되거나 선거비용 조달 노하우가 있는 후보가 계속 출마하게 된다는 것이 설득력을 얻게 하는 이유이기도 하다.

자신들이 배출하고 자신들이 외면하는 국내박사

외국 대학에서 박사학위를 취득한 '해외 박사' 수가 1980년 199명에서 2009년에는 900명으로 4.5배 늘어나는 등 해마다 1,100명 이상이 외국 박사학위를 취득하고 있다. 지역 또한 다양해져 그동안 미국 대학에서 박사학위를 받는 경우가 가장 많았으나 최근 중국이 급부상하면서 취득 국가도 다양해지고 있다. 동아일보가 1980년부터 2008년 10월까지 외국에서 박사학위를 취득한 뒤 한국학술진흥재단에 신고한 '외국 박사학위 신고 내용'을 분석한 결과를 보면(동아일보, 2008.11.3), 해외 박사가 2만 5,204명인 것으로 집계됐다.

1980년 199명이었던 해외 박사학위 취득자가 1991년 1,118명으로 처음 1,000명 선을 돌파한 뒤 2001년 1,472명으로 최다를 기록했다. 이에 따라 1980년대 4,334명이었던 해외 박사는 1990년대에는 1만 1,347명으로 세 배 가까이 급증했다.

그러나 1997년 국제통화기금(IMF) 관리체제 이후 경제난의 여파로 2004년 14년 만에 1,000명 선이 무너졌다. 1997년부터 유학생이 급감하면서 박사학위 취득에 필요한 기간인 5~6년이 지난 2004년과 2005년 793명과 798명에 그쳤다. 이후 2006년 1120명, 2007년 900명 등 다시 증가세로 돌아선 것이다.

　해외 박사의 전공은 교육학이 1,154명으로 가장 많았으며, 경제학 1,100명, 경영학 968명, 기계공학 963명, 기독교 신학 856명 순이었다.

　전공 또한 시대에 따라 다른데 '3저 호황'을 누리며 높은 경제 성장을 구가하던 1980년대에는 기계공학과 경제학 분야의 외국 대학 박사 취득자가 각각 239명(5.5%)으로 가장 많았다.

　1980년대 초반에는 물리학·생물학·화학 등 순수 자연계열이, 1980년대 후반에는 기계공학이나 전자·정보통신 등 이공계열이 많았다. 특히, 화학(233명)을 비롯해 물리학(165명), 전자·정보통신공학(157명), 생물학(142명), 수학(104명) 등 이공계열 전공 6개가 해외 박사의 상위 전공 10개에 포함됐다.

　1990년대에는 굴뚝 산업에서 금융 산업으로 중심이 옮겨가는 경제 상황을 반영해 경영학이 부상했다. 1980년대 188명이었던 경영학 전공 해외 박사는 1990년대 493명으로 급증했다. 2000년대에는 기독교 신학 전공 박사가 폭발적으로 증가한 것이 눈에 띈다.

　이는 신학교들이 2000년대에 정식 허가를 받은 신학전문대학원으로 탈바꿈하면서 교수 수요가 늘어났기 때문이다. 반면 이공계 기피 현상도 박사학위 수로 알 수 있는데 2000년대 전공 상위 10개 중 이공계열은 기계공학(273명), 전자·정보통신공학(251명), 토목공학(251명) 등 3개에 불과했으며, 기계공학 전공은 1980년대에 비해 34명만 늘어났다. 특히, 1990년대 정보기술(IT) 붐을 이끌었던 전자·정보통신공학 분야는 같은 시기에 박사학위 취득자가 정점을 이뤘다.

전자·정보통신공학 박사는 1985년까지 한 자릿수에 불과했지만 이후 매년 큰 폭으로 늘어나 1980년대에는 7번째로 많은 157명의 박사가 나왔다. 1990년대에는 393명으로 여섯 번째였지만 IT 거품이 빠지기 시작한 2000년대에는 251명으로 감소세로 돌아선 것이다.

반면, 경제학과 교육학 등은 시대와 관계없이 꾸준히 강세를 보였는데 특히 1980년대(210명)와 1990년대(440명) 계속 해외 박사 전공 중 네 번째로 많았던 교육학은 2000년대 들어서는 504명으로 1위로 올라섰다. 어학 전공 중에서는 일본어와 중국어가 부상하는 반면 영어와 프랑스어는 쇠퇴하는 추세를 보였다.

2000년대에 일본어와 중국어가 각각 283명(2.9%)과 263명(2.8%)으로 1, 2위를 기록했으며, 1990년대까지 부동의 1위였던 영어는 218명(2.3%)으로 세 번째로 밀려났다. 특히 중국어는 1980년대 36명, 1990년대 159명으로 급증했듯이 시대별로 외국 박사 취득 분야가 달라진 것은 우리나라의 경제 성장과 생활문화 변화에 따라 필요로 하는 전문가의 성격도 달라졌기 때문이다.

전체 박사학위 취득 국가를 보면, 미국이 1만 4,043명으로 55.7%를 차지했고, 일본 4,182명(16.6%), 독일 2,078명(8.2%), 프랑스 1,130명(4.5%), 영국 1,079명(4.3%), 중국 731명(2.9%), 러시아 366명(1.5%), 대만 290명(1.2%), 캐나다 232명(0.9%), 호주 215명(0.9%) 등이었다.

미국 박사학위는 1980년대 2,744명이던 것이 1990년대 6,679명으

VI 선진스펙 vs 후진스펙

로 두 배 이상으로 늘어났지만 2000년대에는 4,620명으로 다시 줄었다. 반면 중국·러시아·캐나다는 2000년대 전체 박사학위 수가 줄어든 와중에도 취득 국가 비율은 계속 높아졌다. 특히 중국은 1980년대 한 명도 없었던 박사학위 취득자가 1990년 164명으로 늘어난 뒤 2000년대에는 567명으로 폭발적으로 증가해 프랑스와 러시아를 제쳤다. 중국 박사의 전공은 중어중문학이 300명으로 가장 많았고 역사학(75명), 철학(57명), 정치외교학(61명), 경제학(47명) 등 사회과학 분야의 박사가 많았다.

일본의 약진도 눈에 띈다. 1980년대에 626명이었던 일본 출신 박사는 1990년대와 2000년대 각각 1,753명과 ,1803명으로 2위를 차지했는데 이 중 일어일문학 전공이 398명으로 가장 많은 가운데 기계공학(227명), 재료공학(149명), 환경공학(124명), 토목공학(121명) 등 공학 분야가 많았다.

반면 이런 가운데 서울시내 주요 대학의 교수 채용에서 국내박사 소외현상은 더욱 심각한 것으로 나타났다. 2008년 1월 11일 문화일보가 한국교육개발원에 의뢰, 서울시내 주요 10개 대학 교수를 상대로 분석한 '2008 대학 계열별 박사학위 취득 현황'에 따르면 일부 대학의 일부 학과는 교수 전원이 해외 박사인 것으로 드러났으며, 또 서울시 주요 대학의 사회관련 일부 학과는 해외박사가 국내박사보다 4～5배에서 20배 이상 많은 것으로 조사됐다.

이 중 서울시내 주요 대학에서 학과별로 해외박사의 비중이 가장 높은 곳은 경제학과였다, 282명의 교수 가운데 해외박사가 모두 270명으로 국내박사 12명의 22배를 넘었고, 또한 정치외교학은 해외박사가 84명으로 국내박사 9명의 9배를 넘었으며, 경영학의 경우 각각 400명과 78명으로 5배 이상 됐다. 또 해외박사 51명, 국내박사가 12명인 심리학을 비롯, 종교학(해외 23명, 국내 5명), 철학·윤리학(해외 71명, 국내 25명), 광고·홍보학(해외 31명, 국내 6명) 등도 해외박사 교수가 국내박사 교수에 비해 대부분 4~5배 이상 많은 것으로 나타났다(문화일보, 2008.11.11).

특히 정치외교학, 식품영양학, 인문교육, 통계학 교수 전원이 해외박사인 대학이 있을 정도이며, 종교학, 경영학, 경제학, 사회학, 언론방송매체학 교수 전원이 해외박사인 경우와 교수 전원이 해외박사인 학과도 많다. 조사 대상 10개 대학은 서울대, 연세대, 고려대, 성균관대, 서강대, 한양대, 경희대, 이화여대, 건국대, 중앙대 등이다.

서울시내 주요 대학들의 교수 채용이 해외박사 중심으로 이뤄지는 데 대해 학계에서는 국내 고등교육기관의 위기와 학문 후속세대교육의 좌절 등을 우려하는 목소리가 높다. 이는 국내 학위가 실제적 의미를 가질 수 없는 상황에까지 이르러 국내 상위권 대학원들도 거의 문을 닫아야 하는 실정이며, 특히 지방대 출신이 취업에 어려움을 겪는 것처럼 국내 학문 발전에 위기를 가져오게 하는 원인이 된 것이다.

그러나 이는 대학의 문제라기보다 교육당국 등의 대학평가가 영어논문, 영어강의 등에 치중된 현실 때문이기도 하다.

전공영역에 따라 평가기준을 달리하면 좋은데 우수대학의 경우 교수 채용 기준이 영어능력에 있을 정도이며 한국철학, 한국사학, 한국

정치 전공자들에게까지 사회과학논문인용색인(SSCI) 등 외국 저널 논문만 강조하고 있는 현실에서 현재 교육과학기술부는 대학의 교수 채용과 관련, '여성교수 채용목표제', '당해 대학 출신 교수 3분의 2 이상 채용 금지' 등을 실시하고 있을 뿐 국내박사 교수 채용과 관련한 구체적 지침은 시행하지 않고 있는 상태가 더욱 국내 학위취득자를 홀대하고 있는 것이다. 한편에선 너도나도 해외로 나가 학위를 취득해 오려고 하고 한편에서는 국내학생만으로 수요가 부족해 해외학생을 유치하려고 온갖 홍보를 하는 현실에서 외국학생들이 과연 이러한 현실을 어떻게 평가하고 바라볼 것인가?

공연 막간에 뛰어야 하는 여성관객

"15분 뒤에 2부를 시작하겠습니다." 안내방송이 나오고 극장 문이 열림과 동시에 여성 관객들이 화장실 입구를 향해 뛰기 시작한다. 짧은 인터미션 시간에 화장실이 붐비는 것을 아는 관객들이 자리를 선점하기 위해서다. 잠깐 사이 화장실 밖으로까지 10여 명의 줄이 생겼고, 쉬는 시간 내내 화장실이 붐볐다. 이 내용은 동아일보(2011.1.20)에서 취재 보도한 뮤지컬 '삼총사'의 공연이 열린 충무아트홀의 모습이다.

같은 시간 뮤지컬 '지킬 앤 하이드'의 공연이 열린 샤롯데씨어터의 풍경도 마찬가지다. 인터미션 시간에 2층 화장실 밖으로 여성 관객 20여 명이 차례로 줄을 서서 기다리는데 이렇게 여성들은 대극장에 오면 인터미션 때마다 화장실을 이용하는 게 고충이다.

동아일보가 2011년 1월 21일 수도권 1,000석 이상 대극장 10곳의 객석 대비 여성 화장실 변기와 세면대 수를 조사한 것을 보면(고양 어울림누리, 국립극장 해오름극장, 샤롯데씨어터, 성남아트센터 오페라하우스, 세종문화회관 대극장, LG아트센터, 예술의전당 오페라극장, 우리금융아트홀, 충무아트홀 대극장, 한전아트센터) 객석 대비 여성 화장실의 변기 수가 가장 부족한 곳은 충무아트홀 대극장으로 변기당 객석 수가 36.2석으로 조사 대상 가운데 가장 번잡한 것으로 나타냈다. 또한 그 다음으로는 고양 어울림누리가 변기당 35.8석으로 두 번째로 번잡한 것으로 나타냈고, 샤롯데씨어터(변기당 33.5석) 순으로 객석 대비 화장실 수가 부족한 것으로 보도됐다. 반면 예술의전당 오페라극장은 2,283석 규모에 걸맞게 116개의 변기를 설치해 변기당 화장실 비율이 19.7석으로 가장 덜 번잡한 것으로 나타냈는데 이는 세종문화회관 대극장보다 800석 가까이 좌석이 적지만 변기 수는 배 이상 많은 것이다. 우리금융아트홀(변기당 20.1석), 국립극장 해오름극장(변기당 27.1석), 세종문화회관 대극장은 3,022석으로 국내 최대 좌석인 이 극장의 변기 수는 103개로 변기 한 개에 객석 수는 29.3석의 순으로 객석 대비 화장실 수가 넉넉했다. 국립극장 해오름극장은 확장 공사를 통해 변기 12개를 추가한 덕분에 상위권에 올랐다.

여성 화장실 세면대 수는 샤롯데씨어터가 9개로 가장 적은 것으로 나타났으며, 그로 인해 세면대 한 개당 객석 수는 137.8석에 이르렀고, 세종문화회관 대극장은 세면대당 객석 수가 120.9석으로 두·번째로 번잡한 것으로 나타났으며 기타 다른 8개 극장은 50~70석으로 비슷했다.

이같이 붐비는 공연장의 여성 화장실 문제는 2000년 들어 공연시장이 급성장했고, 관객의 대다수가 여성이기 때문이다. 급격한 여성 관객의 증가에 공연장 여성 화장실이 붐비는 것은 상식이 됐다. 세종문화회관, 국립극장, 예술의전당, 한전아트센터, 성남아트센터 등은 최근 몇 년 새 여성 화장실을 확충한 것도 이 같은 원인 때문이다. '공중 화장실 등에 관한 법률'에 따르면 1,000석 이상 공연장의 남성 화장실 대비 여성 화장실 변기는 1.5배 이상이면 된다. 하지만 실제 극장을 찾는 여성 비율은 그보다 높다. 여성 관객 비율은 70%만 되어도 남성 관객의 두 배가 넘는다. 여기에 여성의 화장실 이용 시간은 남성에 비해 1.5배 가량 길다는 문제를 극장도 문제점을 알고 있다.

LG아트센터와 샤롯데씨어터 등에서 인터미션 시간에 여성 화장실에 직원을 배치해 화장실의 빈칸을 찾아서 알려주는 등 화장실 회전율을 높이기 위해 노력하고 있고, 한전아트센터나 세종문화회관은 복잡한 로비층 화장실보다 다른 층 화장실 이용을 안내하고 있는 현실을 볼 때, 관련 법률에 따라 화장실을 만들어 놓아도 공연장의 여성 화장실이 붐비는 것이 현실에서 좌석 몇 개당 변기 몇 개식으로 구체적 기준을 마련하려는 한층 더 현실적인 대책 마련이 필요한 이유이다.

VI 선진스펙 vs 후진스펙

자녀가 타는 학원 셔틀버스 황색인가요?
다른 색인가요!

　　학원버스 천국인 대한민국! 대형 학원은 물론 소규모 보습학원에서도 '셔틀'을 운행하고 있다. 15인승부터 25, 45인승 등 크기도 다양하다. 어린이집, 유치원, 학원 등 13세 미만 어린이를 대상으로 하는 시설에서 운행 중인 어린이 통학버스는 약 10만 대로 추정된다. 그러나 경찰청에 등록된 어린이 통학버스는(조선일보, 2011.1.16) 이 중 단 5%인 500여 대이다. 현행 도로교통법에는 어린이 통학버스의 특별보호 규정이 마련돼 있지만, 통학버스를 운행하는 학원이 자기 차량을 '어린이 통학버스'라고 신고할 의무는 없다. 실효성 없는 규정인 셈이다.

　　도로교통법 제51조(어린이 통학버스의 특별보호)에 따르면 어린이 통학버스로 인정받으려면 관할경찰서에 신고하고 신고필증을 받아야 한다. 충족 요건은 까다롭다. 차량의 색상을 황색으로 칠하고, 내부엔 어린이용 좌석과 안전띠를 설치하고, 외부엔 어린이 보호표지를 붙여야 한다. 차량의 앞뒤에 각각 2개의 적색표시등과 황색표시등도 설치해야 한다. 교통사고에 대비, 피해를 전액 보상받을 수 있는 유상운송특약보험에도 가입해야 한다. 문제는 비용이다. 차량을 개·보수하는 데 200만~300만 원이 들고, 보험료는 일반보험에 비해 2~3배 비싸다. 경기도 성남에서 어린이집과 초등 보습학원을 운영하고 있는 한 원장은 '어린이 보호차량으로 등록하려면 목돈이 많이 들어, 신고를 한 학원장을 본 적이 없다'고 말한다. 이처럼 미등록 어린이 통학버스가 버젓이 운행을 하고 있지만 학부모들은 사정을 잘 모른다. 초등학생 두 명을 둔 한 학부모는 아이들 학원버스에 '어린이 보호 차량'이라고 쓰여 있어서 안전에 대해선 걱정하지 않았다며 신고제도가 있다는 얘기는 들어본 적이 없다고 말한다.

실제로 운행되는 학원 차량의 절반가량이 일명, '지입' 차량으로 개인 차주가 학원과 계약을 맺고 아이들을 실어 나른다. 학원 이름을 달고 달리지만 실제 버스를 소유한 사람도, 운행에 책임을 지는 사람도 개인업자인 셈이다. 경기도 안양의 보습학원을 운영 중인 원장은 지입차와 계약하면 버스를 구입할 필요도, 신경 쓰며 관리비를 들일 필요도 없다며 영세한 학원 입장에선 어쩔 수 없다고 항변한다.

지입차량 차주들은 학원으로부터 한 달에 160만~200만 원을 받고, 이 돈으로 차량수리비, 연료비, 세금, 보험료 등을 낸다. 경기도 안양에서 14년째 학원 버스를 운전하고 있는 기사는 "15인승 버스를 운전하며 학원으로부터 160만 원을 받는다"며 "기름값과 보험료 등을 내고 나면 실제로 얻는 수입은 100만 원이 채 되지 않아, 아침 7시부터 새벽 1시까지 중·고생 아침 통학, 어린이집, 보습학원 등에서 버스 운행을 한다"고 했다. 이 기사는 또 "벌이가 적어 주말엔 교회와 결혼식장에서도 운행해 늘 피곤한 상태"라며 "경기가 어려워지면서 너도나도 학원버스 운행에 뛰어들고, 기름값까지 올라 10년 전보다 사정이 좋지 않다"고 했다. 국회입법조사처가 한나라당에 제출한 자료에 따르면 약 74.9%의 자가용 버스 차주가 2곳 이상의 기관에서 운행을 하고 있어 운전자 피로에 따른 사고 위험이 커질 수밖에 없는 이유다.

차량에 탄 아이에게 사고가 났을 경우 보상해주는 '유상운송특약'에 가입한 통학버스 비율은 약 4.3%로 사망한 경우 누구로부터도 보상받지 못하는 경우가 발생할 수 있다. 통학버스 운전자 대부분이 통학버스 안전교육을 거의 받지 않는 데다 신원도 검증되지 않은 경우가 많기 때문이다.

2010년 12월 10일 오후 경기도 부천의 한 학원의 차에서 내리던 학생이 승합차 뒷바퀴에 깔려 사망했다. 이 학원 차는 어린이 통학버스로 등록돼 있지 않았고, 아이들이 차에 타고 내리는 것을 돕는 인솔자도 없었다. 이 학생이 숨진 부모는 어떠한 보상도 받지 못했다. 학원버스 운전자 과실로 결론이 났지만 학원버스가 특약보험에 가입돼 있지 않아 보험사로부터 보상을 받을 수 없었기 때문이다. 이 학생의 부모는 학원과 운전자 모두 어떠한 대책도 내놓지 않고 있어 피해는 고스란히 피해자 유가족의 몫이 된 것이다.

콜~ 해도 오지 않는 콜택시

　지난 2011년 1월 8일 자정쯤, 서울 역삼동 회사 인근에서 화곡동 집으로 돌아가기 위해 택시를 잡으려던 한 택시 승객이 추운 밤 길거리에서 1시간 가량이나 발을 동동 굴러야 했다. 일반 택시를 잡기 어려워 콜택시를 불렀지만 돌아오는 답변은 "주변에 차가 없다"는 문자뿐이었다(서울신문, 2011.1.11). 결국 인적이 뜸해진 새벽 1시쯤이 돼서야 어렵게 택시를 잡은 승객에게 기사는 "다음부터 콜택시가 필요하면 전화하라"면서 자신의 개인 연락처가 적힌 명함을 건넨다. 서울시 브랜드 콜택시 회사로 걸려오는 이용자들의 콜(콜택시를 부르는 손님 요청)을 전달해주는 단말기는 아예 꺼져 있었다.

　시민들이 일반 택시를 잡기 힘든 밤늦은 시간에 편리하게 이용하도록 하겠다며 브랜드화한 '서울시 브랜드 콜택시'가 시민들의 원성을 사고 있는 것이다. 시행 4년째를 맞아 인지도가 높아지면서 이용자는 크게 늘었지만 기사들의 변태 영업 때문에 애꿎은 시민들만 불편을 겪고 있는 것이다.

현재 서울시에 등록돼 있는 6개 회사의 브랜드 콜택시는 2010년 11월 현재 4만 2,256대로, 2010년 하루 평균 콜 처리 건수인 2만 3,000여 건의 2배에 가깝다(서울신문, 2011.1.11).

그럼에도 콜택시 잡기가 힘든 것은 장거리 손님만 골라 태우려는 일부 콜택시 기사들이 멀리 가는 손님들에게만 개인 연락처를 전해 필요할 때 연락을 하도록 하는 등 변태 영업을 일삼고 있기 때문이다. 이들은 콜 수신이 가능한 단말기는 아예 꺼놓은 채 자신의 휴대전화로 직접 '돈이 되는 손님'만을 골라 받고 있는 것이다.

이 때문에 회식 등으로 밤늦도록 모임을 가진 시민들은 아무리 전화를 걸어봐야 돌아오는 대답은 "택시가 없다"는 문자뿐이다.

서울시 브랜드 콜택시를 이용할 때 시민들은 목적지를 미리 밝히지 않아도 된다. 이 때문에 일부 콜택시 기사들은 목적지를 알 수 없는 손님보다 자신이 이전에 한번 태워본 적이 있는 장거리 손님만을 골라 태우기 위해 콜택시 센터로 걸려오는 내비게이션 단말기를 끈 채 휴대전화로 걸려오는 콜 요청만 선별해서 받고 있는 것이다.

이처럼 시민들의 불편이 계속되고 있으나 서울시와 브랜드 콜택시 회사들은 대책을 내놓지 못하고 있다. 서울시 도로교통본부 택시정책팀 관계자는 "서울시 브랜드 콜택시라고 서울시에서 직접 관리하는 게 아니라 홍보하고 운영을 독려하는 것일 뿐"이라면서 "콜택시 관련 민원이 들어오면 해당 업체에 전달하는 역할만 하고 있다"고 말했다.

브랜드 콜택시 회사들도 개인 명함을 전달하는 기사들에게 벌점을 적용해 한시적으로 배차 금지를 시키는 등 자구책을 내놓고 있지만 실효성이 없기는 마찬가지다.

제도가 도입된 취지는 좋은데 운영에 따른 한계를 계속 수정·보완해 주어야 하나 현실은 관리기관이나 운영회사들 간 책임 떠넘기기만 하고, 변명과 이유만 있는 현실에서 하나의 제도가 도입되어 정착되기까지에는 많은 시행착오와 과정에서 문제가 따르는 법인데 현실에 문제가 있다면 바로 교정과 보완이 안 되고 네탓·내탓만 하니 고객이 봉인가.

VII

큰 복지

작은 복지

감·춰·진·비·밀 ● 숨·겨·진·진·실

'복지 포퓰리즘' 감춰진 진실

정치권의 복지 포퓰리즘이 갈수록 도를 더해가고 있다. 무상급식과 무상의료에 이어 무상보육과 '반값 등록금' 등 이른바 '무상 시리즈'를 잇달아 내놓으면서 정치권의 복지 논쟁이 가열되고 있다. 이 정도면 복지가 아니라 선심성 정치공세라 해도 과언이 아니다. 문제는 2012년 총선과 대선을 앞두고 있다는 점에서 앞으로 이 같은 '선심성' 정책 경쟁은 더 뜨거워질 것이라는 점이다. 그러나 모든 것을 '공짜로 해준다'는 선심경쟁은 무책임하고 위험하기까지 하다.

정치권이 정책대결을 하는 것 자체가 나쁠 것은 없다. 특히 국가의 궁극적인 목표가 모든 국민이 풍요롭고 인간답게 사는 선진 복지국가라는 점에서 복지 문제가 정치적 쟁점이 되는 것은 당연한 일이다. 그러나 아무리 정치적 목적이라 해도 실현 가능성, 국가와 국민경제에 미치는 영향, 외국의 사례와 경험 등에 대한 충분한 검토가 전제돼야 한다. '아니면 말고'식의 저질 폭로 정치처럼 표만 얻으면 그만이라는 식의 선심경쟁으로 변질될 경우 복지가 아니라 국가경제를 불구로 만

드는 정치적 술수에 지나지 않는다.

서울경제(2011.1.14) 보도자료에 의하면 무상보육에 4조 1,000억 원, 무상의료에 8조 1,000억 원, 무상급식에 1조 원, 반값 등록금에 3조 2,000억 원 등을 포함해 16조 4,000억 원이면 이른바 '보편적 복지'를 실현할 수 있다는 것이다. 그리고 이를 위한 재원은 종합부동산세, 양도소득세 인하 등 '부자감세' 철회, 4대강 등 사회간접자본 투자비용 축소, 성장에 따른 세수 증가분으로 마련할 수 있다는 것이다. 문제는 무차별적으로 베푸는 복지는 한번 가동되기 시작하면 적정한 수준에서 제어가 안 된다는 데 있다. 복지병에 걸려 국가경제가 거덜 나고서야 정신을 차리지만 치유가 어렵다. 16조 4,000억 원이 문제가 아니라 그 이후가 문제인 것이다. 과도한 복지의 종말이 어떤 것인지는 북유럽 국가들의 경험이 잘 보여준다. 현실성이 없는 복지정책은 매표행위나 다름없다.

2007년 2월 당시 유시민 보건복지부 장관은 시민단체로부터 '국민불신임장'을 받았다(중앙일보, 2011.1.19). 장관 자리에서 물러나라는 요구였다. 의료급여와 국민연금 전면 개악에 대한 책임을 지라는 것이었다. 유 장관은 2006년 취임 당시 10여 가지의 개혁 과제를 갖고 왔다. 이 중 대표적인 개혁 대상이 의료급여·장애인 차량 LPG 지원·국민연금이었다. 이런 카드를 하나씩 꺼내사 임기 내내 시민단체들의 비판이 끊이지 않았다. 진보 계열의 시민단체들은 유 장관과 노무현 정부를 싸잡아 '배신자'라고 비난하기도 했다.

이 세 가지 개혁의 공통점은 혜택을 줄이는 것이다. 병원 문턱을 높이고 장애인 차량 LPG(액화천연가스) 지원을 없애고 연금 지급액을 크게 줄였다. 장애인·노동계 등의 반발이 극심했지만 이를 넘어섰다.

국민들은 무상복지 시리즈를 보면서 노무현 정부 시절에 비해 이렇게까지 달라질 수 있는지 의아하다고 비판한다. 당시 개혁은 느슨한 구멍을 막아 지속 가능한 제도의 토대를 만드는 매우 합리적인 방향이었다.

의료급여 개혁은 최근 내놓은 무상의료와는 반대 방향으로 간 것이다. 무상의료에서 유상의료로 갔다. 의료급여는 기초수급자 의료비 지원 제도다. 168만 명이 대상이며 이 중 근로능력이 없는 108만 명(1종)은 원래 무료였는데 2007년 7월부터 병원에 갈 때마다 1,000~2,000원을 내도록 바꿨다. 유 장관은 당시 보고서에서 "하루에 27군데 병원을 간 사람도 있다"고 지적했다. 무료이다 보니 의료 남용이 너무 심하고 예산 증가 속도가 빨라 감당할 수 없다고 판단했다(중앙일보, 2011.1.19).

보건복지부 분석에 따르면 개혁 첫해인 2007년 1인당 외래진료 일수가 1% 줄었다. 1인당 진료비 증가율도 2003~2006년 9~13.2%에서 2007년 4.8%, 2008년 5.4%로 꺾였다. 건강보험공단은 2008년 3,400억 원의 지출을 줄였고 2013년에는 1조 3,230억 원을 절감할 것으로 추정했다(최지숙, 2010). 무상의료 방안은 입원 환자 부담을 38.3%에서 10%(연간 최대 100만 원)로 낮추는 것인데 이럴 경우 병원 문턱이 낮아져 의료 과소비를 감당할 수 없을 것이라는 비판을 받고 있다.

장애인 차량 LPG 지원도 누구나 문제점을 알고 있었다. 유 장관은 2006년 "차를 살 경제력이 없거나 운전하는 가족이 없는 장애인에게는 아무 소용이 없는 제도"라고 지적했다. 장애인 중에서 차가 있는, 상대적으로 여유가 있는 사람에게도 보조금을 지원하는 문제점을 개선하려 했다. 연간 46만 대의 차량 지원금 2,715억 원을 단계적으로 없애고 대신 저소득 중증장애인 23만 명을 대상으로 한 월 9만~15만 원의 장애연금(수당) 재원으로 돌렸다.

노무현 전 대통령은 유 장관의 의료급여와 장애인 LPG 개혁 방향에 힘을 실어줬다. 국민연금 개혁은 노 대통령이 먼저 주창했다. 노 대통령은 2005년 국회 국정연설에서 "국민연금 개혁, 비정규직 대책 등 사회 갈등을 해결하려면 이해 집단의 양보가 필요하다"며 정책 파트너인 시민사회의 양보를 요구했다.

유 장관도 취임 일성으로 국민연금 개혁을 강조했다. 하지만 한나라당의 강력한 반발에 부닥쳤다. 한나라당은 모든 노인에게 월 13만~30만 원을 지급하는 기초연금제 도입을 주장했다. 이는 당시 포퓰리즘의 전형으로 비판 받았다. 2030년엔 170조 원이 드는 것으로 추정됐다. 유 장관은 기초노령연금제(2030년 37조 원 소요 추정)로 완화해 한나라당을 설득했다. 또 2008년 소득 대비 노후연금의 비율(소득대체율)을 50%에서 40%로 낮췄다. 이 덕분에 연금 기금 고갈 걱정이 대폭 줄면서 신뢰도가 올라갔다. 이처럼 정책의 지속성 없이 정권마다 바뀌고, 등장하는 장관마다 취임 일성으로 단기 인기있는 정책만 들먹이며 눈가리고 아웅하면 국민들은 끝까지 이를 모를까?

"오판, 윽박, 머뭇, 떠넘기기"

　글로벌 경제위기를 어느 나라보다 빠르게 극복했고 G20(주요 20 개국) 정상회의로 국격제고의 호기를 맞았다고 호들갑 떨던 정부가 2011년 들어 이어지는 물가폭등과 전세대란, 전력난, 구제역 및 조류 인플루엔자(AI)의 확산 등의 갖은 악재를 두고 정책실기의 모습을 연출하면서 시장과 국민에 고통만 가중시키고 있다는 비난이 높아지고 있다. 물가, 전세, 전력 모두 사전에 예상 가능했던 변수였으나 재탕 삼탕 대책에 책임 전가의 모습을 보이고 있는 것이다.

　지난 2010년 수출과 무역흑자가 사상최대를 기록하면서 우리나라 는 어느 나라보다 빠르게 글로벌 경제위기를 회복했다. 외화가 대거 유입되면 시중에 돈이 많이 풀리고 자연히 물가가 상승한다. 특히 미 국이 달러를 대량 살포하면서 원유 등 국제 원자재시장에 투기성 자금 도 몰리면서 원자재값이 뛰기 시작했다.

　물가를 잡기 위해서는 금리를 올려 시중의 돈을 거둬들이고 인플레 이션 심리를 억제할 수 있다. 그러나 금리인상을 예고하던 시그널(신호)까지 주던 한국은행 총재는 끝까지 동결카드를 쥐었다가 근 10년 동안 한 번도 없었던 1월에 금리인상을 했다. 그 사이 물가는 이미 지붕뚫고 하이킥 상황을 연출했다.

2010년 하반기부터 내놓았던 물가대책을 보도한 아시아경제 (2011.1.19) 보도자료에 의하면 지난 2011년 1월 13일 종합선물세트 형식으로 물가대책이 나왔지만 시장의 반응은 썰렁했다. 2년간 동결해온 공무원 봉급을 5%를 올리면서 물가 3%를 달성하겠다는 정부의 의지를 믿을 국민은 없었던 것이다. 실제로 한은은 내부적으로 2011년 1·4분기 소비자물가 상승률이 4% 내외를 기록한 것으로 발표했다. 한은의 2011년 물가 상승률 전망치는 상반기 평균 3.7%였다. 이는 2011년 국제 유가가 배럴당 평균 87달러일 것이라는 전제를 배경으로 나온 수치이나 이미 국제유가는 두바이유 기준 90달러를 넘어섰다. 원유, 금속광물, 농산물 등 원자재 가격이 10% 오르면 국내 물가 상승률은 1.35%포인트 더 높아지는 것으로 분석되기 때문이다.

이명박 정부가 집권하면서 그전 10년을 '잃어버린 10년'이라고 규정한 것 중 하나는 이전 두 정권이 시장경제의 원칙을 훼손했다는 점이다. 이 대통령도 취임 일성부터 비즈니스프렌드를 강조해 올 정도로 시장을 중시했다. 즉 정부 개입은 최소화하고 시장의 견제와 균형장치가 잘 돌아가게 하겠다는 것이었다. 그러나 대통령이 특정품목(통큰치킨, 기름값)을 공개적으로 언급하고 정부가 각 부처의 힘(규제)을 이용해 해당 업종, 기업체에 물가 인하를 요구하는 것이 바람직하지 않다는 목소리가 높았다.

Ⅶ 큰 복지 vs 작은 복지

실제로 고공행진하는 기름값과 관련해 정부는 정유사에 기름값 인하만 요구하면서 절반이 넘는 세금에 대해서는 감면계획이 없다는 입장을 고수해 왔다. 세수가 줄어들고 효과도 적으니 기업들이 무조건 내릴 수 있는 선에서 내리라는 압박이다. 정부가 모든 수단을 동원해 공공요금을 동결하고 물가를 단기적으로 끌어내릴 수는 있어도 인상 요인이 잠복해 있으면 추후에 더 큰 폭으로 오를 수밖에 없다. 2008년에 전기, 가스요금을 묶은 이후 한국전력과 가스공사는 3조 원(영업손실)과 5조 원(미수금)의 손실을 봤다. 공기업이 손실이나 적자가 나면 결국 국민들의 세금에서 메꿔야 하는 아랫돌 빼서 윗돌 괴는 꼴밖에 안된다.

한편 전국에 확산됐던 구제역과 조류인플루엔자(AI)도 정부가 초동 대응에 실패하면서 200만 마리가 매몰됐다. 땅에 파묻은 비용만 1조 2,000억 원이 넘는다. 이런저런 비용을 합치면 2조 원에 육박한다. 경북 안동에서 구제역이 최초로 신고된 것은 지난 2010년 11월 23일이다. 그러나 방역 당국은 이를 11월 29일에야 확인했다. 정부가 구제역 발생 지역을 6일간 방치하면서 구제역 피해를 키웠다는 지적이다. 정부는 특히 구제역 청정국 지위를 유지하려 구제역이 발생하고도 1개월 가량이나 백신 접종을 미뤄 구제역은 더욱 빠르게 확산됐다는 비판을 받았다. 이에 앞서 농식품부는 지난 2010년에도 배추작황이 좋지 않을 것이라는 예고가 있었음에도 별다른 대처를 하지 않았고 배추값 파동이 일고 나서는 가격이 최정점에 이르러서 대책을 고민하고 국정감사를 사흘 앞둔 시기에 발표해 급조했다는 비판도 받았다.

가정과 빌딩에서의 전기난방으로 인한 난방수요의 증가도 비판받아 마땅하다. 2011년도 계속되는 한파로 인해 전력수요가 사상 최대 기록을 경신했다. 난방사용을 자제하고 과도한 전기소비를 줄여달라고 2010년 1월 12일 최경환 지식경제부 장관이 대국민 담화문을 발표하였다. 정확히 1년 뒤 같은 날인 지난 2011년 1월 12일 최 장관은 같은 자리에서 같은 내용의 담화문을 발표했다. 2010년 12월 15일, 1월 7일 전력수요가 사상최대를 경신했을 때에도 지경부는 "2011년에도 대국민담화를 또 하겠냐"고 낙관했다.

그런데 2011년 1월 10일에 이어 17일 최대전력수요가 정부 전망치(7,250만kW)를 80만kW나 상회한 7,314만kW를 찍었고 예비전력도 역대 최저치에 위험수준인 400만kW(404만kW)를 위협했다. 지경부는 2011년 동절기 최대전력수요는 전년 대비 5.1%(354만kW) 증가한 7,250만kW로 예상하고는 안정적 전력공급이 가능할 것으로 예상했었다. 지경부는 2010년이나 2011년에 전기요금이 원가 이하로 판매돼 저렴한 데다 전기난방기구 사용이 증가해서라는 이유를 내걸었다. 현재 전기요금은 원가의 94%수준에서 공급되고 있다. 팔면 팔수록 밑지는 현실에서 전기난방이 과도하게 사용되면서 전력대란의 빌미를 제공해준 셈이다.

복지국가, 복지 포퓰리즘

복지에 대해 이명박 대통령이(미디어오늘, 2010.12.23) "정부의 복지 예산은 매년 늘어나고 있으며, 2011년 복지 예산은 역대 최대"라며 "우리가 복지국가라고 해도 과언이 아닐 정도의 수준"이라고 했다. 하지만 결론부터 말하면 이 대통령의 발언과 현실은 좀 다르다. 왜 그럴까. 이를 따져보기 위해 우선 12대 주요 분야별로 2011년 예산이 어떻게 배분되는지 분야별로 보면, 보건복지 86.3조 원, 일반 공공행정 53.2조 원, 교육 41.3조 원, 국방 31.3조 원, SOC 24.3조 원 등의 순으로 나타나고 있다.

현 정부의 전반적 기조를 보기 위해 경제위기 이전에 편성된 예산이자 현 정부 출범 첫 해인 2008년의 예산 대비 2011년 예산안의 분야별 증가율을 살펴볼 때 우선, SOC 예산은 2008년 대비로는 24.0%나 늘어 전체 총지출 증가율 17.8%보다 훨씬 더 많이 늘어났다. 거꾸로 2010년 대비 7.8% 늘어나 평균 증가율보다 높은 교육 예산은 2008년 대비로는 16.0% 증가에 그쳐 평균 총지출 증가율을 밑돌고 있다. 물론

R&D와 보건복지 예산의 증가율이 여전히 크게 나타나기는 한다.

어쨌든 겉보기에 "정부의 복지 예산은 매년 늘어나고 있으며, 2011년 복지 예산은 역대 최대"라는 대통령의 말이 틀린 말은 아닌 것처럼 보인다. 같은 맥락에서 친기업 신문을 자처하는 일부 언론들도 정부의 '선심성 복지지출' 증가를 우려하는 기사를 쏟아내고 있다. 그런데 위에서 본 것처럼 경제위기 이후 급격히 늘렸다가 2011년 예산안에서 줄어든 SOC 예산을 빼고 나면 매년 늘어나고, 역대 최대가 아닌 예산 항목이 어디 있는가. 너무나 당연한 사실을 대단한 의미가 있다는 듯이 하니 황당하기 짝이 없다.

더구나 속사정을 알고 보면 현실은 오히려 대통령 발언과 반대에 가깝다. 우선, 정부가 보건복지 예산으로 잡은 항목들 가운데 상당 부분은 실제로는 보건복지 예산이 아니다. 예를 들어, 국토해양부 소관 기금 중 하나인 국민주택기금의 2011년 지출액은 2010년 대비 1.2조 원 늘어난 17.8조 원에 이른다. 전체 보건복지예산의 20.6%에 이르는 금액이 보건복지 예산으로 잡혀 있다. 하지만 기금의 성격을 뜯어보면 보건복지 예산이라기보다는 토건 SOC 예산에 오히려 가깝다. 국민주택기금 지출액의 약 65% 가량이 각종 주택 건설사업에 들어가는 돈이기 때문이다.

특히 2011년의 경우 기금 지출액의 53%가 넘는 9.5조 원이 보금자리주택사업에 지원된다. 그런데 보금자리주택사업의 3분의 2 가량은 서민용 공공임대/전세 주택이 아닌 공공분양 물량이다. 실제로 노무현 정부 마지막 해인 2007년 13만 호가 넘던 공공임대주택 물량(사업

승인 기준)은 2010년에는 5만 호 아래로 떨어질 것으로 추정됐다. '친서민 주택정책'으로 포장하고 있지만, 부동산시장 침체로 민간주택 물량 감소로 자금난에 시달리는 건설업체들의 자금난을 해소해주는 성격이 강하다. 따라서 이들 지출은 사실상 SOC사업 예산으로 잡아야 한다. 예산 곳곳에 분식돼 있는 SOC 예산은 매우 많다. 그래서 겉으로 드러나는 SOC 예산은 훨씬 더 많다고 봐야 한다. 더구나 국제적 기준에 따르더라도 이 같은 지출을 복지예산으로 잡는 나라는 없다.

또한 나머지 35% 가량을 차지하는 주택구입 및 전세 융자금 지원액도 보건복지 예산으로 잡기 어렵다. 이들 융자액은 일정한 시점에 원본에 이자까지 덧붙여 기금으로 회수하는 것이므로 재정지출액이 아니기 때문이다. 이 밖에도 보건복지 예산으로 분류된 예산 가운데 상당 부분은 각종 복지시설 건립비 등 사실상 토건사업 예산인 경우가 많다. 이처럼 성격상 보건복지 예산으로 잡아서는 안 될 예산을 복지예산으로 산입해 마치 '복지대국'인 것처럼 부풀리고 있는 것이다. 하지만 정부는 분식행위가 드러날까 봐 그런지 복지 예산의 항목별 소상한 내용을 국민들에게 공개하지 않고 있다.

또 하나 고려해야 할 사항은 보건복지 예산은 저출산 고령화 추세가 급속히 진행되고 있어 재정수요가 급증하는 분야라는 점이다. 이미 과잉 투자돼 재정수요가 급감하고 있는 SOC 예산과는 정반대 흐름을 나타내고 있다.

예를 들어, 기본적인 사회보장 및 복지 제도에 따라 의무적인 지출액만 따져도 계속 커질 수밖에 없는 영역이다. 매년 최저생계비가 인상되면 그에 준해 기초생활수급 대상자 수와 수급액이 늘어날 수밖에 없다. 또한 2010년대에는 베이비붐 세대의 본격적인 은퇴가 본격화하면서 국민연금을 내던 사람들이 이제는 연금을 타쓰는 사람으로 전환되게 된다. 이런 식의 의무적인 자연 증가분만으로도 매년 복지예산은 증가할 수밖에 없다.

이는 우리보다 앞서 고령화가 진행된 나라를 보면 쉽게 알 수 있다. 미국의 경우 정부 경상지출 대비 사회보장비 지출 비중이 1990년 30% 수준에서 2009년 41% 수준까지 늘어났다. 일본의 경우에도 1990년 16.5% 수준에서 2006년에는 25%를 넘어섰다. 서구 유럽에 비해 복지 수준이 상대적으로 낮은 미국과 일본조차도 고령화가 진전됨에 따라 사회보장지출 비중은 꾸준히 늘어날 수밖에 없다. 더구나 현재 한국은 세계의 대표적인 고령화 국가인 일본보다 더 빠른 고령화 추세를 나타내고 있다. 이런 상황에서 보건복지지출 비중은 가만히 있어도 매년 역대 최대가 될 공산이 매우 커진다. 그렇다고 해서 미국이나 일본 등의 언론들이 이런 현상을 두고 매년 '복지예산 역대 최대'라며 복지예산을 줄이라는 식으로 보도했는지는 의문이다.

실제로 당장 2011년 예산안 가운데 공적연금 지원액 2.2조 원, 보훈보상금 0.7조, 건강보험 지원금 0.3조, 의료급여 0.2조, 기초노령연금 0.1조, 노인요양보험 0.1조 등 3.6조 원이 의무적인 지출 증가분에 해당한다. 또한 주택부문 증가분 1.3조 원도 사실상 융자금 성격의 돈이어서 복지지출로 보기 어렵다. 이에 더해 앞서 부당하게 복지예산으로 산입된 국민주택기금의 증가분 1.2조 원을 합치면 약 4.8조 원이다. 이것만으로도 2010년 대비 보건복지 예산 증가액 5.1조 원과 맞먹는다. 의무적 지출이나 사실상 복지예산이 아닌 항목을 빼면 실제로는 보건복지 예산이 거의 증가하지 않은 셈이다.

더구나 2011년 물가 상승률을 약 3%로 잡는다면 실질 가치로는 3% 가량 보건복지 예산이 줄어든다는 계산이 나온다. 또 GDP나 전체 예산규모 대비 다른 부문 예산안이 늘어난다는 것을 감안하면 정부가 자기 재량으로 늘리는 보건복지 예산은 오히려 뒷걸음질치고 있다는 뜻이다.

사정이 이렇다 보니 기존 취약계층이나 저소득계층에 대한 복지지원액은 오히려 줄고 있다. 이 문제에 대해 꾸준히 추적하고 있는 참여연대에 따르면 복지예산 가운데 취약계층을 위한 예산 비중은 2006년 18.7%였으나 2008년 15.6%, 2009년 12.4%, 2010년 11.8%로 줄었고 2011년 예산안에서는 11.5%로 떨어졌다. 특히 건강보험 본인부담금과 보험료 등을 면제받는 의료급여 수급자가 크게 줄어들었다. 2007년 197만 8,000명(인구 대비 4.1%)이던 의료급여 대상자는 2010년에는 174만 5,000명(인구 대비 3.6%)으로 줄었고 2011년에는 172만 5,000명(3.5%)로 줄어들 것으로 보인다고 한다.

4인가족 기준으로 월소득 186만 7,435원 미만 가구를 나타내는 기초생활수급대상자 역시 2010년 163만 2,000명에서 2011년에는 160만 5,000명으로 줄어든다. 이들을 위한 생계급여 예산도 2010년의 2조 4,491억 원에서 2011년 예산안에서는 2조 4,459억 원으로 32억여 원 줄어든다.

이에 더해 국회 예산 통과 과정에서 삭감된 복지 예산이 적지 않다. 2009년 542억 원, 2010년 203억 원이 배정됐던 방학중 결식아동 예산과 영유아 예방접종비 194억 원이 전액 삭감된 것이 대표적 사례다.

이처럼 무자비한 서민예산 삭감이 현실에서는 어떤 충격을 미칠까? 2008년 말 당시 사회복지사로 일하던 경기도 고양시의 기초생활대상자의 경우 한국의 열악한 복지 현실에 마음이 찢어지는 것 같다고 했다. 생활도우미가 절실히 필요하지만 도움을 받지 못해 변도 처리하지 못하고 있는 장애인, 매일 끼니를 라면으로 때우고 전기요와 홑이불 몇 개에 의지해 겨울을 나던 60대 노인, 컨테이너 박스에서 노환에 시달리며 한 달 생활비 30만 원으로 겨우 살아가던 독거노인, 차상위 계층에 대한 건강보험 지원이 끊기면서 약값 부담 때문에 발을 동동 구르던 할머니 등….

그런데 사회복지사 한 명의 급료를 포함해 80여 가구를 대상으로 하는 복지사업에 배정된 1년 예산은 겨우 1억 원. 예산이 조금만 더 있어도 정말 많은 일을 할 수 있겠다며 안타까워한다. 그런데 그 해 말 정부는 경제위기 극복과 서민경기 부양을 명목으로 각종 토건사업을 대대적으로 벌이고 조기 예산 집행에 나섰다. 당시 여당 소속 시장이 있던 고양시도 비슷하게 움직였다. 그러면서 담당하던 거점센터에 지원하기로 했던 예산은 당초보다 3,000만 원 깎이고 말았다.

중앙정부는 국민들의 반대 여론이 높은 4대강 사업에 수십조 원을 투입하고, 고양시는 지금도 가동률이 50%에 불과한 킨텍스 옆에 제 2 전시장을 짓는다며 3,500억 원을 썼다. 고양시 1년 전체 사회복지

예산의 1.5배에 이르는 돈이다. 턴키사업으로 진행되는 그 건설사업비 가운데 1,000억 원은 건설업체에 그냥 퍼주는 돈이나 다름없다. 한 달에 단돈 몇 만 원이 아쉬워 최소한의 인간적 삶도 못 누리는 이웃들을 방치하면서 말이다.

이처럼 열악한 대한민국 복지 현실은 OECD 국가 간 비교에서 명확히 드러난다. GDP 대비 한국의 공적사회복지지출은 8% 수준으로 경제협력개발기구(OECD) 국가 평균 21%의 3분의 1 수준을 조금 넘는다. 이런 상황에서 이 대통령이 '복지국가로 진입하고 있다'고 말하고, 기획재정부장관이 '복지를 즐긴다'고 표현하며, 서울시장이 '망국적 복지 포퓰리즘'을 주장하는 것은 지나친 현실 왜곡이자 기만이라고 할 수 있다.

물론 일부 정책 기획과 집행 과정의 문제로 복지예산 가운데도 문제 소지가 있는 정책은 분명히 있다. 하지만 그것은 복지예산이 전반적으로 과도한 것과는 무관하게 정부 정책의 기획 및 집행과정상의 문제, 그리고 관료시스템상의 문제인 경우가 더 많다. 그런 문제는 굳이 복지가 아니라 다른 예산 분야에서도 너무나 흔한 경우이다.

물론 복지라는 것이 무조건 돈을 많이 쓴다고 되는 것도 아니고, 국민들의 세 부담이나 생산경제에 대한 위축효과 등을 생각하지 않고 무작정 추진하는 것은 문제다. 예를 들어, 세계 최저수준의 저출산 문제를 해결하는 것도 무작정 예산을 퍼붓는다고 해결되는 것이 아니다. 높은 집값과 '승자독식구조'에 가까운 사교육비 경쟁, 양질의 일자리 부족으로 인한 청년층의 만혼화 현상 등 건전하고 지속가능한 사회경

분 노

제적 구조를 만드는 것이 근본적인 해법이지 저출산을 강요하는 구조
는 그대로 둔 채 예산을 퍼부어봤자 막대한 재원만 낭비하게 될 가능
성이 높다.

하지만 그럼에도 불구하고 현재 국내 복지수준이 상당히 열악하다
는 점과 향후 저출산 고령화의 충격이 본격화됨에 따라 복지수요가 급
증할 수밖에 없다는 점에서 지금부터라도 전략적으로 일정 수준의 사
회안전망과 복지지원체계를 단계적으로 준비해가지 않으면 안 된다.
그 같은 재원은 자산경제 부문에 대한 과세 확충과 지하경제의 투명성
강화 등을 통한 조세구조 개혁과 불요불급한 토건사업 억제 등 세출
구조조정을 통해 확보하는 한편 체계적인 정부시스템 개혁을 통해 정
책 기획 및 집행의 효율성을 높여가야 하기 때문이다.

휘발유값, 절반이 세금

　정부가 물가 관리의 첫 번째 목표로 기름값을 겨냥하면서 기름값의 적정성에 대한 의문이 커지고 있다. 이명박 대통령이 "기름값이 적정 수준인지 검토할 필요가 있다" "주유소 행태가 묘하다"고 말한 것은 일반 소비자들도 궁금하게 여기는 부분이다.

　국제유가가 하늘을 찔렀던 2008년 7월과 비교하면 최근 국제유가는 많이 떨어졌는데, 한국의 기름값은 별로 낮아지지 않았다는 것이 이 대통령의 지적이었다(동아일보, 2011.1.15).

　휘발유 국제가격은 2008년 7월 L당 864원이던 것이 지난 2010년 12월에는 722원으로 떨어졌다. 세금을 제외한 국내 휘발유 가격은 같은 기간 938원에서 784원으로 떨어졌다. 가격 인하폭이 16.4%로 같았다.

　업계는 3가지 변수를 감안하면 실질적으로는 국내 유가가 더 많이 떨어졌다고 주장한다. 변수는 관세, 유류세, 환율이다. 2008년 1%였던 관세는 2009년 3%로 올라 L당 11원 정도의 가격인상 효과를 냈다. 관세를 감안하면 국내 휘발유 가격 인하폭은 17.5%로 추산된다. 2008년에는 정부가 고유가 대책으로 한시적으로 유류세도 깎아줘 지금보다 L당 70원 정도 낮았다. 환율도 지금이 달러당 120원 정도 높다.

정유업계는 "변수 3가지가 모두 불리함에도 불구하고 국내 기름값이 많이 내려 정유업계의 이익률은 바닥 수준"이라고 주장한다. 2010년 1~3분기에 국내 4대 정유업체의 정유부문 누적 매출액은 63조 원이 넘었지만 영업이익은 1조 원이 안 된다. 반면 2010년 한 해 동안 국내 휘발유가가 국제가보다 인상액이 높았다. 소비자시민모임이 지난 2010년 국제 휘발유 가격과 정유사의 공장도가격 및 전국 주유소 평균가격을 비교 분석한 결과 국내 정유사는 국제 휘발유가 인상액보다 휘발유 공장도가를 L당 38원, 주유소의 소비자가를 29원 더 올린 것으로 집계됐다.

하지만 정유업계는 최대한 적정한 기름값을 매기고 있다고 주장한다. 만일 기름값이 부적절하다면 그 이유는 오히려 정부에 있다는 입장이다. 기름값에서 교통에너지환경세, 교육세, 주행세, 부가가치세가 합쳐진 유류세가 차지하는 비중이 너무 높아(휘발유 50%, 경유 41%, LPG 33%) 기름값을 낮출 여지가 없다는 것이다.

기름값이 오르면 주유소가 이득을 보는 것 아니냐는 의문에 주유소를 운영하는 사장은 "정권 바뀌고 주유소가 다 죽었다"고 말한다. 주유소는 물가 정책보다는 에너지 정책으로 접근해야 하는데 자꾸 물가를 잡겠다면서 주유소를 죽인다는 주장이다.

이 사장에 따르면 정유사가 주유소에 공급하는 기름값은 일주일에 한 번 정도 바뀌고, 주유소는 공급가와 주변 주유소의 가격을 감안해 수시로 가격을 바꾼다는 것이다. 그러나 서울은 상대적으로 기름값이 높게 책정된 반면 수도권과 지방은 가격 경쟁이 너무 치열해 마음대로 가격을 정할 수 없다는 게 업계의 설명이다.

그는 2011년 들어 인건비, 영업비 부담이 커져 주유소 마진이 5% 이하로 떨어지고 있다고 밝혔다. 특히 가장 큰 문제는 신용카드 수수료라고 말했다. 주유소 고객의 95% 정도가 신용카드로 결제하는데, 한 달 매출이 6억 원이라면 카드 수수료만 900만 원이다.

서울에서 주유소를 운영하는 한 사장도 "기름값은 올라가도 마진 액수는 거의 똑같다. 매일 인터넷에 가격이 공개되는데 마진을 올리면 버틸 수가 없다. 고객들한테 욕먹으면서 세금, 카드수수료, 영업비만 더 나간다"고 말한다.

주유소에서 기름을 넣는 소비자들이 '묘한 행태'로 의심하는 것 중 하나는 "국제유가가 오르면 주유소 기름값이 바로 오르는 것 같은데, 왜 국제유가가 내려도 주유소는 기름값을 잘 내리지 않는 걸까"라는 의문이다. 이에 대해 정유업체는 "약 2주의 간격을 두고 국제 석유제품 가격의 등락폭이 대체로 반영된다"고 반박한다. 그러나 기름값 인상에는 적극적, 인하에는 소극적인 주유소도 적지 않다.

현실적으로 기름값을 내릴 방법은 '없다'는 답이 유력하다. 국내 기름값은 국제 시세에 연동되므로 인위적으로 가격을 조정할 길이 없기 때문이다. 부득이하게 조절할 수 있는 부분이라면 세금뿐이다. 하지만 세수의 15% 가량을 차지하는 유류세를 정부가 내릴 가능성은 거의 없다.

정부의 기름값 인하 압박에 정유업계는 '드디어 올 것이 왔다'며 긴장하고 있다. 이명박 대통령이 기름값 문제를 지적하고 공정거래위원회가 주유소 현장조사에 나선 데 이어, 2011년 1월 14일 기획재정부도 석유가격 대책 태스크포스를 구성하자 '어떻게든 기름값을 내려야 한다'는 부담감을 느끼는 분위기다.

정유업체들은 일단 기름값을 내릴 수 있는 모든 방안을 고민해 보겠다는 뜻은 밝혔지만 이마저도 정부가 몰아붙이는 강도가 심상찮다는 판단에 따른 것이다. 실제로 액화석유가스(LPG) 업계의 경우 2010년 말 정부의 간접적인 압박이 들어옴에 따라 당초 20%로 계획했던 1월 가격 인상률을 10% 선으로 낮춘 것으로 알려졌다. 한 정유업체는 "마른 수건이라도 짜야 할 분위기다. 국내 정유 마진은 L당 10~20원으로 낮은데 이마저도 포기해야 하는 것 아닌지 모르겠다"며 "전체 주유소 가운데 정유사의 직영 주유소가 17%인데 직영이라도 주변 자영 주유소와의 경쟁 때문에 가격을 자율적으로 결정하고 있어 정유사는 사실상 주유소에 대한 가격통제권도 없다"고 말한다.

정유업체의 최대 고민은 과연 기름값을 얼마나 내려야 정부와 소비자를 만족시킬 수 있느냐는 것이다. 설령 정유 마진을 완전히 포기한다 하더라도 소비자들이 L당 10~20원의 가격 인하로 유가 인하 효과를 체감하지 못할 것이란 점이 문제다. 유류세를 손질하지 않는 이상 L당 수백 원을 인하하는 것은 아예 불가능하기 때문이다.

이런 가운데 정유업계는 물가가 뛸 때마다 정유사와 주유소가 폭리의 주범으로 오해받는 것은 억울하다는 분위기다. 한 정유업체 관계자는 "석유제품 가격은 국내 산업 가운데 가장 투명하다. 반도체나 철강

공급 가격을 공개하는 것 봤나? 우리는 폭리를 취할 수 없는 구조"라고 말한다. 외국투자 자본이 많이 들어와 있는 정유업계의 특성상 해외 투자자들이 국내 정유시장을 기형적으로 보는 것도 장기적으로 마이너스가 될 것이란 우려도 있다.

정부에 고유가 대책은 사실 '답이 없는 숙제'다. 2008년 이후 국제유가가 오를 때마다 각종 대책을 내놓았지만 실효성 논란 및 재원 부담 등의 이유로 큰 성과를 보지 못했다.

2008년 국제유가가 천정부지로 치솟고, 이로 인해 무역수지마저 악화될 위험을 보이자 정부는 대책을 쏟아냈다. 기획재정부는 2010년 3월 유류세 10% 인하 대책을, 지식경제부는 4월 '신(新)고유가 시대 에너지 절약 대책'을, 6월에는 정부 합동으로 고유가 민생 종합대책을 발표했지만 국민이 체감하는 효과는 미미했다. 유류세의 경우 세금 인하에도 불구하고 유가가 급등하면서 가격 인하 효과가 미미했고, 유가 상승으로 부가가치세(10%) 금액이 덩달아 오르면서 소비자들은 대책의 효과를 거의 실감하지 못했다. 당시 정부는 일반 주택의 실내 냉난방 온도를 제한하겠다고 밝히기도 했지만 정부 내에서조차 "현실성이 없다"는 비판을 받았다.

2008년 4월부터는 전국 주유소의 기름값을 비교해 볼 수 있는 주유소정보 종합사이트 '오피넷'이 문을 열었다. 당초 정부는 가격 경쟁을 유도해 기름값을 내릴 수 있으리라 기대했지만 큰 효과는 없었다. 같은 목적으로 도입된 대형마트 셀프 주유소는 지역 소비자들의 호응을 얻었지만 인근 주유소들의 반발 및 대기업슈퍼마켓(SSM) 이슈와 맞물려 현재 주로 지방에서 제한적으로 운영되는 상황이다.

이에 대해 정부는 "현재 원가와 세금을 제외하면 정유사들이 움직일 수 있는 가격 폭은 L당 채 몇십 원이 안 된다"며 "소비자들이 가격 인하를 체감하려면 최소 100원, 200원은 낮아져야 하는데 업체들에 적자를 보라고 강요할 수도 없지 않느냐"고 토로했다. 이 관계자는 "현재 1.5%인 카드수수료를 인하하자는 의견도 있지만 현실적으로 특정 업종만 카드수수료를 내리는 것도 문제"라며 "결국 고유가가 계속되면 에너지 절약밖에 답이 없다"고 말한다.

그런데 고유가에 대응하는 정부나 소비자, 기업 등의 자세는 서로 상충된다. 유가인상에도 불구하고 소비자 물가를 안정시키겠다고 공정거래위원회까지 발 벗고 나섰다. 반면 일부 석유업계 관계자는 이런 정부의 가격 인하 압력에 불만을 표시하며 그러려면 차라리 국유화하라고 핀잔할 정도다.

최종비용을 지불하는 소비자들은 유가상승의 책임이 누구에게 더 큰지를 잘 모르는 듯하다. 소비자가 휘발유 값을 지불하면 정유업계, 주유소, 국가 그리고 석유생산국이 나눠 갖는다. 2010년의 경과를 분석해 보면 1년 동안 정유업계와 주유소는 고유가 이전보다 L당 29원 정도를 더 많이 챙겨갔다. 반면 정부가 취하는 유류세는 종량세로서 유가변동과 무관하게 L당 750원이고, 이는 통상 가격의 55% 수준에 해당한다.

따라서 현재의 휘발유 값에서 29원 전부를 되돌려 받더라도 소비자 입장에서는 차이를 느끼기 어렵다. 유류세를 인하하지 않고서는 소비자 부담을 경감할 다른 방안이 없는 셈이다. 2008년 고유가 시절에 정부가 유류세를 10% 인하한 선례도 있다. 유류세를 낮추면 서민을 포함한 소비자도 좋고 물가안정에도 도움이 돼 정치적으로도 긍정적 효과를 볼 수 있다.

그런데 정부는 유류세를 낮추려는 움직임은 조금도 보이지 않는다. 사회간접자본 건설이나 교육 등의 분야에 필요한 재원이 부족해질까 봐서다. 또 환경단체도 가격인하로 수요가 늘어나면 환경에 심각한 문제를 빚을 것이라고 반대한다. 유류세를 현행대로 유지할 것이라고, 조세 당국은 판에 박힌 입장만 발표한다.

현재의 이런 논쟁에는 매우 중요한 요소가 빠져 있다. 다름 아닌 전기에너지 문제다. 여름철 냉방수요가 불렀던 전력사용량 최고치가 최근에는 겨울철에도 나타나 전력공급 비상사태를 초래하고 있다. 공장이나 소비자가 겨울철 난방을 위해 석유(등유 등)보다 요금이 싼 전기에 의존하는 비율이 커졌기 때문이다.

석유파동 이후 정부는 70%에 달했던 석유 사용 화력발전소를 모두 석탄이나 원자력 발전소로 바꾸었고, 국민정서와 물가에 미칠 파급영향을 감안해 전기요금을 최대한 묶어두었다. 그 결과 유가가 오르면 소비자는 전기 사용이 상대적으로 값싸게 느껴져 자꾸만 사용량을 늘린 것이다. 그러나 전기는 비싼 에너지다. 전기 사용량 증가는 결과적으로 국가 전체의 에너지 수입을 끌어올린다. 그리고 이 비용도 최종적으로는 소비자가 지불하게 된다.

이런 현상은 유류세와 전기요금 관련 정책의 부조화가 빚어낸 정책

분 노

실패의 전형적 사례다. 더욱이 낮은 전기요금으로 한전의 적자가 지속되고, 신재생에너지 개발이나 지능형 전력망 사업 등의 녹색성장 정책에 필요한 재원이 크게 부족해 그 추진이 쉽지 않은 상황이다.

국내 휘발유 소비자가격에 50%를 차지하는 세금이 존재하고 2년 전에 비해 환율이 상승한 점을 감안할 경우, 2011년 2월 현재 가격은 2년 전보다 리터당 290원 가량 싼 가격이다. 반면 정유사의 이익률은 1.5%밖에 되지 않아 정유사를 압박한다 해도 기름값 인하 여지가 크지 않은 상황이다. 다시 말해 정유사 1년 이익을 다 합쳐 기름값 인하에 쏟아 붓는다 해도 리터당 10원 정도 내릴 수밖에 없는 실정이다. 실제로 업계의 2010년 1~3분기 정유 부문 매출액은 63 조3,852억 원, 영업이익은 9,614억 원으로 영업이익률은 1.51%이다.

현재 휘발유·경유 등 국내 석유제품 가격은 원유가가 아닌 싱가포르 국제석유시장에서 거래되는 국제 석유제품 가격에 환율을 반영해 결정하는 구조다. 결국 국내 석유제품 가격은 정유사가 단독으로 정하기보다는 국제 수급상황과 환율에 따라 움직인다.

국제 석유제품 가격은 한국 정부나 정유사가 조절할 수 없다. 또 국제 투기세력이 개입, 수요와 공급보다는 투기적 요인에 의해 국제유가가 변동하고 있는 점도 유가상승의 원인이 되고 있다.

이와 함께 국내 석유제품 가격에서 세금이 차지하는 비중이 절반에 달하는 점을 감안하면 석유제품 가격을 정유사가 마음대로 정하기는 사실상 불가능하다. 실제로 국내 휘발유 가격에서 유류세가 50%를 차지하고 정유사의 세전공급가격은 44%, 주유소 유통비용 및 마진이

6% 수준이다. 다시 말해 정유사가 기름값을 10% 인하해 공급해도 소비자가는 5% 남짓 내릴 뿐이다.

또 2010년 3·4분기까지 국내 정유사들의 정유부문 영업이익률은 1.5%에 불과해 정유사가 이익을 모두 포기하더라도 실제로 가격을 내릴 수 있는 여지는 별로 없다. 석유제품만큼 가격 변수가 투명하게 공개된 제품도 없다. 설령 정유사의 수익을 고스란히 가격 인하에 쏟아붓는다고 해도 소비자가격을 리터당 10원 가량 내릴 수 있는데 이 정도 인하 폭으로 소비자들이 만족하고 물가 안정에 도움이 될지는 의문이다.

기름값이 부적절하다는 근거는 2008년 국제유가가 배럴당 140달러일 때 휘발유 가격이 리터당 2,000원 정도였으나 2011년 2월 현재 국제유가가 80달러 정도인데도 휘발유 가격은 1,800원에 달한다. 하지만 2008년과 2011년의 석유제품 가격 구조를 보면 현재 기름값이 왜 높은지, 그리고 가격 인하를 위해 어떤 조치를 취해야 할지가 분명해진다.

실제로 2008년에는 유류세를 인하했으나 2009년부터 이를 없애면서 리터당 82원의 인상 요인이 생겼다. 또 당시 1%이던 원유수입관세가 2011년 2월 기준 3%로 올라 리터당 11원이 비싸졌다. 여기에 원·달러 환율 상승으로 당시보다 리터당 가격이 81원 가량 비싸졌다.

이를 다 합치면 174원이 오를 수밖에 없다. 이에 더해 국내 기름값이 원유값이 아니라 국제 석유제품가격에 따라 정해지기 때문에 원유가와 국내 기름값을 바로 연결 짓는 것은 무리다.

분 노

결국 국내 석유제품 가격을 내리려면 세금을 인하하고 환율을 안정시키는 것이 급선무라는 결론이 나온다. 환율은 마음대로 조정을 하기 힘든 외생변수이기 때문에 물가안정을 위해 남는 수단은 세금 인하밖에 없게 된다.

정유사들은 국내 마진이 박해 대규모 수출과 막대한 고도화투자를 통해 간신히 1~2%대의 이익률을 유지하고 있다. 이런 상황에서 정부가 유류세 등 세금을 내리지 않고 정유사에만 가격 인하를 요구하는 것은 경제논리에 맞지 않는 억지일 뿐이다. 국민혈세 많이 받아 많이 쓸 궁리만 하는 정부의 의지가 문제인 것이다. 휘발유값의 55%가 세금인 현실에서 치솟는 유가에도 불구하고 나 몰라라 하는 정부의 처사가 마냥 미워지는 이유이다.

큰 복지와 작은 복지, 그 진실은 무엇인가?

정치권에 때 아닌 복지논쟁이 일고 있다. 박세일(조선일보, 2011.1.7)의 자료에 의하면 야당은 2011년 선거에서 복지를 최대 쟁점으로 삼겠다고 벼르고 여당도 야당의 보편 복지에 대해 맞춤형 복지로 맞불을 놓겠다고 한다.

여야 정치지도자들이 왜 갑자기 복지정책을 들고 나온 것일까? 그 이유는 선거에서 '재미'를 보기 위해서이다.

인류역사를 보면 어려운 사람을 포함한 모든 국민의 삶의 질 향상은 '큰 복지' 정책을 통해 이루어져 왔다. 경제발전과 고용창출이 저소득층 복지개선의 최선의 수단이었다.

1960년대 초 보릿고개, 극심한 실업난, 도농(都農) 격차의 문제도 경제발전과 고용이라는 '큰 복지'를 통해 해결되었지, 소득 재분배라는 '작은 복지'로 해결된 것이 아니다. 그런데 오늘날 우리 정치인들은 '큰 복지' 정책은 세우지 않고 '작은 복지' 정책만 가지고 국민 관심을 끌고 선거 쟁점으로 만들려 한다. '퍼주기식' 작은 복지 정책이 국민을

속이기 쉽고 선거에서 재미 보기 쉽기 때문이다.

그러면 복지는 중요하지 않다는 말인가? 아니다. 복지는 대단히 중요한 국가과제이고 국가목표의 하나가 국민복지의 향상에 있는데 이런 국민복지에는 본래 두 가지 함축된 의미를 갖는다. 하나는 '큰 복지'이고 다른 하나는 '작은 복지'이다. '큰 복지'란 경제발전이고 고용 창출이며 이를 통해 국민의 삶의 질을 전체적으로 높이는 것을 의미한다. 또 다른 하나인 '작은 복지'는 무상급식과 같은 '소득 재분배 정책'으로 일단 경제발전과 고용을 통해 창출된 국민소득에 세금을 부과하고, 이 세금을 어려운 사람들에게 나누어 주는 정책이다.

오늘날 대한민국의 '큰 복지' 정책은 선진화이다. 대한민국의 선진 경제 진입이 최대의 국민복지이다. 그래야 청년과 노인 실업의 문제도, 중산층 몰락과 양극화의 문제도 확실하게 풀 수가 있다. '작은 복지'는 어려움의 일시적 완화이지 완전한 해결은 안 된다.

또 하나 문제는 북녘 동포들에게 최소한의 인간다운 삶을 보장하는 민족 복지의 문제는 완전히 빠져 있다. 우리 민족의 3분의 1이 지금 한반도 북쪽에 1인당 국민소득 500달러도 못 되는 극심한 가난과 절대 빈곤 속에서 산다. 영양실조의 기아 인구가 약 750만 명, 전 인구의 30%를 넘는다. 그 결과 청소년들의 평균 키가 남한보다 15cm나 작아졌다. 아시아에서 제일 작다. 이시자까지 속출하고 있는 이 비참한 민족 현실을 바로 지척에 두고, 우리나라 정치는 우리끼리 나누어 먹는 '작은 복지' 싸움만 부추기고 있는 것이다. 이래선 안 된다.

우리가 같은 민족이라면, 가장 시급히 북녘 동포에게도 최소한의 인간적 삶을 보장할 수 있는 길부터 찾아야 한다. '부자급식'할 돈이 있다면 통일 기금부터 모아야 하고, 개혁개방을 통해 북녘에도 최소한의 민족복지가 실현되도록 적극적 통일정책을 추진해야 한다.

통일을 통해 민족복지 문제를 풀고, 선진화를 통해 국민복지 문제를 풀고, 재분배를 통해 서민복지 문제를 풀어야 한다. 모두가 중요한 문제이지만 일에는 선후와 경중이 있다. 통일과 선진화라는 '큰 복지'가 앞서 나가야 하고 재분배라는 '작은 복지'가 뒤따르며 보완적 기능을 해야 한다.

우리나라는 갈 길이 먼 나라이다. 아직 분단국이고 북녘에는 기아와 절대빈곤이 있다. 또한 아직 중진국이고 남쪽에도 어려운 서민들이 많다. 무엇보다 먼저 선진과 통일의 국가전략을 세워 '큰 복지' 해결에 혼신의 노력을 해야 하는 이유이기도 하다.

그렇다면 남한 내 작은 복지 성적은 좋을까? 우울한 아동복지 50년 성적표를 통해 보면 '아니다'이다.

2011년은 우리나라가 아동복지법을 만든 지 50년이 되는 해로 유엔 아동권리협약에 가입한 지 20년이 된다. 그러나 우리나라의 아동복지 성적표는 우울하다. 이혜원(한국일보, 2011.1.7)의 아동복지성적 발표자료에 의하면 합계출산율은 1.15명으로 급감하고, 부모의 실직·이혼·가출 등으로 위탁가정·입양가정·양육시설에 맡겨지는 아동은 급증하고 있다. 아동의 빈곤과 학대, 자살도 늘고 있다.

1961년 제정된 아동복지법은 전쟁고아 등 부모가 갑자기 사망했거나 실종된 아동만을 대상으로 시설보호 또는 해외입양 보호를 제공했다. 1981년 개정된 아동복지법은 영유아 보육과 같은 보편적 복지를 표방했으나, 아동복지 예산의 90% 이상이 친부모 보호를 받지 못하는 아동을 위한 선별적 복지에 머물렀다.

2000년 유엔 아동권리위원회의 권고에 따라 대폭 개정한 아동복지법은 아동학대 예방 전문기관 설립 등 전체 아동의 생존권과 보호권을 보장하기 위한 보편적 대책을 마련했다. 2003년 개정된 아동복지법은 해외 입양과 시설보호를 지양하라는 유엔 아동권리위원회의 2차 권고에 따라 전국 가정위탁 지원센터를 설립했다. 그러나 예산 부족과 지방정부와 민간단체로의 책임 이양은 법의 실효성을 떨어뜨려 아동복지는 제자리걸음을 하고 사회는 저출산 터널을 벗어나지 못하고 있다.

2009년 아동복지 예산은 GDP의 0.1%로 OECD 최하위 수준이다. 이들의 평균인 GDP의 2.3%를 따라가려면 23배, 스웨덴 수준이 되려면 100배 늘려야 한다(조선일보, 2011.1.6). 적어도 모든 아동이 신체적, 심리적, 사회적으로 건강하게 자립하여 기초생활보장제도에 의존하는 절대 빈곤층이 되지 않도록 예방할 수 있는 예산은 확보돼야 한다. 우리 사회의 절대 빈곤층이 차상위 계층 이상으로 올라가는 빈곤 탈출률은 겨우 6%다. 빈곤이 만성화하고 계층 간 양극화가 깊어지고 있다. 아동기의 빈곤 경험은 생애 주기별 발달과업 성취에 장애를 초래하고 빈곤의 대물림을 낳는다.

현재 위탁 및 입양가정에서 보호받는 아동을 위한 양육수당은 월 10만 원, 양육의지가 있는 미혼모에게 주는 양육비는 월 5만 원에 불과하다. 연초 한국보건사회복지연구원이 발표한 자녀 1인 양육비 2억

6,000만 원을 감안하면, 이들의 빈곤 탈출과 자립은 요원하다. 이것이 세계에서 네 번째로 해외 입양을 많이 보내는 이유이며, 요(要)보호아동이 하루 25명이나 발생하는 악순환의 원인이다.

그럼에도 불구하고 정부는 새해 복지예산이 사상 최대 규모이며, 보편적 복지는 '무차별적 시혜를 베풀어' 국가 재정을 망칠까 우려된다는 입장을 표명했다. 복지 포퓰리즘 용어마저 등장했다. 이로 인해 복지에 대한 다양한 주장이 트위터를 통해 봇물 터지듯 난무하고 있는 것이다.

그 대표적 예로 지방 산모의 원정출산 비애의 경우를 보자.

농촌, 산촌 지역에서 산부인과를 찾는 것은 하늘의 별 따기다. 서울신문(2009.1.5) 보도자료에 따르면 경영난에 봉착한 병원들이 줄줄이 폐업하면서 갈수록 산부인과 숫자가 줄어들었기 때문임을 지적한다. 그나마 남아 있는 산부인과들도 분만건수가 한 달에 최소 30건 이상이 되어야 정상적인 운영이 가능하지만 인구 감소로 20건 미만인 병·의원이 대부분이다.

산부인과의 폐업으로 산모들의 불편은 이만저만이 아니다. 강원도의 경우 인제군, 양양군, 정선군, 평창군 등은 출산 가능한 산부인과가 아예 없다. 이 지역에 사는 여성이 출산을 하거나 출산 관련 진료를 받으려면 홍천군이나 원주시, 강릉시, 춘천시 등으로 나가야 한다. 홍천군에도 산부인과는 2곳뿐이다. 양양에는 산부인과가 없어 속초시로 가야 한다. 매번 검진비에다 차량 기름값까지 10만 원 이상 들어 부담이 크다. 사정은 경상·전라 지역도 마찬가지다. 경북의 경우 청송군,

봉화군 등에 있는 임신 여성들은 진료를 받거나 출산을 하려면 안동시까지 이동해야 한다. 안동시내 중·대형병원에는 출산과 산후조리를 문의하는 인근 지역 임신부들의 전화가 잇따르고 있다.

전북 지역에서도 무주군, 장수군, 진안군, 완주군 등 동북지역 4개군과 임실군, 순창군 등에는 산부인과가 없어 임신 여성들의 불편이 가중되고 있다. 특히 이 지역에는 산부인과 검사나 외래진료가 가능한 개인의원조차 없다. 보건소에서 간단한 진료를 받지만 불편은 해소되지 않는다. 산부인과 병·의원을 선호하는 여성들은 인근 전주시나 친지가 있는 수도권까지 출산을 준비하러 가는 사례가 많다. 전남 지역도 강진군, 곡성군, 구례군, 영암군, 보성군, 신안군, 함평군 등 7개 지역에 산부인과 진료시설이 없다. 출산이 임박하면 산부인과가 있는 도시로 가서 병원 가까운 곳에 방을 얻어서 다녀야 한다.

반대로 수도권 일부 산부인과 전문병원과 산후조리실은 산모가 넘쳐 예약을 한 뒤 수개월간 대기하는 사례도 생기고 있다. 서울 강북병원, 강남병원 등 유명병원은 지방에서 올라와 원정출산하려는 임신 여성들의 발길이 이어지고 있다. 시설이 크고 교통이 편리한 도시지역 산부인과에서 출산하려는 여성들도 늘어나면서 농·어촌 지역 산부인과는 입지가 더욱 약화되고 있는 것이다.

VIII

숫자의 둔갑술

분석의 현혹술

달·콤·한·유·혹 ● 감·춰·진·진·실

숫자의 둔갑술, 경제효과 분석의 현혹술

❋

일부 연구기관이 '서울 주요 20개국(G20) 정상회의' 개최의 경제적 효과가 30조 원에 이른다는 보고서를 내놓자, 많은 지식인들 사이에서 '해도 해도 너무한다'는 볼멘소리를 했다.

국제 컨설팅업체인 PWC가 발표한 바에 따르면 1984년 LA올림픽의 경제적 효과는 23억 달러, 1988년 서울올림픽은 25억 달러, 2000년 시드니올림픽은 38억 달러에 불과했다. 그런데 2010년 일부 연구기관이 G20 정상회의의 경제적 효과가 서울올림픽의 10배에 해당하는 260억 달러(약 20조 원)에 달한다고 주장한 것이다(르몽드디플로마티크, 2010.12.3).

G20 정상회의 개최 효과 뻥튀기가 도를 넘었다는 인식이 확산되자 스포츠신문도 반발하고 나섰다. 〈스포츠서울〉은 지난 2010년 11월 11일자 기사에서 캐나다 토론토대학의 연구 결과를 인용해, "토론토 G20 정상회의 개최의 경제적 효과는 약 9,540만 달러(약 1,078억 원)에 불과했고, 미국 피츠버그 G20 정상회의 효과도 1억 3,500만 달

러(약 1,525억 원)에 불과했다"고 썼다. 우리나라의 30조 원과는 무려 200~300배 차이가 난다.

일부 연구기관의 경제효과 뻥튀기는 어제오늘의 일이 아니다. 습관적이라 할 만큼 이들의 뻥튀기는 다반사였다.

국책사업의 경제효과가 뻥튀기된 대표적인 사례는 4대강 사업이다. 정부와 일부 연구기관은 "4대강 사업에 22조 원을 투입하면 일자리가 35만 개 창출된다"며 대대적인 홍보전을 폈다. 그러나 2009년 초부터 일관되게 이 사업으로 창출되는 일자리가 많아야 2만~3만 개에 그칠 것이라고 시민단체들이 주장해왔다.

결과는 어떻게 되었을까? 그들에게는 매우 유감스럽게도 현재 4대강 사업 현장에서 일하는 사람은 고작 1만 명 남짓에 불과하다. 국토해양부는 보도자료를 통해 이 같은 사실을 확인한 바 있다.

정부와 일부 연구기관이 이런 어이없는 오류에 빠진 원인은 한국은행이 발표하는 '취업계수'와 '취업유발계수'의 개념을 제대로 이해하지 못했기 때문이다. 취업계수는 단순히 일자리 유지 효과를 나타낼 뿐 그 자체가 일자리 창출 효과를 나타내는 계수는 아니다.

한국은행이 발표한 바에 따르면, 2008년 우리나라 각 경제주체들은 1,685조 원의 중간재·중간서비스를 투입해 920조 원의 부가가치를 남겼다. 따라서 총산출액은 2,605조 원이 되고, 이로 인해 유지되는 일자리는 2,358만 개가 된다. 이때 취업계수는 일자리 2,358만 개를 총산출액 2,605조 원으로 나누어서 계산한다. 한국은행은 연간 총산출액 10억 원이 존재함에 따라 유지되는 일자리 9.05개를 '취업계수'라 부른다.

취업계수와 신규 일자리와는 어떤 관련이 있을까. 2009년 실질성장률이 5%였고 경상성장률이 8%여서 총산출도 동시에 8% 증가한다고 가정하면, 2008년 2,605조 원이던 총산출액도 2009년 208조 원 증가하게 될 것이다. 그리고 취업계수 9.05와 총산출 증가분 208조 원을 곱해서 일자리 창출분을 계산하면 1년에 188만 개 일자리가 새로 만들어질 것이다. 또 정부 방식대로 취업유발계수를 적용해 일자리 창출분을 계산하면, 취업유발계수 15.39(통계적으로 취업유발계수는 취업계수의 1.7배 안팎이다)와 총산출 증가분 208조 원을 곱했을 때 1년에 320만 개 일자리가 새로 만들어진다. 그러나 현실 속에서 이런 일은 결코 일어나지 않는다. 실질성장률이 5%이고 경상성장률이 8%면 대략 30만 개 일자리가 창출될 뿐이다. 정부 추정방식과는 무려 10배 이상 차이가 난다. 정부 추정방식에 심각한 오류가 있다는 증거다. 그렇다면 어떤 식으로 일자리 창출 효과를 추정해야 현실에 부합하는 수치를 얻을 수 있을까? 그것은 현실을 나타내는 통계자료를 토대로 미래를 예측하는 방식이다.

4대강 사업의 경우, 최근 몇 년간 토목 부문에서 1조 원의 추가 투자가 약 1천 개 일자리를 만들어냈다. 그래서 2010년과 2011년에는 이 부문에 연간 10조 원의 추가 투자를 하면 한 해 1만 개 일자리가 새로 생긴다고 추정할 수 있다. 다만, 이 경우에는 일자리가 2만 개 창출되는 것이 아니라 1만 개 일자리가 창출되어 그것이 2년간 유지되는 효과만 있다는 점에 유의해야 한다. 요컨대 현실 속의 일자리는 정부 추정치와 10배 이상 차이가 난다.

또 하나의 대표적인 숫자 부풀리기로 한-미 FTA의 경제적 효과 부풀리기의 사례를 보자. 국책사업 효과 뻥튀기 사례를 거론할 때 한-미 자유무역협정(FTA)을 빼놓을 수 없다. 한-미 FTA 논쟁이 한창이던 2006년과 2007년에 정부는 지하철 광고 등을 통해 한-미 FTA로 "10년간 수출을 연평균 23억 달러 증가시킬 수 있고, 10년간 일자리를 34만 개 창출할 수 있으며, 연간 소비자 혜택을 20조 원 늘려놓을 수 있다"고 주장했다. 근거 있는 주장이었을까?

먼저 수출 부문부터 살펴보자. 2006년 산업연구원과 현대자동차 관계자들은 한-미 FTA 발효 첫해에 자동차 수출이 약 7억 달러, 섬유 등 기타 부문 수출이 약 3억 달러, 모두 합해서 10억 달러(약 1조 원)의 수출이 늘어날 것이라 예측했다. 반면 정부는 한-미 FTA로 10년간 수출이 연평균 23억 달러씩 늘어날 것이라고 했다.

어느 쪽 주장이 진실에 가까울까? 2.5%인 미국의 자동차 수입 관세율이 10년간 매년 0.25%포인트씩 인하되는 한-미 FTA 협정이 체결되고, 매년 관세율 0.25%포인트씩 인하될 때마다 수출이 16억 달러씩 늘어난다면 정부 주장은 설득력을 가질 수 있다(한-미 FTA로 전체 대미 수출이 23억 달러 증가할 때 그것의 70%에 해당하는 자동차 수출이 16억 원 증가한다고 가정). 그러나 2006년 미국에 대한 자동차 수출이 109억 달러였다는 점을 고려할 때, 미국의 자동차 관세율이 0.25%포인트씩 내려갈 때 자동차 수출이 14.7%(16억 달러)씩 늘어난다는 가정은 현실성이 전혀 없는 것이다. 반대로 관세율 2.5%포인트 인하로 한-미 FTA 발효 첫해에 7억 달러 수출이 늘어날 것이라는 산업연구원의 초기 주장은 설득력이 매우 높다.

한-미 FTA로 "10년간 일자리를 34만 개 창출할 수 있다"는 정부의 주장도 터무니없다. 2006년과 2007년 사이 우리 경제는 소비·투자·수출이라는 3대 수요를 113조 원 증가시키고, 그것에 힘입어 일자리를 28만 개 증가시켰다. 3대 수요가 1조 원씩 늘어날 때 일자리도 2,500개씩 늘어난 셈이다. 요컨대 산업연구원의 초기 주장처럼 한-미 FTA 발효 첫해에 약 10억 달러(약 1조 원)의 수출이 늘어난다면 그것은 2,500개 일자리를 늘릴 뿐이다. 34만 개라는 정부의 주장과는 무려 144배 차이가 난다.

정부는 또 지하철 광고 등을 통해 한-미 FTA로 "연간 소비자 혜택을 20조 원 늘릴 수 있다"고 주장했다. 한-미 FTA로 인한 연간 관세세수 감소액이 1,500억 원 안팎인데 연간 소비자 혜택이 20조 원이라는 주장이다. 상식적으로 보더라도 황당무계한 수치다.

이것만이 다일까? 집회·시위로 인한 피해 부풀리기도 예외가 아니다. 각종 국책연구기관은 정부에 비판적인 사람들에게 어떤 태도를 보여 왔을까? 이들은 정부에 비판적인 집회와 시위에 대해서는 그 피해를 부풀리는 데 주력해왔다. 대표적인 사례가 한국개발연구원(KDI)이 2007년 내놓은 '법질서의 준수가 경제성장에 미치는 영향'이라는 보고서다. KDI는 이 보고서에서 "빈발하는 불법·폭력시위는 이로 인한 직접적 피해 이외에 교통 체증, 국가 이미지 훼손, 경제의 불안정성 증가 등 다양한 형태의 피해를 경제 전체에 유발할 수 있다는 우려가 제기되고 있다"며 "우리나라가 경제협력개발기구(OECD) 국가의 평균

법·질서 준수 수준을 유지했다면 1991~2000년의 10년간 약 1%포인트 내외의 추가적인 경제성장을 이룰 수 있었을 것"이라고 단언했다.

이 보고서만 보면 마치 매년 발생하는 1%포인트 성장 손실의 주범이 불법시위와 불법파업인 것으로 착각하기 쉽다. 그러나 이들은 우리나라의 위법 행위 중 경제에 가장 큰 악영향을 주는 것이 '탈세'라는 사실에는 침묵했다. 지하경제 연구부문에서 독보적인 권위를 가진 오스트리아 슈나이더 교수는 "최근 OECD 회원국의 GDP 대비 지하경제 비율은 평균 13.6%인 반면, 우리나라는 27.6%에 이르고 있다"고 지적했다. OECD 평균보다 14%포인트 높은 수치다.

물론, 위법 행위 중 범죄가 경제에 미치는 악영향도 빼놓을 수 없다. 그러나 경찰청에 따르면 KDI의 분석 대상이 된 2006년 총범죄 172만 건 중 집회와 시위에 관한 법률 위반으로 분류된 건수는 689건에 불과했다.

또 연구기관들은 "노사분규가 경제에 치명적인 영향을 미친다"고 했다. 그러나 이런 주장도 전혀 근거 없는 것이다. 우리나라에서 노사분규로 발생하는 노동손실일수(노사분규 참여자들이 노동에 불참해 발생한 노동손실일수)는 연평균 120만 일 정도다. 그러나 이 수치는 우리나라 취업자의 연간 노동일수(2,315만 취업자들이 1년간 노동에 참여한 노동일수) 58억 일에 비추어볼 때 극히 작은 일부분에 불과하다.

노사분규로 인한 노동손실일수 120만 일은 총노동일수 59억 일 중 0.02%에 해당하는 것으로, 우리 경제가 5% 성장할 때 0.02%포인트만큼 성장을 방해했다는 의미다. 그러나 일국의 경제에서 0.02%포인트의 성장률 지체는 민주주의 발전 과정에서 치러야 할 수업료로는 그렇게 큰 수치가 아니며, 선진국과 비교해보더라도 결코 과도한 것은 아니다.

사람들은 누구나 자신에게 불리한 사실은 숨기려 하고, 유리한 사실은 널리 알리고 싶어 한다. 그러나 자신에게 유리한 것이든 불리한 것이든 사실을 왜곡해 전달해서는 안 된다. 특히 국가 발전(혹은 퇴보)에 지대한 영향을 미치는 국책사업인 경우 왜곡된 사실은 재원 배분의 효율성을 해치고, 저성장과 저고용을 가져온다는 점에서 그 악영향은 치명적이다.

최근 일본 정부와 지자체들은 "1990년대 토목 중심 경기부양책이 심각한 부작용을 가져왔다"는 국민의 질타를 겸허히 받아들여, 이 부분에 대한 투자 비중을 대폭 줄이고 교육과 복지 등에 지출을 확대하고 있다.

반면 우리나라 중앙정부와 지자체는 여전히 토목 중심형 전시행정에서 벗어나지 못하고 있다. 일부 연구기관은 지속적으로 잘못된 보고서들을 내놓아 정부와 지자체의 잘못된 행태를 정당화해주고 있어 매우 안타까운 일이다.

또 하나 집권 초기마다 자신있게 발표하는 행정기구 축소와 공무원 정원감축이다. 그러나 현실은 정반대이다. 즉 갈수록 비대해지는 정부 때문이다. 정부가 비대해지는 데에는 언제나 '이유'가 있다. 2003년 출범한 노무현 정부는 '복지와 분배'를 강화하기 위해 관련 현장에서 일손이 더 필요하다는 이유로 공무원을 늘렸다. 이명박 정부는 '작은 정부'와 '머슴론'을 강조하며 조직을 슬림화한다고 했지만 실제로는 공무원 채용을 더 확대했다. 예컨대 복지가 제대로 전달되고 있는지 감시할 필요가 있다는 이유로 공무원을 더 뽑고, 해외 자원개발을 해야 한다는 논리로 채용을 늘렸다. 정부사업을 민간에 이양해 공공부문을 줄이려는 적극적인 노력을 기울이지 않은 채 필요할 때마다 사람을 뽑다보니 노무현 정부와 전혀 다를 게 없는 '큰 정부'의 굴레에 빠져들었다는 게 전문가들의 평가다.

정부는 2010년 12월 '2010년 국가경쟁력 보고서'를 펴냈다. 조사대상 26개국 중 공무원 수 비중이 25위로 일본 다음으로 낮다는 결과가 들어 있다. 전체 경제활동인구 대비 공무원 수 비중은 5.5%로 경제협력개발기구(OECD) 평균 14.3%보다 크게 낮다. 하지만 전문가들의 분석은 전혀 다르다. 즉, 대다수 선진국에서는 공무원들이 하는 일을 우리는 공기업이나 준정부기관이 떠맡아 하는 경우가 많아 공무원 수가 적게 보이는 것일 뿐이다. 사실상 정부 역할을 하는 공공기관 종사자들까지 포함하면 우리나라 공무원 수 비중은 지금의 두 배 수준에 달한다.

청와대만 따져도 이명박 정부 들어 비서관(1급) 이상 공무원 수가 취임 초 52명에서 63명으로 21.2% 늘었다. 수석과 비서관급 사이의 기획관도 네 자리가 생겼다. 정책실장이 신설됐고 특보도 다섯 자리 늘었다. 조직을 아무리 축소하려 해도 온갖 명분과 핑계를 대 간판을 바꿔 달면서 자리를 보전하려는 것이 공무원 조직의 행태이다.

현 정부 출범 초기 약속한 민간 이양 실적은 미미하다. 정부는 당초 효율성이 떨어지는 업무는 민간으로 과감하게 넘겨 정부 몸집을 줄이고 경쟁력을 키우겠다고 했다. 하지만 지난 3년간 민간 이양 실적은 고작 5건에 불과하다. 그중 1건은 아직 시행조차 못하고 있다.

농촌진흥청의 일부 기능을 농업기술실용화재단으로 이전(2009년 9월)한 것이 대표적이다. 농촌진흥청 전체 인력(1,834명)의 6.5%인 120명이 넘어갔다. 2010년 4월에는 국립의료원이 법인으로 전환됐고 11월에는 수산과학원의 일부 기능이 수산자원사업단으로 이관됐다. 2011년 1월부터는 운전면허시험관리단(849명)이 도로교통공단으로 떨어져나갔다. 서울대 법인화는 지난 2010년 12월 관련법이 공포됐지만 시행되기도 전부터 후유증이 크다.

민간 이양으로 공무원 1,760명이 신분을 바꿔 민간으로 이양됐다. 지난 2010년 전체 공무원(61만 7,298명)의 0.3%에 불과하다. 더구나 행정안전부가 민간 이양에 따른 공무원 감소에도 불구하고 중앙 공무원 전체 정원을 전년보다 1,807명 늘려놨다. 정원을 다 채우면 실제 공무원 수는 3,569명이 늘어나게 되는 셈이다. 공공기관에 대해선 인력을 감축하라면서 중앙 공무원 수를 늘리는 것은 맞지 않으며, 전자정부를 표방하면서 오히려 공무원 수가 늘어난 것은 아이러니다.

정부 조직이 비대화되는 것과 달리 효율성은 갈수록 떨어지고 있다. 특히 작은 정부를 내건 현 정부 들어 정부 효율성 지표는 빠르게 추락하고 있다. 세계경제포럼(WEF)의 국가경쟁력 평가(139개국 대상)에서 '정부 규제 수준'은 현 정부 출범 첫해인 2008년 24위로 비교적 양호했으나 2009년 98위, 2010년 108위로 추락했다. '정책결정의 투명성'

도 2008년 44위에서 2009년 100위, 2010년 111위로 급락했다.

'공무원의 의사결정의 편파성' 항목에서도 2008년에는 22위로 조사 대상국 중 비교적 공정하다는 평가를 받았으나 2009년 65위로 떨어진 뒤 2010년에는 84위로 미끄러졌다. '정부지출 낭비'도 2008년 33위에서 2009년 70위, 2010년 71위로 떨어졌다. 정부 개입을 줄여 시장 기능을 살리겠다는 정부 출범 초기 취지가 무색할 정도이다.

청년들이여, 숫자놀음에 속지 말자

꽃

지난 2011년 1월 12일 통계청에서 2010년 고용동향을 발표했다. 이를 보도한 오마이뉴스(2011.1.16) 자료를 보면 주요 골자는 2010년 12월 고용률이 58%로 전년동월대비 0.4% 상승했다는 것이다. 취업자 역시 2,368만 4,000명으로 전년동월대비 45만 5,000명이 증가했다고 한다.

이 부분만 보면, 이제 한국 고용사정이 조금 나아졌다고 생각하기 쉽다. 게다가 통계청 자료는 친절하게도 미국과 호주, 일본, 독일, 프랑스 등 실업률이 높은 나라들과 한국 실업률을 비교하여, 우리나라 실업률이 그다지 높지 않은 수준이라는 것을 보여주기도 했다.

이 자료에 따르면 우리의 경우 2010년 12월 현재 전체 실업률은 3.5%이고 청년층(15~29세)의 실업률은 8%인 데 비해, 미국의 전체 실업률은 9.1%, 청년실업률은 16.6%에 이르며, 프랑스의 경우에는 전체 실업률이 10%, 청년실업률이 26.5%나 된다는 것이다. 비교 대상 국가 중 우리보다 청년실업률이 낮은 나라는 독일(7.7%)이 유일했다.

그렇다면 이제 한국의 고용사정이 좀 나아진 것일까? 게다가 심각한 사회문제인 청년 실업문제도 해결기미를 보이는 것일까?

통계청 동향자료는 주로 전년 동월과 비교해 실업률이나 고용률의 증감을 살펴보고 있다. 이런 식의 단기적 '상대평가'는 현실을 호도하기 쉽다. 초반에 죽을 쓰다가 조금만 만회해도 뭔가 상당히 좋은 성과가 나타나고 있다고 인식되기 쉽기 때문이다. 정부가 수없이 많은 헛발질을 해대도 과거처럼 국민 분노가 치솟지 않은 것 역시, 정권 초반에 지나치게 기대치가 깎여 버린 이유 때문일 것이다.

한국 고용현실, 특히 청년고용상황의 현실을 제대로 파악하기 위해서는 실업률만으로 부족하다. 실업률통계라는 것이 조사 4주 전에 적극적인 구직활동을 한 사람 중 미취업자의 비율만을 살펴보는 것이기 때문에 비교적 장기적인 취업준비 후에 본격적인 구직활동에 나서는 우리의 현실을 온전하게 드러내기 어렵다. 게다가 조사 주간에 1시간 이상만 일해도 취업자로 분류된다.

또한, 적극적인 구직활동을 펼치면 실업수당 등 다양한 복지혜택을 누릴 수 있는 해외 선진국과 달리 한국에서는 실업상태에 있는 사람을 사회적 패배자로 낙인찍는 사회 문화적 분위기가 강하게 남아 있기 때문에, 통계에 노출되지 않는 실업자가 훨씬 더 많을 것이라는 추측도 가능하다.

한국 청년고용현실을 파악하기 위해 고용률 통계가 처음 시작된 1980년부터의 고용률 통계를 확인해 보면 청년고용률(통계청에서는 15세부터 29세를 청년층으로 구분하지만, 대학진학률이 82%에 육박하는 우리

VIII 숫자의 둔갑술 vs 분석의 현혹술

현실을 감안해 20~29세로 재조정했다)은 통계수집 이후 항상 전체 고용률을 상회하고 있다.

물론 이것은 자연스러운 결과다. 노동력 수급이 정상적으로 이루어지고 있다는 것을 말해주기 때문이다. 1997년 말 외환위기 이후 청년실업문제가 큰 사회문제로 대두되었을 때도, 청년고용률은 전체 고용률보다 항상 높았다.

그런데 청년고용률과 전체 고용률은 어느 순간 역전되고 있다. 연도를 살펴보니 2008년, 이명박 정부 등장 이후다. 이명박 정부가 등장한 이후 청년고용률은 단 한 번도 전체 고용률보다 높지 않았고, 시간이 지날수록 그 격차가 확대되고 있다(이 통계는 월별통계자료를 비교한 통계청 고용동향 자료와 달리, 통계청의 연 단위 추계자료를 사용해 약간의 수치 차이가 있다. 그러나 전체 추세는 크게 다르지 않다).

좀 더 구체적인 비교를 위해, 노무현 정부 5년과 이명박 정부 3년간의 고용률을 비교해 볼 때, 노무현 정부 당시 전체 고용률은 2003년 59.3%를 기록한 이후 2007년 59.8%를 기록하면서 막을 내렸다. 청년고용률은 2003년 60.2%에서 시작해 2007년 60%를 기록하고 있다.

반면, 이명박 정부의 전체 고용률은 2008년 59.5%에서 시작해 2010년에는 58.7%로 떨어졌다. 흥미로운 것은 청년고용률인데 노무현 정부 당시 한번도 60% 밑으로 내려가지 않았던 청년고용률은 2008년 59.1%에서 시작해 2010년 58.2%까지 내려가 버렸다. 청년고용률이 전체 고용률보다 낮은 현실이 통계를 낸 이후 이명박 정부에서 처음, 그것도 매년 벌어지고 있는 것이다.

이런 결과는 청년실업문제가 과거에 비해 더 심각한 수준으로 악화되고 있다는 것을 말해준다. 전체 고용률도 노무현 정부시기에 비한다면 매우 낮은 수준이지만, 그나마 발생하는 일자리도 청년세대에게 돌아가고 있지 않다는 것을 보여주기 때문이다. 청년들의 노동시장으로의 진입장벽은 더욱 높아지고 있다.

현실이 이런데도 약간의 수치 반등만으로 고용상황이 좋아지고 있다고 판단할 수는 없는 노릇이다. 게다가 실업률이 아니라, 고용률을 세계 여러 나라와 비교해 보면, 우리의 고용시장 현실의 다른 면이 보인다. 우리보다 실업률이 높았던 미국과 일본, 호주의 고용률(15세~64세)은 모두 우리나라보다 높게 나타났다.

실업률도 높고 고용률도 높다는 것에 대해서는 다양한 해석이 가능하지만, 분명한 것은 이들 나라들이 우리에 비해 구직을 포기한 이들이 더 적고(즉 구직의사가 확실해 경제활동인구로 분류되는 이들이 더 많기 때문에 실업률이 높게 나온다), 국민들 중 우리보다 더 많은 비율의 사람들이 직업을 가지고 있다는 것이다.

실업률을 계산할 때 포함하지 않는 비경제활동인구 중, '취업의사와 능력은 있지만 일자리를 구하지 않은 사람 중 지난 1년 내 구직경험이 있는 사람'을 의미하는 구직포기자는 2010년 12월 현재 21만 6,000명으로 전년동월대비 4만 명이 늘어났으며, 취업을 목적으로 학원이나 기관에서 수강하는 등의 취업준비를 하고 있는 이들은 57만 1,000명으로 전년동월대비 1만 5,000명이 늘었다.

이 모든 것을 감안하면, 이명박 정부의 청년실업대책의 성과는 좋은 평가를 받기 어려울 것이다. 임기 내에서만 수집된 통계만을 비교하지 않는다면 말이다. 어쩌면 이런 결과는 당연하다. 청년실업문제를 해결하겠다며 자랑스럽게 발표한 '녹색뉴딜' 사업으로 96만 개의 신규 일자리를 만들 것이라고 장담했지만, 96%인 91만 6,000개의 일자리가 건설과 단순 생산직이었으니 말이다.

여전히 목마른 한국 지자체들 유치 경쟁

❋

2011년 8월 27일 대구세계육상대회를 시작으로 2012년 여수세계박람회, 2014년 인천아시안게임이 확정돼 있다. 여기에 2018년 평창동계올림픽 유치노력이 3수(修) 만에 성공하여 2018년 동계올림픽이 열리게 된다. 게다가 이미 발표된 2020년 부산올림픽, 2022년 한국월드컵유치 계획까지 모두 성사된다면 향후 12년간 2016년을 제외하면 매 짝수해마다 대형 국제행사가 벌어진다(한국일보, 2010.2.16).

1988년 서울올림픽 성공과 2002 한일월드컵 감격의 기억이 여전히 강렬한 우리 국민들은 이 같은 대형국제대회 유치에 긍정적이다. 평창동계올림픽유치위원회가 2009년 발표한 여론조사결과에 따르면 전국민의 무려 91.4%가 '올림픽유치에 찬성한다'고 응답했다. 지방자치단체들의 경쟁적 국제대회 유치열기에 대한 우려의 시각은 이 같은 압도적 찬성여론 속에 파묻혀 있는 실정이다.

국제대회유치를 추진하는 각 지자체들은 언제나 천문학적 규모의 경제효과를 앞세운다. 강원도지사는 "동계올림픽을 유치하면 약 1조 원의 투자액이 들어가겠지만 수천억 원의 흑자가 난다. 이와 함께 강원도가 세계적인 관광도시로 알려짐으로써 생기는 지역발전 효과까지 감안하면 국익차원에서도 동계올림픽은 개최돼야 한다"고 강조한다.

산업연구원의 추산으로도 평창동계올림픽을 통해 우리나라는 20조 4,000억 원 이상의 생산유발효과와 23만여 명의 고용 유발효과를 얻을 전망이다. 2020년 하계올림픽 유치신청 계획을 발표한 부산시는 한국문화관광연구원 분석을 인용해 12조 원 이상의 생산유발효과와 14만 명의 고용유발효과를 얻을 것이라고 밝히고 있다.

하지만 국제사회에서는 대규모 국제대회의 경제효과에 대한 회의론이 점차 커지는 추세다. 미국 워싱턴포스트는 최근 "1984년 로스앤젤레스올림픽 이후 흑자를 낸 올림픽은 한 차례도 없었다"고 평가하고 있을 정도다(한국일보, 2010.2.16). 물론 대형국제대회의 장단기 경제적 효과를 정확히 측정하는 것은 불가능하다. 하지만 우리나라 지자체들은 이 같은 '회의론'에 눈을 감고 있는 듯 보인다. 지자체들의 지나친 국제대회 유치 경쟁을 조절해야 할 중앙정부 역시 지역 민심을 눈치 보느라 제구실을 못하고 있는 실정이다.

최근 올림픽 개최도시들이 후유증에 시달리는 반면 국제올림픽위원회(IOC)는 막대한 수익을 올리고 있다. 해를 거듭할수록 개최도시가 부담해야 하는 경기장과 숙소 등 인프라 건설비용은 급증하고 있다. 밴쿠버 동계올림픽 조직위원회(VANOC)는 올림픽 개최로 지역 경제가 4.5% 성장할 것으로 예상했다. 그러나 밴쿠버와 휘슬러를 잇는 고속도로 확장과 선수촌 건설 등에 이미 막대한 비용을 투입했기 때문에 투자한 만큼의 수익을 얻기 힘들었다.

미 시사주간 타임지는 밴쿠버 해안가에 지은 호화로운 2,700가구 규모의 올림픽 선수촌 단지가 시민들의 분노를 사고 있다고 전했다. 2006년 최초 계획 당시 4,700만 달러에 이를 것으로 책정됐던 건설비용은 10억 달러로 20배 넘게 뛰었고, 투자회사가 손을 떼면서 선수촌은 브리티시 콜롬비아 주정부와 밴쿠버 시에서 나온 혈세로 완공했다. 금융위기로 주택경기도 얼어붙어 이 고가의 아파트를 사겠다는 사람이 없다. 고스란히 지역경제가 부담해야 할 상황이다.

휘슬러 역시 겨울이면 200만 명이 다녀가는 북미 최고의 리조트로 이미 정평이 나있기 때문에 올림픽 개최로 인한 추가 광고효과는 별로 없을 것이라는 전망이다. 로이터 통신도 "밴쿠버 동계올림픽 관련 경제상황은 생각보다 어렵고 향후 기대했던 투자 이득을 거둘 가능성도 적다"고 평가했다. 하지만 IOC는 불황 속에서도 계속 수입이 늘어나고 있다. 공식 후원사 선정과 올림픽 휘장을 이용한 라이선스 사업, 입장권 판매 등 문어발 구조다. IOC는 2006년 토리노 동계올림픽, 2008년 베이징올림픽으로 총 40억 달러의 수입을 거뒀다.

동·하계 올림픽을 묶어 판매하는 올림픽 중계권료 수입도 막대하다. 2010년 밴쿠버 동계올림픽과 2012 런던 하계올림픽 중계권료는 사상 최고치인 38억 달러를 기록, 종전 2006(토리노 동계올림픽)-2008(베이징 하계올림픽)의 26억 달러보다 50%나 인상됐다. 그중 절반이 넘는 22억 달러를 지불한 미 NBC 방송은 광고판매 부진으로 2억 5,000만 달러 적자를 냈지만, IOC는 이 같은 적자에 대해 아무런 책

VIII 숫자의 둔갑술 vs 분석의 현혹술

|||

임도 지지 않는다. 이 같은 문제는 한국도 예외가 아니어서 2011년 8월 20일 최문순 강원지사는 "분양률 20%"에 머무르고 있는 평창 알펜시아 분양의 저조에 따른 특별법 제정과 税지원을 요청키로 한 점에서 벌써 과잉투자의 논란이 일고 있다.

　강원도개발공사가 2018년 동계올림픽이 열리는 평창에 지은 알펜시아 리조트의 분양률이 20%에 불과해 강원도는 분양 활성화 대책을 마련하고 정부차원의 지원을 요청하기로 한 것이다.

　최문순 강원도지사와 김상갑 강원도개발공사 사장은 2011년 8월 26일 기자회견을 열어 알펜시아 리조트 분양실적은 총 분양금액 1조 1,824억 원의 20%인 2,369억 원이라고 밝히고, 알펜시아는 평창동계올림픽 유치를 추진하면서 2006년 10월 착공, 지난 2010년 7월 문을 열었으나 분양실적은 콘도 25.2%, 고급빌라(에스테이트) 24.2%, 특1급호텔(ICR) 20.6%, 트룬CC 8.8%, 특1급호텔(HIR) 0.1% 등이다. 강원도는 무리한 사업추진과 잦은 설계변경, 완공시기 연장을 경영악화 원인으로 진단하고 2011년 8월 29일 정책감사도 청구하기에 이르러 과대포장된 대형국책과제의 올림픽 유치가 얼마나 큰 상처도 안겨주는지 되새겨 볼 필요가 있다.

한국 적자 400억 원, 영국 회사 600억 원 챙긴 F1

❋

전라남도 영암군 삼호읍 삼포리. 바다를 메워 만든 여의도 면적 1.5 배에 이르는 4.5㎢ 간척지 중간에 1.85㎢(56만 평) 규모의 대형 자동차 경주장이 자리 잡고 있다. 이곳이 바로 'F1 국제자동차 경주장'으로, 꼬불꼬불 이어진 길이 5.6㎞ 경주도로와 11만 8,000석 규모 관람석이 황량한 벌판 사이에 호젓하게 서 있다.

조선일보(2010.11.17) 보도자료에 의하면 이 벌판에서 지난 2010년 10월 세계 최대 자동차 경주대회 '포뮬러 원(F1)'이 열렸다. 주차장도 없고 인가도 드문 오지(奧地)였지만 최고시속 320㎞로 달리는 첨단 자동차 24대가 귀가 찢어질 듯한 엔진 소리를 울리며 연인원 15만 명의 팬들을 열광시켰다. 하지만 대회가 끝난 지금, 이 거대한 경주장은 적막에 잠겨 있다. F1 대회를 열기 위해 총력전을 펼쳤던 전남도는 후유증으로 휘청거리고 있다. 경주차 엔진 소리가 잦아들기도 전에 대회 운영을 둘러싼 갖가지 의혹이 불거져 나왔고, 감사원과 도 의회가 이를 철저히 파헤치겠다고 다짐하고 나섰기 때문이다.

예상한 대로 이번 대회는 적자다. 당초 연구용역 보고서는 첫해 70억 원 흑자를 '주장'했지만 결과는 전혀 달랐다.

대회조직위원회는 이번 'F1 코리안 그랑프리(대회 공식 명칭)' 1회 적자 규모를 400억 원 안팎으로 추정하였다. F1을 운영하는 스포츠마케팅기업 FOM(Formula One Management)에 대회를 여는 대가인 '개최권료(sanction fee)'로 준 330억 원과 중계권료 110억 원, 여기에 각종 운영비 150억 원을 합쳐 지출은 600억 원에 육박하는 데 비해 잠정수입은 180억 원선에 머물렀기 때문이다(조선일보, 2010.11.17).

대회 전 740억 원 수입을 기대했던 조직위는 지금 '꿀 먹은 벙어리'다. 564억 원을 목표로 했던 입장권 판매 수입은 반의반도 못 미쳤다. 89억 원을 목표로 한 기업 부스(개당 1억~2억 원) 판매실적은 9개로 대회 스폰서(58억 원 예상)는 잡지도 못했고, 방송중계권료(29억 원 예상)는 KBS에 TV 광고를 어느 정도 해준다는 조건으로 16억 원에 계약했다.

이 와중에 돈을 번 곳은 영국인 버니 에클레스톤 회장이 운영하는 FOM밖에 없다. FOM은 '코리안 그랑프리'를 통해 개최권료, 세계 각국 중계권료, 경기장 내 각종 광고료 등 적게 잡아도 600억 원이 넘는 순이익을 챙기고 떠났다.

연인원 15만 명에 이르는 입장객 중 외국인은 대회 관계자를 제외하고 5,000여 명에 머물렀다. 당초 예상은 3만 5,000명이었다.

공사비도 부담스럽다. 3,400억 원으로 책정한 사업비는 추가 부담이 발생, 4,000억 원까지 늘어났다. F1 대회를 열기 위해 진입도로를 만드는 데도 국비와 도비 550억 원이 들어갔다.

사업비는 국비 528억 원, 도비 1,232억 원, 대회를 치르기 위해 만든 법인 '카보(KAVO·Korea Auto Valley Operation)'에서 프로젝트금융으로 빌린 1,980억 원 등으로 충당하고 있다.

지방채와 은행 빚에 대한 이자비용만 1년에 150억 원 이상 발생하고, 2012년부터 원금 상환이 시작되면 F1 대회는 매년 도 재정에 300억 원 이상 적자를 안겨준 상황이다. 공사비도 2006년 연구 용역보고서 때 2,000억 원에 불과하던 총액이 2배 가까이 뛰었다.

경주장 설계업체인 독일 틸케사에 지급한 비용도 과다하다. 카보는 틸케에 설계비로 200억 원 이상을 건넸으나 과거 경남 창원에 F1 경주장 건립을 위해 틸케와 협상했던 국내 건설업체는 당시(2005년) 30억 원 미만에 설계해주기로 가계약했는데 5년 만에 7배나 뛴다는 게 상식으로도 맞지 않는다.

F1 대회를 주관한 '카보'는 전남(28%), 시공사인 SK건설(25%), 한국자동차경주협회 회장이 만든 M브릿지홀딩스(MBH·17%), 전남개발공사(15%) 등이 주요 주주다. 전남과 개발공사가 43%를 보유, 전남이 최대 주주였지만 카보가 벌이는 활동에 대해 전혀 정보가 없어 속을 끓였다. 운영은 F1 대회 유치권을 따내는 데 결정적 역할을 한 자동차경주협회 회장이 독점했다. '카보' 구성원 30여 명 중 전남에서 파견한 직원은 없었다.

실제 공사비 집행은 대부분 카보에서 관리했다. '모든 장비 및 업체는 카보 승인을 받는다'는 조항을 달아 업체 선정 과정에서 잡음이 일기도 했다. 한 국내 전자장비업체는 이번 경주장 공사에 참여하기로 시공사와 약정하고 작업하던 중 '카보'가 "국내업체는 곤란하다"고 제동을 걸어 중도하차했다.

MBH가 '카보'에 댄 자본금 102억 원은 대부분 F1 경주장 공사를 따내게 해주겠다는 조건으로 중소 건설업체로부터 받은 투자금이다. 정작 시공사 선정에서 빠진 한 건설업체가 '카보'에 "투자금을 돌려달라"고 항의하면서 마찰이 일기도 했다.

카보는 F1 대회를 치르기 위해 2011년 개최권료(3,976만 달러)까지 FOM에 낸 상태다. 대회를 치르지 못해도 돌려받지 못하는 돈이다.

개최권료는 계약기간 중 매년 10%씩 오른다. '코리안 그랑프리' 계약기간이 7년이니 첫해 3,615만 달러에서 7년째인 2016년에는 6,404만 달러(현 환율 기준 722억 원)가 된다. 7년 동안 개최권료로만 3억 4,100만 달러(약 3,840억 원)를 외국 회사(FOM)에 줘야 한다. 재협상을 통해 금액을 조정할 수는 있지만 큰 차이 없다.

2012년부터 F1 대회를 열기 위해 준비하는 미국 오스틴시는 개최권료로 2,500만 달러를 책정한 것으로 외신은 전하고 있다. 한국자치경영평가원 연구결과에 따르면 중국(3,000만 달러)을 제외하고 과거 F1 대회를 연 다른 국가들은 개최권료로 700만~1,350만 달러를 냈다.

전남의 F1 유치 과정에서도 논란이 많았다. 사전 타당성 연구결과 중간 보고 때 45억 원 적자였던 첫해 수익은 최종 발표 때 70억 원 흑자로 둔갑했고, 전남 이전에 대회 유치를 검토했던 경남은 첫해 24억 원 적자에, 대회를 치를수록 적자가 늘어나는 것으로 보고 포기한 바 있다.

국비를 댄 문화관광체육부는 한국개발연구원(KDI) 타당성 재조사를 통해 사업성이 없다고 보고 유치를 반대했다. 반면 전남은 "대회는 적자라도 지역경제 활성화 등 보이지 않는 부수 효과가 크다"고 반박하고 있다.

주요 F1 개최국가의 개최권료를 비교해보면 말레이시아 1,350만 달러(2000년), 바레인 1,800만 달러(2004년), 호주 1,250만 달러(2001년), 미국(오스틴) 2,500만 달러(2012년), 중국 3,000만 달러(2004년)를 지불한 데에 비해, 한국은 3,600만 달러(2010년)의 개최권료를 지불하여 가장 높은 수치를 기록하고 있는 현실이 안타깝다.

카드론·리볼빙의 유혹, 알고보니 '고금리 덫'

꽃

중견기업의 한 회사원이 2010년 8월 아버지가 큰 수술을 받아 갑자기 목돈이 필요했다. 은행 마이너스 통장이 있긴 했지만 한도가 꽉 차 더 이상 대출을 받기 힘들어 마침 휴대전화로 한 카드사에서 카드론 대출을 권유하는 전화가 와 카드론을 받을 수 있는 사람은 신용등급이 높아 금리가 저렴하다고 했다. 캐피탈이나 저축은행, 대부업체보다 이자도 낮고 첫 달과 둘째 달은 금리 연 5%만 내면 된다고도 했다. 그 뒤에는 신용도에 따라 연 7.6~26.9%의 금리가 적용된다고 했다.

경황이 없던 그는 카드론으로 1,000만 원을 대출받았다. 몇 달 뒤 그는 카드명세서를 보고 깜짝 놀랐다. 연 이자가 26%에 이르렀다. 지금 그는 한 달에 이자만 21만 원 가량을 낸다. 그는 "카드론 이자가 싼 것처럼 말하더니 현금서비스와 카드론 이자가 무슨 차이가 있느냐"며 "카드사들이 현금서비스보다 대출 한도가 큰 카드론으로 대출 장사를 하고 있는 게 아니냐"고 분통을 터뜨렸다.

주요 카드사들이 카드론이나 리볼빙 같은 현금대출 서비스를 경쟁적으로 크게 늘리고 있는 가운데, 상당수 이용자들이 최고 30%에 육박하는 고금리에 시달리고 있다. 금융당국은 가계 채무상환능력 저하 등에 따른 부작용을 우려해 카드사들의 과당 경쟁을 경고하고 나섰지만, 그 증가세를 쉽게 꺾지는 못하고 있다.

금융감독원 자료를 한겨레신문(2011.1.4)이 보도한 것을 보면, 카드사들의 카드론 대출 잔액은 2010년 상반기에만 13조 2,000억 원에 이른다. 이는 2009년 한 해 동안의 대출 잔액(11조 4,000억 원)보다도 훨씬 넘어선 규모다. 이런 추세라면 지난 2010년 카드론을 통해 무려 20조 원이 대출됐음을 추정할 수 있다. 리볼빙을 통한 현금대출도 2007년 3조 500억 원에서 2008년 4조 9,900억 원, 2009년 5조 700억 원으로 늘어나다가 지난 2010년 상반기에는 5조 1,800억 원으로 불어났다.

카드사들이 앞 다투어 현금대출 경쟁을 벌이고 있는 것은 가맹점 수수료가 떨어지면서 신용판매 부문의 수익이 줄어들고 있는데다 현금서비스의 취급수수료도 인하되고 있는 반면, 현금대출을 통한 '고금리 장사'로 벌어들이는 수익이 매우 높기 때문이다. 신용카드사들은 신용 7등급 이상의 우량 고객을 대상으로 카드론과 리볼빙 서비스를 하면서 30%에 육박하는 최고금리를 챙기고 있다. 상대적으로 신용등급이 낮은 고객을 대상으로 하는 현금서비스의 금리와 별 차이가 없을 정도다. 여신금융협회가 집계한 신용카드사별 이자율 현황을 보면, 카드론은 4.75~27.90%, 리볼빙은 5.9~28.80%의 금리를 매기고 있다. 신용카드 현금서비스 금리가 7.80~29.83%인 것과 견줘 보면, 최고금리 차이는 1~2%포인트 정도에 그친다. 리볼빙 부문에선 카드사들이 지

VIII 숫자의 둔갑술 vs 분석의 현혹술

난 2010년 상반기에만 6,134억 7,400만 원의 수익을 거뒀다.

카드론은 한 달 뒤 바로 결제해야 하는 신용카드 현금서비스와 달리, 짧게는 3개월에서 길게는 24개월에 걸쳐 원리금을 갚아 나가는 대출이다. 현재 케이비(KB)카드가 27.90%로 가장 비싼 최고금리를 적용하고 있고, 다음으로 현대카드(27.50%)와 전북은행(27.50%) 등의 차례다. 카드대금의 일정 비율만 결제하면 나머지 금액은 장기 대출형태로 전환해주는 리볼빙은 케이비카드가 28.8%로 가장 비싼 최고금리를 적용하고 있고 외환은행(28.74%)과 롯데카드(28.18%)가 뒤를 잇고 있다.

카드사들은 보통 5%대 금리의 카드채를 발행해 자금을 조달한 뒤, 카드론·리볼빙 서비스를 해주고 있다. 카드론·리볼빙 서비스는 현금서비스에 견줘 리스크가 상대적으로 낮은 편이다. 현금서비스는 미사용 한도에 대한 대손충당금을 쌓아야 하지만 카드론은 그럴 필요가 없는데다 만기가 길어 안정적인 자금운영이 가능하다는 점도 카드사들이 대출경쟁에 나서는 배경이 되고 있다.

그렇다면 당신은 현재 카드지갑 따로 쓰나요? 이것은 '두부 지갑', 도넛 이야기가 아니다. 카드 시대의 우리 지갑이야기다. 대다수가 작은 서류가방에 지갑을 서너 개씩 가지고 말 그대로의 지갑 하나와 인사하고 악수할 때 필요한 명함지갑, 그리고 지갑이 도대체 닫히질 않아 카드를 따로 넣어두는 카드 지갑에 심지어 카드 지갑은 이젠 크기가 두부 반 모는 될 법하다.

여기서 적립하고 저기서 할인 좀 받아보겠다고 신용카드와 포인트 카드를 발급받는 통에 짐이 많아져 산 가방과 지갑 가격만큼 카드로 할인받으려면 300년은 살아야만 할 것 같다.

여신금융협회는 2010년 3분기를 기준으로 경제활동인구는 2,499만 3,000명, 발급 카드는 1억 1,494만 5,000장으로 1인당 보유 카드가 4.59장에 달했다고 밝혔다(오마이뉴스, 2011.1.11). 20년 전인 1990년 0.6장에 불과했던 경제활동인구 1인당 카드 수는 그동안 카드 사용이 보편화되면서 꾸준히 증가해 지난 2009년 역대 최다 기록을 세운 것이다.

늘어난 것은 카드뿐만이 아니다. 민간소비지출에서 카드 이용액이 차지하는 비율도 2009년 3분기 56.1%로 역대 최고치였다. 민간소비지출 457조 원 가운데 카드이용액(현금서비스, 기업구매카드 실적은 제외)이 256조 원이었다.

이 비율은 2000년 23.6%에서 2002년 42.6%까지 올라갔다가 카드 대란의 여파로 2004년 38.4%로 잠시 내려왔으나 이후 반등해 2009년 52.6%까지 커졌다. 2010년에는 카드 결제 범위가 대폭 확대되고 소액 결제 비중이 점차 커지는 등 카드소비가 보편화되면서 이 비율이 60%를 넘겼다.

여신금융협회와 금융감독원의 자료를 보면, 지난 2010년 말 기준으로 전 업계 및 은행계의 카드 모집인은 5만 292명으로 지난해에 견줘 43.7% 증가했다. 쉽게 말해 어부가 늘어나니 낚이는 물고기가 늘어나고 있다는 것이다.

여기에는 카드 업계의 지각변동도 한몫했다. 순수 개인 모집인이 2만 6,900여 명으로 전년보다 17.4% 증가한 것에 비해 통신사나 자동

VIII 숫자의 둔갑술 vs 분석의 현혹술

차 대리점 등 제휴 모집인은 2만 3,300여 명으로 95.5% 늘었다. 제휴 모집인이 거의 두 배 가량 증가한 것은 하나에스케이카드가 분사하면서 에스케이텔레콤 대리점과의 제휴가 급증했기 때문이다. 이제는 공짜폰 하려면 카드도 발급받아야 할 판이다

한국의 카드 결제비율은 타국의 추종을 불허하는 1위지만 시장의 성장세를 훨씬 앞지르는 과열경쟁은 결국 시장 참여자들을 파국에 몰아넣는다는 것을 모를 리 없을 텐데, 현재 신용카드 시장은 경쟁이란 말도 어울리지 않는다. 제 살 깎아먹기 그 이상도 이하도 아니다.

카드사들이 물불 가리지 않고 고객을 확보하려는 데는 과거와 같이 단순히 결제수수료 수익을 노리는 것이 아니다. 최근 폭발적인 성장세에 있는 카드론 등 개인 신용대출 시장 선점에 있다. 성장세의 한계를 보이고 있는 결제수수료 시장과 비교했을 때 신용대출 시장은 그야말로 '노다지'일 수밖에 없어서, 카드사들은 사운을 걸고 있는 형국이다.

글로벌 금융위기 이후 각국이 경기회복 명목으로 돈을 찍어내는 통에 세계적인 저금리 기조가 펼쳐진 상황이 여기에 불을 지폈다. 카드사들의 '원가'인 조달 금리는 싸지고(AA0 등급기준 카드채 조달금리 3.9%, 1년 전에는 5.7%) 고객들이 내는 이자율은 10%대 후반에서 20%대 초반에 이루어져 있다. 기존의 수익모델이었던 결제수수료는 금융당국과 각종 단체들이 사사건건 인하를 요구하고 있고 최근에는 체크카드 수수료에 대한 규제까지 엄포를 놓은 상황에 이 정도 마진이면 영혼이라도 팔겠다는 카드회사가 나올 법도 하다.

또한, 현금서비스는 미사용 한도에 대한 대손충당금을 쌓아야 하지

만 카드론은 이 규제를 적용받지 않는다. 이런 배경에서 최근 카드사들은 현금서비스 한도를 줄이거나 보수적으로 부여하는 대신 짧은 기간의 카드론 사용을 권유하는 방법 즉, 현금서비스 사용액을 카드론으로 갈아 태우기까지 성행하고 있다. 2010년 상반기 카드론에도 규제를 적용하고, 현금서비스의 대손충당금 최소 적립률도 올릴 예정이지만 최초 도입임을 감안하면 의미 있는 규제가 될지 의문이다.

지난 2003년경 소위 '카드 대란'을 겪으며 온 사회에 빚잔치의 홍역을 앓은 기억이 있다. 그런 만큼 우려의 목소리가 나오는 것은 당연하다. 그러나 최근 금융 당국과 카드사들은 카드 연체율이 최초로 1%대 (신용구매 부분)로 진입했고 과거와 달리 극단적인 저신용자들에게는 카드를 발급하지 않기 때문에 지난 기억을 떠올리는 것은 '기우'라고 말한다. 그러나 이것은 착시효과일 가능성이 크다.

과거와 달리 현재는 이른바 '돌려막기'의 상징이었던 현금서비스 외에도 결제나 연체를 지연시킬 수 있는 많은 서비스들이 존재한다. 카드론, 리볼빙, 선포인트 결제 등 장기 대출성 서비스가 늘었고 부동산 PF 등으로 손실이 큰 저축은행들도 개인 신용대출 시장에 본격적으로 열을 올리면서 카드사 외에도 다른 곳에서 부채를 발생시켜 결제 지연 즉, 돌려막기가 좀 더 고도화되어 쉽게 집계되지 않고 있는 상황을 고려해야 한다.

결정적인 것은, 한국의 경우 저신용자에게서부터 위기가 출발한 미국발 금융위기와는 달리 '하우스 푸어'로 대표되는 중산층부터의 위기라는 점이 지난 카드대란 때와의 결정적 차이다. 지난 2003년 카드대란은 대학생 등의 저신용자에게 무분별한 카드발급이 불러온 위기였지만 현재는 중산층에게 과도하게 집중되어 예전에는 존재하지 않았던 신용까지 창출하여 돌려막기를 하고 있고 여기에 금융회사들의 이해관계까지 맞물려 상황을 더 악화시키고 있는 모습이다

최근 '햇살론' 등 정책성 대출상품을 내놓으면서 정부에서조차 대출로 대출 갚기에 동참하는 형국에서 금융회사의 자발적인 자제 움직임이나 금융당국의 적극적인 움직임을 당장 기대하기는 어려워 보인다. 제도적으로 정비가 꼭 전제되어야 하겠지만 개인들 스스로 자신의 부채 현황을 조회하고 관리할 수 있는 서비스를 시작하는 것이 그 첫걸음이 될 수 있을 것이다.

은행에서 대출심사 등의 심사를 할 때 열람하는 개인 신용, 부채현황 정보를 본인에 한해 자유롭게 조회할 수 있도록 조치하여 적어도 자신이 여러 금융회사에서 발생시킨 부채가 정확히 어느 정도인지 한눈에 볼 수 있도록 하고 신용등급 산정의 기준을 명확히 알려 신용, 부채관리의 가이드라인이 절실히 필요한 이유도 바로 여기에 있다.

IX

부자 부모
VS
가난한 부모

무·너·진·교·육·사·다·리

'아버지 스펙' 못 넘는 아이들

❖

이명박 대통령은 2010년 8·15 경축사 연설문을 독회(讀會)하는 과정에서 "나처럼 밑바닥에서 위로 올라오는 청년들이 나올 수 없다면 미래가 없다"라고 말을 했다. 대통령은 연설에서 '공정(公正)사회'를 거듭 강조했다. 공정한 사회라고 하려면 능력과 노력에 따라 결과는 달라지지만 적어도 '균등한 기회'는 보장돼 있어야 한다. 나아가 패자에게도 기회가 주어지고, 넘어진 사람이 다시 일어서고, 승자가 독식하지 않고, 서민과 약자가 불이익당하지 않는 사회라야 한다.

이 대통령은 동지상고 재학 시절 생활비를 벌기 위해 여학교 앞에서 얼굴을 가린 채 뻥튀기 장사를 했을 만큼 지독하게 가난했다. 대통령 자신이 '개천의 용'인 셈이다. 그렇지만 이 통로가 점차 닫히고 있다. '개천에서 용 나는' 일이 해가 갈수록 어려워지는 것이다.

김태호 국무총리 내정자는 이 대통령과 마찬가지로 자수성가의 모델이다. 그는 경남 거창에서 '소 장수'의 아들로 태어나 '농사를 지어도 농약병에 적힌 영어는 알아야 한다'는 부친의 뜻에 따라 거창농고에 입학했다. 고교 졸업 후 동일계열 진학 방식으로 서울대 농업교육과에 입학했다.

그렇다면 그와 비슷한 조건의 한 세대 밑 젊은이가 비슷한 경로를 걸을 확률은 얼마나 될까. 김 내정자가 졸업한 거창농고는 2008년 학교명을 '아림고'로 바꿨다. 학교정보공시 포털 '학교알리미'에 따르면 (동아일보, 2010.8.17) 아림고의 2009학년도 졸업자 141명 가운데 4년제 대학에 진학한 학생은 27명, 2년제 대학에 진학한 학생은 93명, 취업자는 5명이다. 하지만 서울대를 포함해 서울 소재 대학에 입학한 학생은 없었다. 아림고에 따르면 1983년 이후 이 학교 출신 서울대 입학생은 한 명도 없었다.

김 내정자와 비슷한 가정환경 출신 학생들은 서울대에 얼마나 많이 진학할까? 가정환경을 정하는 것은 대체로 아버지의 직업과 교육수준이다. 김 내정자 아버지는 농민이었고 고졸이다.

서울대 대학생활문화원의 조사결과에 따르면 2010년 신입생 중 아버지가 농축수산업에 종사하는 비율은 전체의 0.7%에 불과했다. 1998년만 해도 전체 입학생 중 아버지가 농어민인 입학생은 전체의 4.7%였지만 12년 만에 6~7분의 1 수준으로 줄어든 것이다. 같은 기간 농어가 인구는 472만 명에서 330만 명으로 30% 줄었다. 농촌지역의 급속한 고령화로 수험생 자체가 줄었다는 점을 감안해도 0.7%라는 수치는 무직자나 전업주부, 정년퇴직자 등 사실상 직업이 없는 사람을 제외하면 전 직업군 가운데 가장 낮은 것이다. 상위에는 사무직(28.9%)과 전문직(21.3%)이 있었다.

아버지의 교육수준을 기준으로 '계층상승' 가능성을 타진해 봐도 마찬가지였다. 2010년 서울대 신입생 중 아버지의 학력이 고졸인 학생은 전체의 16.7%로, 대졸(53.0%) 및 대학원졸(28.8%)보다 훨씬 적었다. 신입생 부모 학력을 처음 조사한 2004년에는 아버지가 고졸인 학생은 전체의 24.1%였지만 2005년 22.5%, 2007년 19.1%, 2009년 16.0%로 매년 줄었다. 이처럼 '고졸 아버지'를 둔 학생의 서울대 진학률이 큰 폭으로 하락한 것은 최근 부쩍 높아진 대학 진학률과는 큰 관련이 없다. 대학 진학률이 급등한 것은 1975년 이후 출생 세대이지만 이들 고졸 아버지는 대개 1950~1960년생이다. 서울대가 많은 논란에도 불구하고 몇 년 전부터 지역균형선발제 정원(2011년 입시기준 729명)을 대폭 늘린 것도 이 같은 교육현실을 개선하기 위한 것이었다.

어느 사회에나 계층은 존재한다. 그렇지만 건강한 사회는 계층이동의 통로가 열려 있어야 한다. 가장 중요한 계층이동 사다리는 교육이다.

한국교육개발원은 2009년 1956~1965년 출생자 2,038명을 대상(조사 당시 44~53세)으로 아버지의 직업, 교육수준이 조사 대상자의 직업에 미치는 영향을 분석했다. 조사 결과 가정배경보다는 본인의 교육수준이 직업을 결정하는 데 영향력이 컸다. 이들 세대만 하더라도 공부만 열심히 하면 계층이동이 가능했다는 의미다.

하지만 이들 자녀 세대에서는 상황이 달라졌다. 민주노동당은 2009년 서울시내 외국어고와 일반고 신입생의 아버지 직업을 조사했다. 외고는 전문직 부모 비율이 20.22%였지만 일반고는 4.28%였다. 경영·관리직 부모 비율 역시 외고는 24.55%, 일반고는 8.84%로 차이가 컸다. 새로운 학벌을 대변하는 외고의 경우 부모 소득이 상위에 속하는 신입생이 전체의 절반에 육박하는 것이다.

초등학교 6학년인 K군은 2년 전 어머니의 손에 이끌려 서울 관악구 미성동의 '물댄동산 난곡지역아동센터'를 찾아왔다. 그때만 해도 K군은 상담교사의 눈을 똑바로 쳐다보지 못했다. 당시 K군의 어머니는 "재능이 있다는 얘기를 많이 들어 영재원(동작교육청 산하 과학영재원) 시험을 치렀지만 떨어졌다"며 안타까워했다.

센터의 선생님은 아이가 불안해한다는 것을 눈치챘다. 5년 전 사업에 실패한 뒤 K군의 아빠는 행방불명됐다. 역시 넉넉하지 못한 이모네 집 단칸방을 빌려 어머니, 누나와 함께 살면서 K군은 말이 없어졌다. 이 선생님은 아이에게 독서지도를 시작했다. 인근 서울대 과학교육과 학생들이 자원봉사자로 나서 K군에게 과학을 가르치기도 했다. K군은 안정을 되찾았고 2009년 8월엔 과학영재원에 재도전해 합격했다. 2010년 초에는 초등학교 학생회장 선거에도 출마하는 등 적극적인 아이로 변했다.

난곡지역아동센터를 포함해 4개의 아동센터를 운영하는 '이웃사랑실천회' 이사장은 "K군처럼 사(私)교육의 사각지대에 있는 빈곤층 자녀에게 지역아동센터는 오아시스 같다"고 말한다.

"지역아동센터를 운영하면서 공부뿐 아니라 축구실력이 뛰어난 아이, 놀랄 만한 음악적 소질을 가진 아이 등 숨겨진 원석(原石)을 발견했다. 하지만 경제적인 문제로 이런 아이들에게 적절한 교육을 시키지 못하는 게 아쉬울 뿐이다."

대우증권과 푸르덴셜증권 등을 거쳐 자산운용사를 설립해 운영하다 2005년 퇴직한 이사장이 운영하는 지역아동센터에는 한 가지 규칙이 있다. 아이들이 학교에서 타온 상장을 반드시 벽에 걸고 서로를 칭찬하도록 한다는 것이다. 학업성적 우수자뿐만 아니라 줄넘기 자격증, 노래 잘하기, 효행상 등 어느 분야에서든 아이들이 잘한 것은 칭찬해 주는 게 센터의 원칙이며 칭찬은 저소득층 가정 아이들의 자존감을 회복시키는 첫걸음이다.

　　이웃사랑실천회 소속의 경기 안산시 단원구 원곡동의 안산지역아동센터. 이곳은 인근 학부모들에게 '수학성적 오르는 곳'으로 유명하다. 방과 후 센터에 오면 손발을 씻은 뒤 반드시 하루 30분씩 수학공부를 해야 한다는 규칙 덕분이다. 다문화가정의 아이로 3학년 2학기 때 중국에서 한국 초등학교로 전학 온 L양은 1년 만인 4학년 1학기 때 학교가 마치자마자 100점짜리 수학 시험지를 들고 센터 선생님에게 뛰어와 자랑했다. 센터장은 "사교육과는 거리가 먼 다문화가정의 아이가 대다수인 이곳에서 매일 조금씩이라도 공부하는 습관을 심어주고 '나도 할 수 있다'는 자신감을 길러주는 데 목표를 두고 있다"고 말했다.

　　현재 전국에는 3,500여 곳의 지역아동센터가 있다. 이 중 상당수는 개인이나 종교단체가 운영하고 있다. 정부 지원금만으로는 부족한데 추가로 필요한 후원금을 모금하는 게 쉽지 않아 센터 교육의 질이 만족스럽지 못하지만 이런 곳이라도 전국에 많이 분포하여 가초교육이라도 제대로 받을 수 있는 기회를 만들어 주어야 하는 것이 정부의 몫이 아닐까? 부모의 가난으로 자식까지 대물림되는 불행이 무슨 죄인가.

대졸 부모와 고졸 부모, 자녀 수능점수 20점 차이

❖❖

교육을 통해 신분 상승의 기회를 주겠다는 '교육 사다리 정책'은 보수·진보 가릴 것 없는 공통의 핵심 정책이다. '자율과 경쟁'의 이명박 정부나 '평등과 참여'라는 노무현 정부나 "개천에서 용 나는 사회를 만들겠다"는 구호만큼은 빼닮았다.

하지만 조선일보(2010.7.6) 보도자료에 의하면 "교육 사다리를 복원하자"는 요란한 구호에 비하면 결과는 신통치 않다. 부모의 학력은 자녀의 수능시험 성적은 물론 토익 점수와 첫 월급 규모까지 영향을 크게 미쳤다. '사다리 정책'은 제대로 작동하지 않았고 교육 양극화는 오히려 확대됐다.

한국개발연구원(KDI) 연구위원은 비(非)농촌지역에 거주하는 5,000가구의 노동패널 자료를 토대로 부모의 학력·경제력에 따른 자녀들의 대학·토익·임금 수준을 산출해보았다. 분석결과 대학을 가기 위한 수능시험부터 부모에 따라 성적이 달라졌다. 부모가 모두 대졸인 학생들은 평균 256.2점으로 부모 모두 고졸 이하인 학생들(236.4점)보다 19.8점 높았다. 부모 계층과 자녀의 성적이 가장 격렬한 '화학반응'을 일으키는 지점은 취업에 필요한 토익(TOEIC) 성적이었다. 가구의 월평균 소득이 100만 원 늘어날 때마다 자녀의 토익 점수는 21점씩 높아졌다. 부모 모두 대졸자인 학생의 평균 토익 점수는 741.9점으로 부모 모두 고졸 이하인 학생들(667.6점)보다 74.3점이나 높았다. 이 같은 영어 격차는 결국 자녀 세대 임금과 직결됐다. 부모 모두 대졸인 경우엔 첫 월급이 평균 202만 9,009원이었지만 부모 둘 다 대학을 못 나온 자녀들의 평균 월급은 77%(156만 4,458원)에 그쳤다.

수능 점수가 같은 학생들로 비교해봐도 대졸 부모를 둔 자녀와 고졸 이하 부모의 자녀 사이엔 시간당 임금 격차가 24.4% 차이 났다. 부모의 계층적 지위가 자녀에게 그대로 대물림되는 현상이 분명하다.

그러나 정부가 "개천에서 용 나게 만들겠다"며 도입한 '교육 사다리' 복원정책은 상당수가 구멍투성이다.

초등학교 6학년인 S군네 집은 기초생활수급자이지만 S군은 워낙 공부를 잘해 남들이 부러워하는 엘리트학교인 국제중에 당당하게 합격했다. 지난 2010년 3월 입학 때만 해도 "하늘을 날 것 같다"던 S군의 어머니는 요즘 하루하루가 고통이다. 입학설명회 때 학교측은 "학비가 면제되는 '사배자(사회적 배려 대상자)' 전형으로 합격했으니 돈 걱정 없이 공부할 수 있다"고 설명했다.

그런데 입학하고 보니 영어집중교육강습비 20만 원, 스쿨버스비 87만 원, 체육프로그램 비용 37만 원, 여름해외봉사활동비 100여만 원 등 4개월간 250만 원을 내라는 통지가 왔다. 수업료는 공짜지만 기타

프로그램에 드는 추가비용은 내야 한다는 설명이었다.

4년 전 남편과 헤어진 어머니의 수입은 기초생활수급비를 합쳐도 월 95만 원 정도다. 그녀는 "지금은 아는 사람에게 빌리고 신용회복위원회에서 소액 대출도 받아 겨우 버티는데 결국 국제중을 포기해야 할 것이다"고 했다.

저소득층을 '배려'하는 정책이 저소득층의 '악몽'이 된 것은 부실한 정책 설계 탓이다. 선심 쓰듯 입학의 문은 열어줬지만, 그 학생들이 제대로 학교에 다닐 수 있는 실질적인 지원은 없었던 것이다.

2005년 전문계고 특별전형으로 서울 A대에 입학한 Y씨 역시 같은 고민을 하고 있다. 전문계고 학생만 따로 뽑는 전형 덕분에 수능 3~5등급 성적으로도 명문 사립대에 입학했지만 '입학 허가'로 끝이었다. Y씨는 "수능 성적이 낮은 전문계 출신을 별도로 뽑았다면 어려운 공업 수학 정도는 따로 가르쳐주는 프로그램이 있을 줄 알았다"며 "입학만 시켜놓고 방치해 놓으니 소외감만 느끼다가 몇 달 만에 학교를 떠난 친구들도 적지 않다"고 말한다.

전문가들은 "현실적으로 학생들은 빈부 격차도 심하고 학력 격차도 심한데, 공교육은 그저 '학생들을 똑같이 가르쳐야 한다'는 '평준화 허상'에 갇혀 있는 게 가장 큰 문제"라고 지적했다. 문제 진단이 없는 정책이었으니 부실할 수밖에 없었다는 얘기다.

2003년 도입한 수능등급제는 대표적인 '부실 사다리' 정책이다. 당시 정부는 수능을 사실상 자격 시험화하고 내신 비중을 높이면 사교육을 못 받는 학생들도 좋은 대학에 가게 된다고 장담했다. 그러나 결과는 딴판이었다. 수능 변별력이 없으니 내신·논술·수능을 모두 잘해야 살아남는다며 학원들이 대성황을 이뤘다. 저소득층이 직격탄을 맞은 것은 당연했다.

교육에서 계층 격차는 커지는데도 평준화정책 유지를 위해 교육 격차 자료를 꼭꼭 숨겨온 것도 문제였다. 최근 공개된 수능 고교별 성적을 분석하면 같은 평준화지역인 서울시에서도 저소득층이 많은 금천구·구로구의 학력 저하가 두드러졌다.

당장의 실력차를 인정하고 '맞춤형 처방'을 해야 교육 격차가 줄어드는데, 모든 학교와 학생은 동일하다는 허망한 이상론(理想論)이 문제였던 것이다.

한양공고 동문인 중소기업 CEO는 국세청에 신고된 연봉이 1억 6,000만 원이다. 1990년 한양공고를 졸업한 뒤 전문대 전자과를 나와 중소업체에서 연봉 2,500만 원으로 첫 사회생활을 시작했다. 그는 어설프게 대학 나온 사람들보다 초봉이 높았고 회사에서도 금세 인정을 받았다.

그가 졸업한 20년 전만 하더라도 전문계고는 가정 형편이 어렵지만 똑똑한 학생들을 위한 '성공 사다리'였다. 당시 그와 함께 졸업한 동창생 대부분이 번듯한 직장에 취직했다.

1989년 2월 한양공고 전자과를 졸업한 J씨는 현재 의료장비회사의 제조부 차장이다. 대기업 직원 못지않은 연봉(5,000만 원)을 받는 그는 "전문계고는 기술로 세상에서 경쟁하려는 우리 같은 사람들에게 사다리 역할을 해줬다"고 말했다.

방사선 의료기기 전문업체 기술팀장인 1990년 졸업생 N씨 역시 "우리 땐 대부분 가정 형편상 공고에 진학했지만, 오히려 인문계고·대학 나온 친구들보다 생활이 빨리 안정됐다"고 말했다.

요즘도 괜찮은 일자리를 구하는 졸업생이 아주 없는 것은 아니다. 2009년 한양공고를 졸업한 K씨는 4년제 대졸자도 가기 힘들다는 유수 대기업에 취직했다. 하지만 K씨 동창생 300여 명 중 안정된 일자리를 구한 사람은 다섯 손가락으로 꼽을 정도다.

조선일보가 한양공고에 의뢰해 1989년 전자과 졸업생 56명과 2009년 전자과 졸업생 29명에게 전화 설문조사를 통해 졸업 후 진로를 물어보았다. 42명이 응답한 1989년 졸업생들은 대부분 현재 버젓한 직업이 있었다. 이들 중 23명(54.8%)은 졸업하자마자 전공 분야에 취직했고, 졸업 직후 비전공 분야에 취직한 학생들은 13명(14.3%)이었다. 나머진 자기가 원해서 대학이나 전문대에 진학했다.

하지만 2009년 졸업생은 응답자 28명 중 취업한 사람이 1명에 불과했다. 2009년 전문대 등으로 진학하더라도 취업은 워낙 힘들기 때문에 친구들끼리 장래 얘기는 잘 하지 않는다. 전문계고 출신을 우리 사회가 믿지 않고 있어 '교육 사다리'의 일정 역할을 해주던 전문계의 고유 기능마저 무너지고 있는 것이다.

'개천에서 용나기' 더 어려워진다

✧✦✧

1980년대 중반 지방의 한 고교를 졸업한 A씨. 택시기사인 고졸 아버지를 둔 그는 서울대 법대에 들어가 사법시험에 합격한 뒤 판사가 됐다. A씨의 고교 후배이자 한 중소기업 오너 아들인 B씨는 저조한 성적 때문에 지방의 한 사립대에 입학했으나, 곧 미국으로 유학을 떠났다. 경영학 석사학위를 딴 뒤 귀국해 후계 경영수업을 받고 있다. 최근 이들이 다녔던 고교 송년회 자리에서는 두 사람의 이야기가 화제에 올랐다. "80년대 학번은 개천에서 용이 난 '신화'가 적지 않은데, 90년대 학번들은 있는 집 자녀들이 잘 나간다"는 게 결론이었다.

이런 사례를 수치로 보여주는 연구 결과를 보도한 한국일보 (2009.1.6) 자료를 보면 한국 사회에서 신분 세습구조가 갈수록 고착화하고 있으며, 후천적 성취 지위인 학력보다는 가정배경에 의해 사회경제적 지위가 결정되는 현상도 뚜렷해지고 있다.

한국보건사회연구원은 '한국에서의 교육을 통한 사회이동 경향에 대한 연구' 보고서에서 "연령대가 낮아질수록 본인이 성취한 학력보다는 아버지의 사회경제적 지위(SES, Socio-Economic Status)에 의해 소득 수준 등이 결정되는 것으로 파악됐다"고 밝혔다.

이 보고서에 의하면 20~59세 남성 가구주 3,557명을 대상으로 소득에 미치는 영향력을 수치화한 결과, 40대의 경우 아버지 SES 0.2, 본인 교육수준 0.391로 나타난 반면 20~30대는 아버지 SES 0.25, 본인 교육수준 0.299였다. 40대는 본인 학력이 아버지 SES에 비해 2배 가까이 소득에 영향을 줬지만, 20~30대는 거꾸로 아버지의 '후광'이 더 큰 힘을 발휘했다는 의미다. 80년대는 소득 수준 결정에 개인의 능력이 중시됐으나, 90년대를 지날수록 가정배경이라는 후천적 요소가 좌우하고 있다는 것이다.

아버지 SES가 자녀 학력에 미치는 영향 또한 매우 컸다. 영향력 지수가 평균 0.497이었다. 40대가 0.478로 가장 높았고, 50대 0.47, 20~30대 0.433으로 각각 나타났다. 아버지가 사회경제적으로 높은 지위를 누리면 자녀 역시 높은 교육수준을 획득할 가능성이 크다는 뜻이다. 실제 최상위 10%와 최하위 10% 계층의 교육비 지출액 격차는 무려 6배나 날 정도로 상위 계층일수록 교육 투자를 통한 신분 재생산 경향은 뚜렷해지는 양상이다.

이 보고서는 "개인의 교육적 성취보다 가정환경이라는 선천적 요인에 의해 사회경제적 지위나 소득수준이 결정된다면 사회적 효율을 감소시키고 사회 통합도 저해하는 결과를 빚게 될 것"이라고 지적했다.

개천에서 용이 나게 하고, 빈곤의 세습을 방지하고, 신분 상승을 유발하는 동력은 교육이다. 불과 5~6년 전만 해도 교육이 해결사 역할을 톡톡히 했지만, 시간이 지날수록 영향력은 점점 약해지고 있다.

서울대 신입생들의 부모 직업을 보면 '불공정한 교육'의 일단을 파악하기가 어렵지 않다. 1998년 서울대 신입생 부모의 직업은 관리직, 전문직, 사무직 등 화이트컬러 계층의 비율이 66.1%, 농어민과 생산직, 무직자의 비율은 18.3%였다.

12년이 흐른 2010년, 상황은 급변했다. 경영관리직, 전문직, 사무직 비율은 73.7%로 늘어난 반면 농어민과, 비숙련노동자, 무직자의 비율은 3.9%로 급감했다. 서울대 관계자는 "지역균형선발 전형이 없었다면 화이트컬러 부모를 둔 신입생 비율은 더 늘었을 것"이라고 말했다. 이명박 대통령은 "어려운 형편의 학생들이 교육에서 희망을 찾을 때 공정한 사회가 가까워진다"고 했지만 현실은 그렇지 못하다.

입학사정관제는 현 정부 교육 정책의 핵심이다. 성적 위주의 평가에서 벗어나 잠재력과 창의력이 반영된 다면적이고 종합적인 평가를 하게 되면 사교육비가 줄고 낙후된 교육 환경 속에서 나름의 성취를 이룬 저소득층 학생들에게도 진학 기회가 주어질 것이라는 게 정부의 기대였다.

그렇지만 결과는 정반대로 나타나고 있다. 객관적인 점수가 아닌 정성적 평가를 통해 뽑고 싶은 학생을 선발토록 했으나 대학들은 학과 공부에 적합한 학생 대신 소위 '스펙'이 좋은 우수학생들을 독점하는 데 전형을 악용했던 것이다. 객관적 기준이 없어 대학과 입학사정관의 도덕성에 대입의 공정성을 맡겨야 하는 상황이 초래한 결과다.

사실상의 고교등급제 적용도 논란이다. '빅3대학'의 하나인 고려대는 2009학년도 수시모집에서 특수목적고나 명문고 출신 학생을 우대한 게 법원에 의해 인정돼 파장을 낳았다. 2010년 대입 전체 정원의 62%를 선발할 정도로 수시모집은 계속 비중이 커지고 있고, 입학사정관 전형도 수시의 14.6%를 차지할 만큼 확대되고 있지만 공정성 확보에는 여전히 물음표가 찍힌다.

주요 대학들도 입학사정관 전형을 특목고와 외국 소재 고교 출신 학생들의 입학 통로로 활용하면서 '순진한' 교육당국을 비웃고 있다. 지난 2009년 입시에서 성균관대는 입학사정관 전형으로 뽑은 754명 가운데 492명(65.3%)이 특목고 또는 외국 고교 출신이었다. 이화여대(52%) 연세대(37.7%) 중앙대(33.2%) 한국외국어대(23.7%) 건국대(21.7%) 등 주요대학의 입학사정관 전형 합격자 중 특목고 및 외국 고교 출신들도 두드러지는 양상이다. 전국 고교생 가운데 특목고생의 비율이 1.57%에 불과한 점을 감안하면 대학들의 특목고 우대는 심각한 수준이다.

학생들의 잠재력을 키우는 교육 대신 선발 효과를 누리려는 대학들의 우수학생 선점 경쟁이 결국 입학사정관 전형의 취지를 무색하게 하고 있다는 지적이다. 즉, 대학의 입시 관리에 대한 신뢰도가 낮은 상황에서 정부가 입학사정관 전형을 전면화하려는 것은 고양이에게 생선을 맡기는 꼴이다.

최상위권 학생들은 특목고에 간다. 그 다음 상위 10~20%는 자율형사립고(자율고)로 진학한다. 나머지가 일반계고 몫이다. 일반계고에서는 상위권 학생도 수도권 대학에 진학하는 게 쉽지 않은 이유이다.

대학뿐만 아니라 고교에도 서열이 뚜렷하게 존재한다. 맨 위 꼭지점엔 별도의 전형을 통해 학생을 선발하는 특목고가 있고, 그 아래 내신 상위 50% 가운데 추첨을 통해 선발하는 자율고가 있다. 피라미드의 가장 아래엔 일반계고가 자리 잡는다.

이 때문에 자율고의 확대를 골자로 하는 정부의 고교 다양화 프로젝트는 학생을 계층별로 나누고, 대다수 일반계고를 소외시키고 있다는 비판에서 자유롭지 못하다. 경제적인 부분은 더욱 큰 문제다. 외국어고의 1년 학비는 600만 원선이며, 자율고는 500만 원 수준이다. 일반계고의 등록금은 145만 원으로 자율고의 3분의 1이다. 가난한 학생들은 성적이 좋아도 학비가 비싼 외고나 자율고에 다니기 힘든 구조다. 정부는 자율고에 사회적 배려 대상자를 20% 입학시키도록 했지만 학비를 제외한 기숙사비 책값 등 각종 경비만 수백만 원이 들어 가난한 학생들에게는 그림의 떡이다.

초등생까지 특목고 준비, 5조 넘는 시장

서울지역 외국어고 시험을 앞둔 어느 밤 12시 서울 목동 H학원에서 외고 대비 수업을 마친 수백 명의 학생들이 일제히 학원 정문을 빠져나오기 시작했다. 마중 나온 학부모들의 승용차와 학원버스 30여 대가 엉켜 학원 앞 4차선 도로가 순식간에 마비됐다.

조선일보(2007.12.17) 보도자료에 의하면 이 학원을 다닌다는 L군은 "2년간 새벽 3시 이전에 잠들어본 적이 없다"며 "특목고는 못 가도 특목고 학원은 가야 한다는 게 요즘 분위기"라고 말했다. L군은 자신의 학급 10등 안에 드는 학생들은 모두 특목고를 준비하느라 학원에 다닌다고 했다.

서울 D외고 특별전형에 합격한 K양은 외고 준비로 매월 110만 원을 학원과 과외수업에 썼다. K양은 "외고시험 보는 날 교실에 앉은 아이들 절반이 나와 같은 학원 교재를 펴놓고 있는 것을 보고 황당했다"며 "학교에서는 외고준비를 할 수 없는 데다, 학원이 입시정보를 많이 가지고 있어 학원에 의존할 수밖에 없다"고 했다.

2007년 전국의 51개 과학고와 외고(국제고 포함) 입시에 지원한 학생 수는 12만 5,000여 명이다. 이들 학교의 평균 경쟁률은 4.46으로 해마다 높아지고 있다. 내신우수자 위주로 뽑는 학교장 추천전형의 경우, 김포외고가 24명 모집에 1,382명이 몰려 57대1의 경쟁률을 보였고, 과천외고도 같은 전형에 34대1의 경쟁률을 기록했다.

경쟁률이 급격히 높아진다는 것은 '특목고 시장'이 그만큼 팽창하고 있다는 뜻이다. 점점 높아지는 합격 관문을 통과하기 위해 학생과 학부모들이 학원에 투자하는 비용도 그에 따라 늘고 있는 것이다. 한국교육개발원이 발표한 연구결과에 따르면, 수도권 일대 외고 지망자 중 83%가 학원이나 과외 등 사교육을 받는 것으로 나타났다.

특목고 종합학원 수강비가 월 50만~60만 원대인 것을 감안하면, 중3 특목고 지원자들이 사교육에 쏟아 붓는 돈만 한 해 7,000억 원이 넘는다. 특목고 대비 학부모 모임 인터넷 사이트인 특목고넷 이사는 "동네 보습학원과 영어전문학원들이 일제히 '특목고 대비' 간판을 내걸고 있는데다, 고액과외와 특목고 대비 단기 영어연수까지 합치면 시장 규모는 최소 5조 원에 이른다는 게 업계 추정"이라고 말한다.

이는 특목고 사교육 시장이 급속도로 커진 건 5~6년 전부터다. 서울 대치동의 학원가의 소문은 특목고 출신들이 대거 명문대에 합격하면서 특목고 진학이 대입에 불리할 게 없다는 인식이 퍼졌고, 특목고 학원들도 우후죽순 생겨났다. 몇몇 특목고 종합학원들은 사교육 시장의 공룡으로 성장했다. 잘 알려진 대규모 학원만 10개가 넘고, 이 학원들에는 2,000~3,000명의 학생들이 몰린다. 대치동에 있는 한 학원의 경우, 한 해 외고 합격자가 1,500명에 이른다. 일부 학원들은 최근 3~4년간 특정 외고 입시문제를 적중시켰다고 선전해, 수백억 원의 매출을 올리고 있다.

특히 초등학교 저학년까지 특목고 준비에 나서면서 시장은 더욱 커져 가고 있다. 서울 신사동의 한 수학영재학원. 벽면에 올림피아드 수상자와 대학부설 영재교육원 합격자 명단이 빼곡히 붙어있다. 밤 8시가 넘은 시간인데도 초등학교 5학년 아이들이 고등학교 공통수학 과정의 조합 문제를 풀며 저녁 도시락을 먹고 있다. 서울대와 연대 영재교육원 시험에 대비한 특강 때문이다. 이들의 목표는 물론 특목고 진학이며 대학 부설 영재교육원 입학은 필수다.

4학년 때부터 올림피아드 준비를 해온 11살의 A군은 요즘 수학·과학·영어 학원을 돈 후 새벽 2시에 잠든다. 최근 토플(IBT·120점 만점) 112점을 받았고, 고등학교 화학2 과목을 마쳤다. 학부모는 과학고 입학을 목표로 한다. 한 달에 100만, 200만 원 정도 들여 준비시키지만, 아이가 뒤떨어지지 않을까 늘 걱정이다. K군의 경우 2007년 초 부산에 있는 집을 팔고, 온 가족이 서울로 이사를 했다. 지방에는 좋은 특목고 학원이 없기 때문이다. 이 수학영재 학원 원장은 "방학 때마다 부산·광주·전주·원주 등에서 올라온 학부모들이 대치동 일대에 집을 얻어 아이를 영재학원에 보낸다"고 했다.

이런 추세를 반영하듯 대형 학원들에 대한 투자도 급증하고 있다. 토피아아카데미는 2007년 세계적 사모펀드인 칼라일그룹으로부터 180억 원을 유치했고, 하늘교육 역시 굿앤리치 자산운용으로부터 150

억 원의 투자금을 확보했다. 거대교육기업인 대교는 2006년 특목고 전문 페르마에듀를 인수했다.

또한 문화일보(2008.9.22) 보도자료에 의하면 서울대 입시에서의 '특수목적고 강세' 현상이 최근 10년간 고교별 합격자 배출 현황에서도 재확인됐다. 최근 10년간 전국 고교별 서울대 합격자수를 집계한 결과, 상위 1~6위를 특목고가 휩쓸었다.

서울대가 국회 교육과학기술위 의원에게 제출한 '최근 10년간 전국 고등학교별 합격자수 현황(정원 내 전형)' 자료에 따르면, 서울예고는 지난 1999학년도부터 2008학년도까지 10년간 모두 935명의 서울대 합격자를 배출해 이 대학 합격자 최다 배출 고교에 올랐다. 대원외국 어고가 611명의 합격자로 서울예고에 이어 2위를 기록했고 서울과학고 432명, 선화예고 365명, 명덕외고 360명, 한영외고 275명 순으로 뒤를 이었다.

일반고 중에서는 경기고가 모두 259명의 합격자를 배출해 1위에 올랐으나, 전체 고교 성적에서는 7위에 그쳤다. 국립국악고가 231명으로 8위, 한성과학고가 230명으로 9위에 올랐고, 경기 성남시 분당구의 서현고가 226명으로 비(非)서울 고교로는 유일하게 10위권 안에 이름을 올렸다. 특목고들이 상위 1~6위를 휩쓸고, 상위 10위 중 8개교를 차지하며 초강세를 이어오고 있는 것이다. 11~20위는 휘문고(서울) 224명, 안양고(경기) 223명, 대일외고(서울) 218명, 포항제철고(경북) 206명, 경신고(대구) 203명, 단국대사범대부속고(서울) 179명, 영동고(서울) 178명, 중동고(서울) 175명, 세광고(충북) 175명, 대전외고

(대전) 174명 순으로 채워졌다.

　상위 20위권에는 외고 5곳, 예고 3곳, 과학고 2곳 등 특목고가 10개교였고, 일반고는 9곳, 자립형사립고는 1곳(포항제철고)이 포함됐다. 전국적으로 최근 10년간 100명 이상의 서울대 합격생을 배출한 고교는 모두 85곳으로, 서울 지역 고교가 39곳으로 가장 많았다. 경기는 11곳, 대구 8곳, 대전 6곳, 경남 4곳, 강원·전북·부산·경북이 각 3곳, 울산·인천·전남·충남·충북은 각 1곳이었다. 광주와 제주는 최근 10년간 100명 이상 서울대 합격생을 배출한 고교가 없었다.

교육에 지친 엄마들 "슬프지만 내 얘기"

✣

중앙일보(2011.1.11) 보도자료에 의하면 현재 분야별 전국의 학원을 살펴보면 2007년 6월 기준 기준직업기술 3,952개, 국제실무 6,804개, 인문·사회 568개, 경영실무 1,828개, 예능 2만 3,852개, 입시·검정·보습 3만 394개가 성업 중이다. 이 많은 학원 가운데 대입시를 앞둔 고3자녀를 둔 한 주부의 고3 아들은 수능성적이 좋지 않아 재수를 결정했다고 한다. 어려서부터 좋다는 학원은 다 보내고 사교육비로 한달에 200만 원이나 썼다. 그럼에도 재수를 하게 되자 가족의 따가운 눈총에 바늘방석에 앉은 것 같다고 하소연한다. 아이의 수능성적이 좋지 않은 것을 모두 엄마 탓으로 생각하는 것 같아서이기 때문이다.

이 같은 전업주부든 직장맘이든 엄마들은 서글픈 자화상이 "바로내 모습"이라며 답답해한다. 직장맘이 학부모 사이에서 따돌림 당하는 현실에 대해서는 "왜 가뜩이나 힘든 직장맘을 힘 빠지게 하느냐"는 항의도 있다. 또 "아이를 어떻게 하면 좋은 대학에 보낼까, 독보적인 스펙을 쌓게 할까 하는 이기적인 생각에만 몰두하는 엄마들을 부추기는 게 아니냐"는 지적도 있다. 하지만 분명한 사실은 대한민국 엄마들은 교육에 지쳐 있다는 점이다. 버락 오바마(Barack Obama) 미국 대통령이 여러 차례 한국의 뜨거운 교육열을 칭찬했지만, 정작 우리 엄마들은 그 뜨거운 교육열에 몸을 데인 듯하다. 왜 이렇게 힘들고 지치는 걸까. 답은 간단하다. 자녀 교육과 진학 부담을 모두 엄마가 짊어지고 있기 때문이다. 그래서 이 부담을 어떻게 나누느냐가 문제의 해법인 셈이다.

그러려면 무엇보다 학교가 나서줘야 한다. 교사들은 교육·진학에 대한 많은 정보를 가지고 있다. 엄마들이 아무리 학원가를 뛰어다녀도 진학상담 베테랑 교사를 넘어서기는 어렵다. 교사들이 열정적으로 나서면 엄마들의 부담은 한결 줄어들 수 있다. 엄마가 식당을 운영하느라 제대로 뒷바라지를 할 수 없었던 여고 3년 K양의 빈자리를 교사들이 메워준 좋은 본보기와 같이 학교와 교사가 열의를 갖고 학생 한 명한 명을 대한다면 어떤 효과가 있을지를 보여준 것이다.

올림픽을 치르듯 3~4년마다 난수표처럼 바뀌는 입시 정책은 학부모에겐 버거운 짐이다. 엄마들은 "뭘 바꾸겠다고 나서지 말고, 차라리 가만 놔두는 게 더 낫다"고 말한다. 정부와 학교와 교사는 엄마들의 어깨를 짓누르고 허리를 휘청거리게 하는 교육 부담을 어떻게 덜어줄 것인지를 진심으로 고민했으면 좋겠다.

정부가 '학원비와의 전쟁'을 선언하면서 교육계의 관심은 결과에 쏠리고 있다. 지난 정부에서도 사교육비 절감을 위한 대책을 마련해 시행했지만, 별다른 재미를 보지 못한 탓이다(한국일보, 2008.9.25).

교육과학기술부 등 관련 부처는 이명박 대통령이 서민 물가 상승의 주범으로 사교육비, 그 중에서 고액 학원비를 지목하고 종합대책 마련을 지시한 이후 움직임이 빨라졌다. 법무부, 국세청, 공정거래위원회 등이 총동원돼 대대적인 단속에 나서기도 했다.

학원비 문제가 불거질 때마다 기껏해야 특별 지도·점검에 나섰던 예전과는 180도 다른 분위기다. 그러나 일각에서는 사교육비를 유발하는 각종 교육정책을 쏟아내고 있는 정부가 학원비를 단속하는 자체가 모순이라는 비판도 나오고 있다.

지난 참여정부에서도 턱없이 높은 학원 수강료는 골칫거리였다. 비싼 학원비를 잡기 위해 여러 대책을 내놓았음은 물론이다. 지난 2007년 3월 불합리한 수강료 환불 기준을 개선해 잔여기간에 따른 학원비 반환을 가능케 했다. 같은 해 9월에는 수강료 책정의 투명성을 높일 목적으로 학원 홈페이지와 전단지에 수강료 표시를 의무화하기도 했다. 모두 학원비를 정상화시키자는 취지였다. 하지만 제도는 이리저리 손질했어도 천정부지로 치솟는 학원비는 잡지 못했다.

서울시내 학원 중 정상적으로 수강료를 받는 곳은 드물 정도다. 서울시교육청이 제출한 국정감사 자료에 따르면 강남 P학원은 수강료를 45만 원으로 신고해 놓고 수강생들에게는 13배나 많은 600만 원을 받아 챙겼다. 이렇게 신고액보다 많은 학원비를 징수한 서울 지역 학원이 지난 3년간 전체의 10%를 넘었다.

학원들의 학원비 불법·편법 행위는 상상을 초월할 만큼 교묘하다. 서울 목동에서 보습학원을 운영하는 원장은 "수강료에 교재비나 특강

비용을 끼워 넣어 받는 것은 고전이고 한 과목을 여러 과목을 수강한 것처럼 꾸며 카드전표를 쪼개 발급하는 사례도 비일비재하다"고 귀띔한다. 규모가 영세한 학원일수록 세금을 줄이기 위해 수강료 감추기에 골몰하는 것이 현실이다.

그동안 학원 수강료에 대한 각종 조치가 취해졌지만 약발은 먹히지 않았다. 대부분 대책들이 비판 여론을 무마하기 위한 '땜질식' 처방에 급급했던 까닭이다. 교육 당국이 잊을 만하면 실시하는 학원비 단속 결과를 보면 금세 드러난다.

교과부는 지난 2007년 12월부터 2개월 동안 전국 학원들에 대한 특별 지도·점검을 실시했다. 단속 결과, 벌점이라도 부과한 적발 건수는 2,016건이었다. 7만 6,000개에 달하는 전체 학원의 2%에 불과한 수치다. 애초에 단속의 손길이 미친 곳이 5,000여 개 학원밖에 되지 않아 학원들의 불법 영업 실태를 솎아내기에는 무리였다.

단속의 실효성을 반감시키는 것은 인력 부족이 원인이었다. 고액 수강료의 진원지로 지목받고 있는 서울 강남·서초구는 관할 교육청 단속 인력이 3명뿐이다. 이들이 5,500여 개나 되는 학원들이 학원비를 규정에 맞게 제대로 표시했는지, 환불 기준을 준수하는지를 모두 감시하기란 사실상 불가능하다.

교과부가 '학원비 모니터링 시스템' 강화 대책을 내놓은 것도 이런 이유에서다. 시민단체나 학부모 등을 포함시켜 실질적인 지도·점검이 이뤄지도록 하겠다는 것인데, 의도대로 될지는 미지수다.

기본적으로 품질 높은 교육을 사교육 시장에 의존하고 있는 상황에서 학부모들은 학원비가 얼마가 됐건 학원들이 문을 닫는 것을 원치 않는다. 학부모들이 학원 감시에 '올인'할 정도의 정서적 여건이 안 된 다는 얘기다. 이 때문에 단속의 효과를 강제할 수 있는 처벌 기준을 강 화해야 한다는 목소리가 설득력을 얻고 있다. 현재 1개월의 영업정지 처분을 내리려면 벌점이 최소 40점 이상은 돼야 한다. 하지만 수강료 초과징수(50% 미만)로 단속이 돼도 부과되는 벌점은 경고 처분에도 못 미치는 10점뿐이다.

강남교육청 주사는 "학원비를 올려 받은 사실을 적발해도 교육청이 부당이득에 대한 반환을 명령할 수 있는 제도적 권한이 없어 학원들의 편법 행위를 뿌리 뽑기가 어렵다"고 설명한다. 게다가 카드 수수 거부 는 학원법상 단속 대상에 포함조차 되지 않는다.

'경쟁'을 중시하는 이명박 정부의 교육 정책이 학원비 문제를 자초한 측면이 크다는 지적도 제기된다. 학업성취도평가 확대, 국제중 신설 등 의 정책들이 오히려 학생들을 학원으로 내모는 상황에서 세무조사와 같은 물리적인 방법에 기대서는 '학원의 음성화'를 부추길 뿐이다.

신자유주의적인 교육 정책 자체가 사교육에 대한 비용 부담을 높인 다는 점에서 현 정부의 학원비 대책은 자기모순을 안고 있다. 학생·학 부모들이 학원에 의존하지 않고 공교육 범위 내에서 얼마든지 경쟁이 가능할 수 있도록 보조적인 대책이 병행돼야 한다.

참고문헌

I. 아름다운 삶 vs 지쳐버린 삶(태초에 차별이 평생을 쪽박으로)

김광수. "한국인 양육비 지출실태조사". 서울경제. 2011.1.4. 29면.

김승권. "한국인의 자녀양육 책임한계와 양육비지출 실태". 한국보건사회연구원.
   2011.1.3.

남상욱. "6,000원 벌면 운수좋은 날이지, 폐품수집 노인들의 슬픈 가계부". 조선일보.
   2010.5.12. 13면.

대법원. "연도별 개인파산 신청자 추이". 대법원. 2010.8.17.

박신영. "1985-2005, 인구주택총조사". 토지주택연구원. 2008.10.15.

신용회복위원회. "OECD 주요국의 개인 파산·개인회생이용현황". 신용회복위원회.
   2010.8.17.

염희진. "다시공존을 위해, 태초에 차별이 있었다". 동아일보. 2011.1.4.

이영태. "베이비붐 세대, 앞만 보고 달렸는데 앞이 캄캄". 한국일보. 2010.5.10. 19면.

이인열·김수혜·김경화·오현석. "더 힘들어진 내 집 마련". 조선일보. 2010.7.8. A8면.

장윤정·차지완. "빚 갚으면 바보되는 사회, 파산 10명 신청하면 9명꼴 인정". 동아일보.
   2010.8.17. A10면.

진성훈. "벼랑 끝 몰린 사람들, 10년의 절망, IMF 학번". 한국일보. 2008.7.8. A8면.

통계청. "2010 가계금융조사". 통계청. 2010.5.10.

II. 거짓 vs 진실(가진 자의 횡포, 아직 머나먼 상생)

고재학. "시장경제 망치는 지네발 경영". 한국일보. 2011.5.14. 30면.

금융감독원. "30대 기업 결제수단 및 현금성 자산보유액". 한국거래소 전자공시시스템.
   2010.9.8.

김영진·방현철. "대기업 계열사 현황". 조선일보. 2011.4.25.

오마이뉴스. "삼성의 직업병 논란". 오마이뉴스. 2010.12.21.

장강명·박승현. "현금 및 현금성 결제비율 추이". 동아일보. 2010.9.8.

최승현·박세미. "영상콘텐츠 산업절망과 희망". 조선일보. 2010.6.7. A8면.

통계청. "가계동향 조사". 통계청. 2011.2.

한국일보. "자산순위 30대 그룹 계열사 현황". 한국일보. 2011.1.18.

황진영·장강명·김현지. "30대 기업 중 12곳만 전액 현금결제". 동아일보. 2010.9.8. A10면.

Ⅲ. 75만 원 vs 1억 원(그들만의 세상, 그들만의 리그)

강유현·오상헌. "명품시장 5조 원 시대". 한국경제. 2010.7.9. A10면.

고재학. "지평선, 75만 원 대 1억 원". 한국일보. 2011.1.13.

권석천. "서울대법대 남성 판사출신". 중앙일보. 2011.1.19.

김홍진. "전관예우, 현관예우". 조선일보. 2011.1.15.

손정미·이인열. "불황 모르는 뷰티산업". 조선일보. 2005.9.7. 경제종합면.

송태형. "백화점 40대 고객, 루이비통 들고 구호입는다". 한국경제. 2010.6.24. A23면.

오상헌. "명품시장 5조 원 시대". 한국경제. 2010.7.6. A5면.

전현석·변희원·한경진. "성형열풍, 누가 왜 하나". 조선일보. 2009.10.27. A6면.

조선일보. "청문회도 열기 전에 감사원장 내정자 사퇴". 조선일보. 2011.1.14.

홍성원. "정동기 사태로 본 로펌의 현주소". 헤럴드경제. 2011.1.13.

Ⅳ. 4,000만 원 vs 4억 원(목각인형보다 못한 목숨값)

국토해양부. "자동차 정비업계 현황". 국토해양부. 2010.4.12.

금융감독원. "보험·금융권 간 불균형한 겸영 업무 현황". 금융감독원. 2010.4.9.

금융감독원. "보험업계, 병원, 정비업체 상생 모색". 금융감독원. 2010.4.12.

김소연·명순영·문희철·정고은·김현주·윤형중. "보험사가 절대 가르쳐 주지 않는 보험 비밀 7가지". 매경이코노미. 2010.10.6. pp.31-41.

보험개발원. "한국과 일본 입원율 비교". 보험개발원. 2010.4.12.

손해보험협회. "부재환자 근절에 따른 보험료 인하 효과분석". 손해보험협회. 2010.4.12.

정위용. "건보재정 내년부터 적자, 의료비 지출은 2024년 세계 1위". 동아일보. 2010.7.5. A8면.

정유미. "건강보험 병들게 하는 5가지 독". 경향닷컴. 2011.1.10.

최형욱·서정명·문승관·김영필. "스쳤다하면 입원, 차 과다정비, 모럴 해저드에 빠진 한국". 서울경제. 2010.4.12. A7면.

최형욱·서정명·문승관·김영필. "은행은 되고 보험은 안되고, 금융산업 불균형 심화". 서울경제. 2010.4.7. 7면.

한문철. "한국인 목숨값은 일본인의 1/5?". 매경이코노미. 2009.12.16. p.90.

Ⅴ. 대궐청사 vs 공룡청사(허세 경쟁, 거품방정식)

권상은. "지방자치 10년 겉만 번지르르 선심 흥청망청". 조선일보. 2005.6.27.A9면.

권상은. "지방자치 10년 아직은 멀기만 한 홀로서기". 조선일보. 2005.6.28.A10면.

금융연구원. "가계부채 연착륙 방안". 2010.4.24.

기획재정부. "23개 공기업 부채현황". 공정거래위원회. 2010.4.2.

유하룡·홍원상. "LH 구조조정 산 넘어 산". 조선일보. 2011.2.16. A6면.

이영창. "공공부채 5년새 2.5배 눈덩이". 한국일보. 2010.4.23. 7면.

이영태. "내 하루 이자만 270억". 한국일보. 2010.4.23. 7면.

이영태. "대한민국 나랏 빚 400조, 양보다 불어나는 속도가 문제". 한국일보. 2010.2.12. 8면.

이영태. "돈 쓸 곳 많고, 위기 충격 크고, 기댈 곳 없고, 3난 주의보". 한국일보. 2010.4.22. 5면.

이영태. "연기피어 오르는 잠재적 화약고". 한국일보. 2010.4.22. 1면.

정민승. "밑 빠진 독, 4대 연금 재정부담 언제까지". 한국일보. 2010.4.23. 7면.

정민승. "빚 좋은 성장 전망으로 적자확대 악순환". 한국일보. 2010.4.22.

최진주. "가계부채, 소득보다 증가소도 빨라". 한국일보. 2010.4.24. 5면.

Ⅵ. 선진스펙 vs 후진스펙(이상한 나라, 이상한 정책)

안석배·오윤희. "돈 쏟아 붓는 교육감 선거, 후회하는 후보들". 조선일보. 2010.9.10. A4면.

윤샘이나. "콜~해도 오지 않는 콜 택시". 서울신문. 2011.1.11.

이현두·김희균·황규인. "1980-2008 학위취득 신고 분석". 동아일보. 2008.11.3. A8면.

조민진. "해외 박사 교수, 국내파의 최대 22배". 문화일보. 2008.11.11. 종합면.

조의준. "교육감 선거 그 후". 조선일보. 2010.9.10. A1면.

학술진흥재단. "해외박사취득 상위 전공". 학술진흥재단. 2008.11.3.

황인찬. "공연 막간에 뛰는 여성들, 왜". 동아일보. 2011.1.20. A27면.

Ⅶ. 큰 복지 vs 작은 복지(감춰진 비밀, 숨겨진 진실)

동아일보. "정부의 물가관리". 동아일보. 2011.1.15.

르몽드디플로마티크(한국어판). "G20 정상회의 효과". 2010.12.3.

미디어 오늘. "정부의 복지예산". 미디어 오늘. 2010.12.23.

박세일. "큰 복지 놔두고 작은 복지로 국민 속여 먹기". 조선일보. 2011.1.7.

서울경제. "보편적 복지 실천". 서울경제. 2011.1.14.

스포츠서울. "G20 정상회의 개최 효과". 스포츠서울. 2010.11.11.

신성식. "복지포퓰리즘, 노무현 정부 때 보다 못한 민주당". 중앙일보. 2011.1.19.

오마이뉴스. "2010 고용동향". 오마이뉴스. 2011.1.16.

이경호. "오판, 윽박, 머뭇, 떠넘기기, 정부가 화 더 키운다". 아시아경제. 2011.1.19.

이정은. "빈민대출 사업이 빈민 울린다, 지구촌 원성". 동아일보. 2011.1.7. A21면.

이혜원. "아동복지법 50년 성적표". 한국일보. 2011.1.7.

정현용. "산부인과가 사라진다". 서울신문. 2009.1.5. 10면.

조선일보. "알펜시아 정부지원 요청". 조선일보. 2011.8.26.

최지숙. "건강보험료 개혁 효과 연구". 한림대학교 대학원 박사학위논문. 2010.

한국개발연구원(KDI). "법질서 준수가 경제성장에 미치는 영향". 한국개발연구원. 2007.12.

VIII. 숫자의 둔갑술 vs 분석의 현혹술(달콤한 유혹, 감춰진 진실)

금융감독원. "카드론 리볼빙 증가추세". 금융감독원. 2011.1.4.

서울경제. "조세 피난처". 서울경제. 2009.3.23.

여신금융협회. "업체별 카드론 리볼빙 금리 현황". 여신금융협회. 2011.1.4.

이대혁. "올림픽 경제효과 예전만 못하다". 한국일보. 2010.2.16. 13면.

이위재·김성민·김성현. "영암 코리아 그랑프리 무엇을 남겼나". 조선일보. 2010.11.17. A4면.

정현수. "당신도 카드지갑 따로 쓰나요? 조심하세요". 오마이뉴스. 2011.1.11.

정현준. "카드론·리볼빙의 유혹, 알고보니 고금리 덫". 한겨레. 2011.1.4.

IX. 부자 부모 vs 가난한 부모(무너진 교육 사다리)

강홍준. "교육에 지친 엄마들". 중앙일보. 2011.1.11.

곽민영·정세진. "무너진 교육 사다리". 동아일보. 2010.8.17. A12면.

교육과학기술부. "전국분야별 학원 현황". 교육과학기술부. 2008.9.

김남인·정혜진. "특목고의 경제학(상)". 조선일보. 2007.12.19. A12면.

김이삭. "MB정부 학원과의 전쟁선포했지만". 한국일보. 2008.9.25. 9면.

김희삼. "고졸부모와 대졸부모 자녀 비교". 한국개발연구원. 2010.7.

여유진. "한국에서의 교육을 통한 사회이동 경향연구". 한국보건사회연구원. 2008.11.
  pp.53-80.

이인열·김수혜·김경화·오현석. "대졸 부모와 고졸부모". 조선일보. 2010.7.6. A4면.

장재용. "개천에서 용 나기 더 어려워 진다". 한구일보. 2009.1.5. 2면.

한동철. "특수목적고 강세현상". 문화일보. 2008.9.22. 10면.